投资者适当性管理实务解析与操作指引

合规小兵　著

中国财经出版传媒集团
中国财政经济出版社
·北京·

图书在版编目（CIP）数据
投资者适当性管理实务解析与操作指引 / 合规小兵著. -- 北京 : 中国财政经济出版社, 2025. 3. -- ISBN 978-7-5223-3588-9
Ⅰ. F832.48
中国国家版本馆CIP数据核字第2025E3K589号

责任编辑：潘　飞　　　　责任校对：张　凡
封面设计：孙俪铭　　　　责任印制：党　辉

投资者适当性管理实务解析与操作指引
TOUZIZHE SHIDANGXING GUANLI SHIWU JIEXI YU CAOZUO ZHIYIN

中国财政经济出版社 出版
URL：http：//www.cfeph.cn
E－mail：cfeph@cfeph.cn

社址：北京市海淀区阜成路甲28号　邮政编码：100142
营销中心电话：010－88191522　编辑部电话：010－88190957
天猫网店：中国财政经济出版社旗舰店
网址：https：//zgczjjcbs.tmall.com
涿州汇美亿浓印刷有限公司印刷　各地新华书店经销
成品尺寸：170mm×240mm　16开　21印张　275 000字
2025年3月第1版　2025年3月河北第1次印刷
定价：72.00元
ISBN 978－7－5223－3588－9
（图书出现印装问题，本社负责调换，电话：010－88190548）
本社质量投诉电话：010－88190744
打击盗版举报热线：010－88191661　QQ：2242791300

撰稿人

周卫青　彭　飞　吴紫艳　李赛男　韦　洁　孙　璐

吴春燕　金　洁　夏慧中　楼鹏科　时　辉　邱小容

郭　倩　王则侯　李晨杰　邓晓明　薛志宏　宋　颂

前　言

证券期货市场是商品经济、信用经济高度发展的产物，是市场经济高速发展的一种形态。证券期货市场中的股票、基金、债券、期货、衍生品等各种产品功能各异、结构复杂、形态多变，充斥着风险性、复杂性与不确定性，而广大投资者在专业水平、投资经验、风险承受能力方面也存在着巨大差异，对投资的目的与需求不尽相同。正是基于两者的差异，经营机构通过有效履行投资者适当性义务能够减少信息不对称，提升投资者的风险认知意识，实现将“合适的产品销售给合适的投资者”，从而为资本市场的长期稳定提供坚实基础。

自2007年以来，中国证监会陆续在基金销售、创业板、金融期货、融资融券、股转系统、私募投资基金等市场、产品或业务中建立了投资者适当性制度，收到了积极的效果。但早期制度体系相对较为零散，对个别问题的阐述不甚明确，以至于实操性不强，部分业务尚未覆盖，未能引起行业的高度重视。为了构建一系列看得见、抓得着的制度安排，将适当性义务落到实处，中国证监会在2016年底发布了《证券期货投资者适当性管理办法》，成为我国证券期货市场首部投资者保护专项规章，是证券公司落实适当性管理义务的基本规定和依据，对证券市场的影响意义深远。之后，在2019年11月，最高人民法院发布《全国法院民商事审判工作会议纪要》（即《九民纪要》），用专章规定“关于金融消费者权益保护纠纷案件的审理”，对司法实践中如何裁判经营机构与投资者之间的争议焦点进行明确。2020年3月，新《证券法》修改，对经营机构的适当性管理义务进行了专门规定，从法律层面对投资者的权益进行保护。整体来看，我国投资者适当性制度体系的建立最初在部门规章与自律规则层面萌芽，逐步发展到被立法采纳并由司法确认，最终形成立法、行政、司法多层级联动的专业化监管体系。

然而，经营机构如何有效落实投资者适当性义务依然是当前金融市场的难题，不会随着制度的搭建就水到渠成。我们身处一个急剧变化的时代，产品的创新、业务模式的更迭以及政策环境的变化都需要监管规则在创设时能够与时俱进，并且具有一定的前瞻性。尤其是在理论与实践相结合方面，需要经过市场各方主体的一致认同，在发展中不断优化、完善，保护各方主体的合法权益。

本书的目的在于认真研究适当性管理体系在构建过程中遇到的难题与障碍，以及立法、行政、司法多层级专业化体系初步构建后当前市场在法律规则、市场分工、监管理念、各方权益保护等方面遇到的新问题。本书首先系统介绍了适当性义务的基础要素、理论基础与发展历程，并与境外成熟市场的制度体系进行对比分析、经验借鉴。其次，立足于业务实践，系统梳理了证券市场各业务与产品的规则体系，提炼共性环节，凸显差异化做法。最后，通过重点分析日常管理难点、监管处罚与司法判例，进一步提出我国适当性管理在宏观与微观层面存在的主要问题，并提出了完善相关问题的合理建议。

本书力求做到理论与实践相结合，将制度规则、监管理念与司法裁判汇聚成实践做法，对金融从业人员尤其是证券从业人员有一定的指引和帮助，使合规的观念和意识渗透到每个工作环节，形成“合规、诚信、专业、稳健”的行业文化。同时，借助通俗易懂的语言与案例，使投资者看完能够明白自身的合法权益，培养成熟专业的投资群体，共同维护证券市场的长期稳定发展。

作者

2024 年 11 月

目 录

第一章

投资者适当性管理概述

第一节　投资者适当性管理基本概念的界定

概念是解决法律问题所必需和必不可少的工具，没有限定严格的专门概念，我们便不能清楚地和理性地思考问题。[①] 由于金融机构在向投资者销售产品或提供服务的过程中需要履行适当性义务。因此，我们必然需要对投资者适当性管理相关概念进行厘清和界定，准确把握其内涵和外延，方能对投资者适当性管理有更好的把握。

一、投资者适当性义务的基本内涵

“适当性”一词来自英文 suitability。美国《布莱克法律词典》未对 suitability 进行定义，但对 suitable 作了定义：“fit and appropriate for their intended purpose”。因此我们可据此推断 suitability 意为与其预期目标相匹配且契合的状态。根据国际清算银行、国际证监会组织、国际保险监管协会 2008 年联合发布的《金融产品和服务零售领域的客户适当性》报告的定义，投资者适当性是指“金融机构所提供的金融产品或服务与客户的财务状况、投资目标、风险承受水平、财务需求、知识和经验之间的契合程度”。另外，国际证券组织《关于复杂金融产品销售的适当性要求（最终报告)》中指出，投资者适当性是中介机构在销售金融产品的过程中应当遵守的标准和规定，并据此评估所出售的产品是否符合投资者的客观实力及主观需求。

虽然适当性义务制度引入我国总体较晚，21 世纪初才出现在我国监管机关颁布的文件之中。但一经引入，这一制度与我国立法体系产生难以言明的契合，成为加强资本市场法制建设、强化投资者保护的重要举措，以

① ［美］E. 博登海默：《法理学——法律哲学与法律方法》，邓正来译，中国政法大学出版社 2004 年版，第 504 页。

至于在短短十几年间，不但主要金融立法（或草案）基本都完成了法定义务设定，而且司法适用层面也形成了相对统一的政策与规则，学界关于适当性义务的定义也趋于统一。如有学者认为投资者适当性义务是为促进资本市场健康发展，监管机构要求金融机构应当履行的法定义务，是规范金融商品交易机构业务活动和保护投资者或金融消费者的一系列规则和措施的总称①，具体是指金融机构在向消费者销售产品和提供服务的过程中应当“将适当的产品销售给适当的投资者”。也有学者认为适当性义务，是指金融机构应当基于上述标准承担起向投资者合理推荐、适当销售金融产品（服务）的义务，反之则可能导致承担法律责任的后果。2005 年《商业银行个人理财业务管理暂行办法》要求“商业银行利用理财顾问服务向客户推介投资产品时，应了解客户的风险偏好、风险认知能力和承受能力，评估客户的财务状况，提供合适的投资产品由客户自主选择，并应向客户解释相关投资工具的运作市场及方式，揭示相关风险”。上述内容已经基本涵盖投资者适当性管理的主要要求。《证券期货投资者适当性管理办法》（以下简称《适当性管理办法》）虽未对适当性进行定义，但已系统规范证券期货经营机构的适当性要求。“向投资者销售证券期货产品或者提供证券期货服务的机构应当遵守法律、行政法规、本办法及其他有关规定，在销售产品或者提供服务的过程中，勤勉尽责，审慎履职，全面了解投资者情况，深入调查分析产品或者服务信息，科学有效评估，充分揭示风险，基于投资者的不同风险承受能力以及产品或者服务的不同风险等级等因素，提出明确的适当性匹配意见，将适当的产品或者服务销售或者提供给适合的投资者，并对违法违规行为承担法律责任。”2019 年《全国法院民商事审判工作会议纪要》（以下简称《九民纪要》）明确指出，适当性义务是指卖方机构在向金融消费者推介、销售银行理财产品、保险投资产品、信托理财产品、券商集合理财计划、杠杆基金份额、期权及其他场外衍生品等高风险等级金融产品，以及为金融消费者参与融资融券、新

① 黄爱学：《论我国金融期货投资者适当性制度》，载《北方民族大学学报（哲学社会科学版）》2016 年第 3 期。

三板、创业板、科创板、期货等高风险等级投资活动提供服务的过程中，必须履行的了解客户、了解产品、将适当的产品（或者服务）销售（或者提供）给适合的金融消费者等义务。

适当性义务的履行是“卖者尽责”的主要内容，也是“买者自负”的前提和基础。如果说适当性义务是从监管角度出发，要求金融机构履行的法定义务，投资者适当性管理则更强调金融机构主动加强投资者适当性工作，在履行监管法规要求的同时，通过主动做好自身服务，提升对于投资者的精细化管理，作为优化自身服务科学性的重要手段。相比于被动履行法定义务，金融机构可以从自身业务发展的角度出发，结合当前大数据、云计算手段，通过客户数据行为分析、客户画像、客户风险统一管理等技术工具，精准地分析出每一类客户的交易习惯和特征，并在此基础上做到精准营销，将适当的产品或服务推荐给适当的投资者，这也是金融机构长久健康发展的内在动因。

二、投资者与金融消费者的界定

（一）金融消费者

在我国，自原中国银行业监督管理委员会于2006年在《关于商业银行开展个人理财业务风险提示的通知》《商业银行金融创新指引》[①] 等多部官方文件中提出金融消费者这一概念后，逐渐引起学术界对于金融消费者的讨论，并在2010年后引起热议，成为金融消费者权益保护的重要问题之一。

从比较法角度来看，域外法系对金融消费者的概念主要有两种区分。一种以英国、美国、欧盟为代表，强调将金融消费者限定于为生活消费目的的自然人。如根据英国2000年《金融服务与市场法》及2012年《金融

① 《中国银行业监督管理委员会办公厅关于商业银行开展个人理财业务风险提示的通知》（银监办发〔2006〕157号）二、理财产品（计划）的设计应强调合理性。商业银行应按照审慎经营原则，设计符合整体经营策略的理财产品（计划）……同时，理财产品（计划）的设计应尊重和保护金融消费者的权益，特别是知晓理财产品（计划）风险特征的权益。

服务法》，金融消费者是指已经使用或考虑使用该法下任何金融服务之人，及对该法下任何金融服务具有相应权利或利益之人。虽然该法未具体明确消费者为自然人，但英国金融服务管理局（FSA）根据该法授权制定的《FSA 监管手册》及 2013 年之后英国金融行为监管局（FCA）制定的《FCA 监管手册》均明确了消费者取得商品或服务主要是为了个人、家庭或家用目的。另一种以日本、韩国和我国台湾地区为代表，强调金融消费者为接受服务的一方，包括自然人和法人。如根据日本 2020 年《金融商品服务提供法》（此法最早为《证券交易法》，于 2006 年修订为《金融商品交易法》，2020 年修订更名为《金融商品服务提供法》）规定，金融消费者是指“不具备金融专业知识，在交易中处于弱势地位，为生活需要购买、使用金融产品或接受金融服务的主体”，包括自然人和法人。

（二）投资者与金融消费者的关系界分

围绕投资者与金融消费者的关系，主要有以下观点：

一是认为两者并存，此类研究主要区分两者交易行为。金融消费是专属于金融领域的消费者，是为满足个人和家庭需要，购买金融产品或接受金融服务的单位或公民个人。[①]“金融消费者”是指基于生活消费需要接受金融服务的人。[②] 这种界定强调行为的目的性，即只有为了生活消费而购买金融商品或接受金融服务的人才属于金融消费者，将金融消费者作为消费者的下位概念来看待，认为其应具有法律规定的消费者的共有属性，实际与《消费者权益保护法》的保护对象保持一致。相较于投资行为主要以获取利润为目的，消费行为主要以生活为目的。因此两者对投资者与消费者的地位预设存在明显不同：投资者能够独立识别交易风险并可以承担投资失败风险，其具有与交易相对方进行平等博弈的能力；而消费者则属于交易中的弱势一方，其权益会经常受到交易相对方的损害。反映在法律规

---

① 叶林：《金融消费者的独特内涵——法律和政策的多重选择》，载《河南大学学报》（社会科学版），2012 年第 9 期。

② 参见王卫国、吴民许：《〈消费者权益保护法〉修订与金融消费者保护》，载《中国法律》，2010 年第 5 期。

则上，对于投资者，适用的主要是“买者自负”法则[1]；对于消费者，则需要法律的倾斜保护，更多强调“卖者尽责”。在比较法上以美国为代表，投资者主要是一个证券法上的概念，金融消费者主要是一个银行法上的概念，广义的金融消费者也包括保险消费者。如根据美国 1999 年《金融服务现代化法》，金融服务的范围包括银行、证券公司、保险公司、储蓄协会、住宅贷款协会及经纪人等中介机构提供的服务。这主要是由美国的金融分业监管体制所决定的。如学者所述[2]，投资者概念源自美国 1933 年《证券法》和 1934 年《证券交易法》，其以投资者保护为立法宗旨，构建起了以信息披露为核心的证券投资者保护制度。同期，在银行、保险领域，传统的消费者保护理论仍在发挥作用，与证券投资者相提并论的主要是银行存贷款人、投保人（被保险人或受益人）。但随着金融创新和金融混业经营的发展，金融产品和服务不断细分并日益交叉，存贷款人和投保人的称谓不足以再全面涵盖银行和保险机构的客户，这才逐步产生了金融消费者概念。而投资者一词由于其固有的概括性和包容性，仍能较好地适用于整个资本市场，从而形成了金融消费者与投资者概念并存局面。

二是认为金融消费者包括投资者这一概念，如任自力认为，金融消费者，是指接受金融商品或服务的自然人、法人或非法人组织。投资者，是指以获取收益为目的的购买金融商品或服务，并自行承担投资风险的自然人、法人或非法人组织。投资者属于金融消费者的一部分。[3] 杜晶认为，金融消费者是指与金融机构建立金融服务合同关系、购买金融商品、接受金融服务的自然人或法人。其中有些消费者由于其自身具有金融专业知识和相当的经济风险承受能力，购买或接受某些高风险性的金融商品或服

---

① 陈洁：《投资者到金融消费者的角色嬗变》，载《法学研究》2011 年第 5 期。

② 廖凡：《金融消费者的概念和范围：一个比较法的视角》，载《环球法律评论》2012 年第 4 期。

③ 任自力：《金融消费者与消费者、投资者的关系界分》，载《中国政法大学学报》2021 年第 6 期。

务，可被归为金融投资者（即金融消费者中的专业投资者）。[1] 该类观点在比较法上以日、韩为主要代表。在日本，其金融立法中并未区分“金融消费者”与“投资者”，金融商品或服务的投资者或接受者均属于金融消费者。投资者是金融消费者的下位概念，投资者分为普通投资者和特定投资者，普通投资者受到更多的保护。在韩国，金融交易中接受商品或服务的一方均属于金融消费者，投资者只是金融消费者中的一类，具体是指为获取投资收益而购买金融投资商品的自然人或法人。其中的金融投资商品是指为了获取利润或避免损失而在当前或将来的特定时间具有货币或其他财产价值的产品，主要是指证券类商品，限于证券、衍生工具、交易所衍生品、场外衍生品。

三是认为两者互有交集，但有部分投资者不属于金融消费者。如郭丹认为，金融消费者指自然人投资者，不包括机构投资者。[2] 我国台湾地区2011 年“金融消费者保护法”将金融消费者界定为接受金融服务业提供金融商品或服务的人，包括自然人或法人，但同时排除了部分自然人和法人，即专业投资机构与符合主管机关规定财力或专业能力条件的自然人或法人被排除在金融消费者之外。

2006 年 12 月，原中国银监会颁布《商业银行金融创新指引》。该指引专章规定了“客户利益保护规则”，指出商业银行的金融创新应“满足金融消费者和投资者日益增长的需求、充分维护金融消费者和投资者利益”。将金融消费者与投资者并列，系我国在相关法律规范性文件中首次提出金融消费者概念。后续各机构出台的相关法律文件中经常会出现金融消费者的概念并直接使用。2013 年《中国人民银行金融消费权益保护工作管理办法（试行）》将金融消费者界定为“在中华人民共和国境内购买、使用金融机构销售的金融产品或接受金融机构提供的金融服务的自然人”，其后经 2016 年、2020 年两次修订，调整为“指购买、使用银行、支付机构提

① 杜晶：《“金融消费者”的界定及其与金融投资者的关系》，载《中国青年政治学院学报》2013 年第 4 期。

② 郭丹：《金融消费者之法律界定》，载《学术交流》2008 年第 2 期。

供的金融产品或者服务的自然人”。

2011 年底，原中国保监会设立了保险消费者保护局；2012 年初，中国证监会设立了投资者保护局；2012 年 9 月，中国人民银行和原中国银监会亦设立金融消费者保护局；2023 年 3 月，国务院机构改革方案提出，将中国人民银行有关金融消费者保护职责，中国证券监督管理委员会的投资者保护职责划入国家金融监督管理总局，以统筹负责金融消费者权益保护。上述投资者与金融消费者的概念，监管机构在机构设置层面亦直接使用，未做特别区分。2024 年 6 月，《国家金融监督管理总局 中国人民银行 中国证券监督管理委员会关于金融消费者权益保护相关工作安排的公告》“金融消费者、投资者反映的信访、举报事项由国家金融监督管理总局、中国人民银行、中国证券监督管理委员会按照各自法定职责和监管权限分别接收办理”，金融消费者和投资者的概念仍是并行使用，未做区分。综合来看，金融消费者在银行系统使用更普遍，投资者在证券期货领域使用广泛。

而从国内司法实践来看，虽然历年来不同法院或法官基于对金融消费者及投资者含义的不同解释进而就同类案件作出不同裁判结果的情形并不鲜见。但在《九民纪要》第五章“关于金融消费者权益保护纠纷案件的审理”章节中，最高人民法院统一采用金融消费者概念，所有金融产品发行人、销售者以及金融服务提供者与金融消费者之间因销售各类高风险等级金融产品和为金融消费者参与高风险等级投资活动提供服务而引发的民商事案件均一体适用。而在该纪要其他章节中也同步出现了投资者的概念。相信《九民纪要》在后续指导司法实践过程中能够进一步统一相关认识，确保司法权威和统一。

实际上伴随着金融市场的快速发展和人民生活水平的提高，从行为主体是否承担风险、是否获利、是否仅用于家庭生活消费来区分金融消费者和投资者已不能适应金融市场发展的现实需要。现今市场金融主体可提供的金融产品和服务范畴早已超出早期储蓄、保险等实现财产安全和增值或风险控制领域。伴随着人民生活和收入水平的提高，金融服务的需求也在不断增加。互联网科技带来的金融创新也使得金融主体提供金融产品或服务的能力大大提升，各类创新业务和产品不断涌现，尤其是旨在向消费者提供贷款以促进消费并最终促进经济增长的现代金融服务——消费金融的出现完全打破了以往金融与消费分属于投资与消费两个不同领域间的界限。[①] 金融消费者与投资者的界限在某种程度上也趋于模糊。

因此，我们应当摒弃行业对象尺度，而从实际监管目的角度出发，以消费者弱势地位的共性来统一对投资者与金融消费者的认识更为合理。金融消费者，是指购买金融商品或接受金融服务的自然人、法人或其他组织，金融消费者与投资者的概念应可视为同一概念。此种观点既与监管导向相一致，也与司法倾向相契合，更与当下金融领域实操相吻合。

在此基础上，我们认为投资者适当性管理制度规制的对象应当包括所有购买风险性金融产品或接受金融服务的金融消费者。投资者分类中的普通投资者应为金融机构适当性义务的主要保护对象，而对于专业投资者，则可适当免除部分义务。而对于风险性的界定，则特指将来发生不利益之可能性，主要以本金损失为判断基准。

三、金融产品的界定

经济学通说将金融产品称为资金融通的载体。[②] 上述定义从金融产品的经济功能做出。法律意义上对金融产品的定义则为彰显一种契约关系和对未来收益请求权的无形资产[③]，是交易主体之间用于固定特定权利义务关系的法律文本。不同权利义务的设定形成不同的产品结构，进而形成不同的金融产品。例如，股票是股份公司为筹集资金而发行给各个股东作为持股凭证并借以取得股息和红利的一种有价证券。投资者通过认购获得股东权利，可以相应获得股息并参与公司的投资决策。相应地，公司融得资

① 阳建勋：《"金融消费者"概念生成的法社会学探析——消费者运动与金融危机耦合下的金融法变革及其本土资源》，载《甘肃政法学院学报》2014 年第 1 期。

② 参见黄达：《金融学》，中国人民大学出版社 2003 年版，第 182 – 183 页。

③ 参见李红权、陈攀：《金融危机反思及金融产品消费者保护》，载《财经科学》2012 年第 1 期。王文宇主编：《金融法》，元照出版有限公司 2008 年版，第 25 页。

金用于公司发展壮大。而根据金融管理部门对金融产品的定义，根据《金融产品网络营销管理办法（征求意见稿）》第3条，金融产品，是指金融机构（国务院金融管理部门依法批准设立的从事金融业务的机构）设计、开发、销售的产品和服务，包括但不限于存款、贷款、资产管理产品、保险、支付、贵金属等。上述定义从机构主体和行为路径两重角度对金融产品进行界定，并列举了主要的金融产品类型。

但在投资者适当性制度中，金融机构推荐或销售的金融产品应当为复杂或风险性的金融产品。根据《九民纪要》，适当性义务是指卖方机构在向金融消费者推介、销售银行理财产品、保险投资产品、信托理财产品、券商集合理财计划、杠杆基金份额、期权及其他场外衍生品等高风险等级金融产品，以及为金融消费者参与融资融券、新三板、创业板、科创板、期货等高风险等级投资活动提供服务的过程中，必须履行的了解客户、了解产品、将适当的产品（或者服务）销售（或者提供）给适合的金融消费者等义务。此处高风险之界定并非金融学意义上的风险等级，而是特指将来发生不利益之可能性，主要以本金损失为判断基准。因此，本书认为，适当性制度中所指金融产品应当为可能发生本金损失或超出本金损失的风险性金融产品及与其相关的投资服务。

对于金融产品的特征，有研究认为包括无形性、专业性、收益性、风险性[①]；也有研究认为包括信息性、专业性与复杂性、高风险性、信用性、多次交易性[②]；此外，还有研究认为金融产品的特征在于以金融服务为核心，具有较高的专业壁垒性，具有收益性与风险性[③]，等等。我们认为，金融产品具有以下特征：

首先，金融产品具有复杂性的特征。金融产品是创设的权利义务的组合。一方面，随着科技和社会的发展，人民对金融产品需求的增加，金融机构创设的金融产品种类日益繁多，结构也日益复杂。客观上导致金融产

① 何颖：《金融消费者权益保护制度论》，北京大学出版社2011年版，第20页。
② 郭丹：《金融服务法研究——金融消费者保护的视角》，法律出版社2010年版，第22－24页。
③ 马国泉：《金融消费者权益保护研究》，法律出版社2013年版，第19页。

品越来越复杂。另一方面，为规避监管要求，很多“伪创新”通过繁复的产品设计和增加交易链条，实现产品风险切割重组，刻意隐瞒产品真实信息，主观上也增加了金融产品的复杂性。现实中有很多金融机构向客户提供的产品说明充斥着大量专业词汇，晦涩难懂，被普通投资者视为天书，甚至金融专业人士也不能完全理解金融机构提供的产品说明，很难精准把握和判断与投资有关的有价值信息。因此，信息披露成为各国监管应对金融产品复杂性的重要内容。金融机构应当通过信息告知、警示使投资者真正认识投资产品的具体风险及其个性化特征。告知说明义务的履行成为投资者能够真正了解各类高风险等级金融产品或者高风险等级投资活动的投资风险和收益的关键。对告知说明义务的标准，我国司法机关认为应当综合理性人能够理解的客观标准和金融消费者能够理解的主观标准来履行，即卖方机构应当通过简单易懂，一般人都能理解的语言开展业务，同时还应当结合投资者的个体情况，就理解能力较差的投资者履行更重的“告知说明义务”，做到投资者能够真正理解产品的风险和收益，才视为履行了“告知说明义务”。对于简单以投资者手写诸如“本人明确知悉可能存在本金损失风险”等内容主张其已经履行了告知说明义务，不得成为豁免的理由。

其次，金融产品具有风险性的特征。风险特指未来不确定之状态。金融产品基于本身的基础资产投向和交易架构设置，使其本身蕴含着普遍存在但又各有不同的风险，这种风险表现为收益和所得的不确定性，可能与预期产生的差异性，以及给交易主体的生活、生产等活动带来的非预期和非计划的后果。对于个人或家庭而言，金融产品蕴含的风险可能会影响个人和家庭的财富水平和生活标准；对于企业而言，金融产品蕴含的风险可能会影响企业的效益和持续发展；对于国家和社会而言，金融产品蕴含的风险传导、扩散和叠加，可能会影响金融市场秩序和社会秩序，甚至演化为系统性金融风险，进而导致整个国家和社会陷入动荡。金融机构根据了解的金融产品信息，根据其风险特征和程度，划分不同风险等级。一般而言，在我国，金融产品划分为 R1（低风险）、R2（中低风险）、R3（中风险）、R4（中高风险）、R5（高风险）等五个级别，不同风险性的金融产品对金融机构的适当性义务亦有差异。例如，《适当性管理办法》第20条要求，经营机构向普通投资者销售高风险产品或者提供相关服务，应当履行特别的注意义务，包括制定专门的工作程序，追加了解相关信息，告知特别的风险点，给予普通投资者更多地考虑时间，或者增加回访频次等。金融产品的风险性一方面要求金融机构真实、准确、完整地向客户揭示产品的基本信息和风险特征，另一方面要求根据投资者投资需求推荐适当的金融产品，严禁为短期利润，将不适当的产品主动向不适当的投资者进行推荐。

最后，金融产品具有收益性的特征。一般而言，收益性与风险性呈正相关关系，收益越高，风险越大；收益越低，风险越小。想要获得超额收益，就必须做好迎接风险和挑战的准备。投资者投资金融产品正是为获取相应收益，以提高个体收入水平和企业效益。但金融产品的收益性特征并不一定获得正收益，也可能是负收益。因此，投资者在选择金融产品时应当根据自己的风险承受能力和投资目标选择适当的产品，并相应承担投资风险。

综上所述，金融产品复杂性、风险性、收益性的特征，使得金融产品销售过程中呈现出巨大的信息差距。金融机构很容易凭借信息优势和主导地位获得对投资者的压倒性优势，投资者想要获取完整、准确、可理解的产品信息更为困难。上述情况叠加金融产品的不适当销售行为，极易造成风险传导和溢出效应，造成金融市场的不稳定。因此，在金融产品的销售过程中更应当把握上述特征，尽最大可能消除信息壁垒，预防道德风险，切实履行适当性管理义务。针对当下金融纠纷多发、金融消费者维权困难的境况，“尤其需要明确以遏制金融产品不当销售、合理分配交易风险为宗旨的适当性义务规则的建构，以打造交易者各负其责的理性交易环境。”①

① 王锐：《论金融机构的适当性义务——基于行为要件的分析》，载《北方法学》2014年第4期。

四、适当性义务的适用范围

长期以来，我国金融业实行以分业经营、分业监管为主的模式。在此背景下，由不同监管机构监管对应金融机构的具体行为。因此，适当性义务在不同市场中存在差异化的发展与定位。在讨论适当性义务的适用范围之前，首先需要明确两个问题：第一，适当性义务约束的主体，即当前哪些金融机构应当统一适用适当性规则的约束。第二，适当性义务适用的业务范围，即哪些产品和服务应当被纳入适当性管理的范畴。

1938 年，美国国会通过迈罗尼法案（the Maloney Act）设立了美国证券交易商协会（NASD），发布了最初的适当性规则，即经纪商只能向投资者推荐或销售适合其需求的金融产品。可见，适当性义务在创设之初主要适用于证券行业。但随着金融产品的创新与混业经营的出现，各金融子行业的展业边界趋于模糊，传统的业务壁垒在发展中逐渐被打破，适当性义务的适用范围被重新审视。首先，各类金融机构纷纷涉足于资产管理业务，银行理财、资管产品、保险产品、共同基金等产品相继被摆上各类金融机构的货架供投资者挑选。各类金融产品的交叉出现使得银行、证券、保险、基金等机构传统的界限被打破，同类产品适用统一的监管要求被提上修改日程。其次，各类金融机构除了自身作为管理人之外，同时参与其他机构的产品代销，与自身的产品类型形成优势互补。但销售机构并非合同缔结的主体且早期对其销售行为的约束规则有限，使得其承担的义务远低于作为管理人的义务。因此，在之后的规则修订中，美国的立法机关、证券交易委员会（SEC）与联邦法院将从事证券产品销售的银行、保险、期货等金融机构逐步纳入适当义务适用主体的范围。而欧盟创设的 MiFID 指令[①]在一开始即适用于所有在欧盟境内提供投资服务或从事投资行为的投资公司，不单单局限于证券经营机构，还包括了资产管理机构、投资顾问公司、保险中介机构、银行信贷机构等与之业务相近似的主体。在此基

---

① 路越：《欧盟 MiFID Ⅱ金融监管改革研究》，载《河北企业》2020 年第 3 期。

础上，英国的适当性义务规则在很大程度上借鉴了 MiFID 的精神，适当性义务的履行主体同样适用于银行、保险、投资顾问、资产管理等机构。从我国的法律法规体系来看，除了《证券法》《证券投资基金法》《期货和衍生品法》《适当性管理办法》明确了证券公司及其子公司、基金公司及其子公司、期货公司及其子公司以及证监体系下的经营机构应当履行适当性义务之外，央行与银行保险监管机构也发布了《关于规范金融机构资产管理业务的指导意见》《商业银行理财业务监督管理办法》《商业银行理财子公司管理办法》《商业银行代理保险业务监管指引》，对银行、保险、资产管理等机构的适当性义务予以规定。整体来看，我国适当性义务适用的主体范围主要针对持牌金融机构，包括但不限于银行及其理财子公司、保险经营机构、信托公司、证券公司及其子公司、基金公司及其子公司、期货公司及其子公司以及代销机构等。在当前分业监管的环境下，适当性义务的适用主体从证券经营机构向其他各类金融机构扩张，符合机构监管向功能监管转型的大方向。

在解决了适当性义务适用主体的问题之后，下一个需要探讨的内容是上述机构哪些业务应当纳入适当性管理的范畴。首先，从境外经验来看，美国对适当性义务的适用范围的扩张主要是通过对“证券”做扩张解释。1933 年的《证券法》和 1934 年的《证券交易法》都对证券的定义做了肯定式列举，包括但不限于：各类股票、债券、国库券、票证、无抵押债券、可转让股权、投资合同等；任何证券、存款证明或组合证券和指数证券的期权或者特权；任何在全国证券交易所上交易的有关外币的各类期权等。在实践中，美国法院与监管机构还可以灵活调整对“证券”概念的理解。如果一个交易具有投资合同通常具备的投资特征，就可能被纳入适当性管理的范畴。因此，美国的立法采用是“肯定列举 + 原则补充”的模式，具有较强的灵活性。相比之下，我国的法律法规从机构监管角度出发，立法多定位于自身管辖范围内的产品或服务。如《证券法》第 2 条规定，在中华人民共和国境内，股票、公司债券、存托凭证和国务院依法认定的其他证券的发行和交易，适用该法。《适当性管理办法》第 2 条规定，向投资者销售公开或者非公开发行的证券、公开或者非公开募集的证券投资基金和股权投资基金（包括创业投资基金，以下简称“基金”）、公开或者非公开转让的期货及其他衍生产品，或者为投资者提供相关业务服务的，适用该办法。而《九民纪要》则在突破分业监管的背景下，将银行理财、保险产品、信托产品、券商理财计划、基金份额、期权及其他场外衍生品以及各类融资融券、科创板、创业板等高风险服务纳入适当性管理的范畴，使得同类产品和服务适用相同的监管标准，有利于减少监管套利和监管真空，构建公平诚信的市场环境。

由此引申出一个一直困扰着经营机构的问题：经营机构所销售的所有产品或开展的各项服务是否均应当适用适当性管理规则约束。首先，从境外经验来看，发达国家和地区均未将银行存款等权利义务设定简单且风险极度有限的活动纳入适当性管理的范畴。其次，投资者教育活动区别于一般的投资行为，本身是为提升投资者对金融市场的整体认识，并不以营利为目的。另外，一些以客观事实为主的咨询、数据等信息，旨在披露更多的市场信息为目的服务，也应当豁免经营机构的适当性义务。整体来看，经营机构与投资者开展业务时应当以承担适当性义务为原则，以豁免适当性义务为例外。

第二节　投资者适当性制度的理论基础

以具体规则对金融机构课以投资者适当性义务，首先要解决其理论基础的问题。只有深植理论基础，投资适当性管理的价值方能彰显，投资者适当性管理的规则体系构建方能稳固。投资者适当性制度起源于美国，它在全球的发展经历了由美国到欧洲，从欧洲到亚洲，以及由成熟资本市场到新兴资本市场的过程。[①] 适当性制度在美国 70 余年的发展极具戏剧性，

① 赵晓钧：《中国资本市场投资者适当性规则的完善——兼论〈证券法〉中投资者适当性规则的构建》，载《证券市场导报》2012 年第 2 期。

其间经历了“自律规范—行政规章—自律规范的螺旋上升的发展。”[①] 投资者适当性制度的理论基础其间也在不断演进和发展。目前，大多数国家的金融监管部门和行业自律组织出于保护投资者尤其是中小投资者合法权益的目的，均制定了相应的管理规则或原则性指引。金融机构基于履行监管义务和规避法律风险的目的也基本上完成本机构投资者适当性管理体系的搭建。在理论基础上，也形成多种不同的学说并拥有着广泛基础。

一、代理理论

代理理论认为，金融机构和投资者之间是委托代理关系，金融机构作为代理商对作为被代理人的投资者负有忠实和注意义务，并应为后者的最大利益行事。这就意味着代理人必须为委托人的利益，在委托人授权范围内决策，并且代理人有权向委托人报告委托执行情况及执行过程中的重大情况及变化。

在证券经纪业务中，投资者与证券经纪商之间的法律关系是代理关系，这是 SEC 最早使用的、对投资者与证券经纪商之间适当性义务进行分析的工具，并在此基础上形成了代理理论。正如 Loss 教授所言，SEC 用于规范证券经纪商对投资者的责任的大部分规则源于代理法。代理理论的实质是一种相互信任的关系，一方明示或默示地同意，在该方明确授权的范围内，另一方以授权之人的名义实施或将实施某种行为，而被授权一方也同意实施或将实施该行为。[②] 代理关系中的代理人义务涵盖了适当性义务。因此，代理理论就为适当性义务提供了合理的解释。在代理理论下，代理人必须忠实于代理事务，在代理权限范围内行事；应当依据自身掌握的知识、经验和技能和对被代理人的了解，为其选择适合的产品；代理人必须努力尽勤勉和忠实义务，充分维护委托人利益；代理人应当从维护被代理

---

① 武俊桥：《证券市场投资者适当性原则初探》，载《证券法苑》（第 3 卷），法律出版社 2010 年版，第 131 – 159 页。

② 任自力、刘佳：《论金融机构适当性义务的理论基础与规则完善》，载《中南大学学报（社会科学版）》第 27 卷第 5 期。

人利益出发，争取对被代理人最有利的结果。投资者适当性对证券经纪商的要求与代理人与委托人关系的要求相契合，包括：经纪商应当依照授权行事，忠于代理事务，向客户推荐应当有适当性的基础；经纪商应当向投资者提供完整的产品信息，不得欺骗投资者进而提供虚假信息；经纪商用专业知识、经验和技能判断产品是否与投资者利益相匹配，不得将自己置于与投资者利益相冲突的地位，当产品和投资者不合适时，经纪商必须履行提醒和警示义务，即使这样可能会使经纪商丧失佣金收入或投资者，也不得为形成佣金业务的目的，不考虑投资者的投资目的而诱导客户进行过多交易。

二、信义理论（特殊情况理论）

诚然，代理理论可以为委托代理关系下经纪商与投资者之间的适当性规则提供理论基础，但证券经纪商与投资者之间并非只有委托代理关系。当经纪商提供证券自营业务或咨询顾问服务时，通常会被认为处于信义义务人的角色，需承担相应义务。信义义务理论源于美国法院对衡平法的适用，该义务对受托人注意义务的要求超越了普通法中一般注意义务的标准。信义义务，具体是指受益人对受托人要有充分的信任和依赖，使受托人能本着忠诚的态度为受益人之最大利益行事。此外，受托人还应公平地对待受益人。① 信义义务理论认为，当一方处于合理依赖对方而自身又处于弱势地位时，被信赖方明知并接受这种信赖，就负有为弱势方利益行事的义务。② 美国证券交易委员会认为，投资者与证券经纪商相比，处于明显弱势地位，具有鲜明的脆弱性，投资者只能依赖经纪商。而经纪商基于该种信赖可向投资者提供证券投资推荐。按照信义义务理论，即便证券经纪商不是投资者代理人，证券经纪商因处于被信赖和依赖中，证券经纪商也应当为投资者承担信义义务。这就要求证券经纪商必须为客户的最大利益行事，在了解产品和投资者的基础上，向投资者提出投资建议，而这正

① 范世乾：《信义义务的概念》，载《湖北大学学报（哲学社会科学版）》2012 年第 39 期。
② 翟艳：《投资者适当性制度研究》，中央编译出版社 2018 年版，第 15 页。

是投资者适当性对金融机构的要求。信义义务对处于优势地位的金融机构课以必要义务，对受信任方的行为予以必要规制，以促使双方地位的再平衡，减少受托人对委托人基于优势地位的控制程度。简言之，以为他人之最大利益行事为核心的信义义务，成为适当性义务理论依据的来源。①

金融机构从业人员在向投资者推荐产品或提供服务时，负有双重信义义务。一方面，从业人员接受金融机构授权，承担为雇主尽力做事的信义义务；另一方面，从业人员在向投资者推荐产品时，需要充分了解投资者信息，向客户提供相应服务。投资者基于对专业人员专业性的认可和对机构的信赖，构成从业人员对投资者的信义义务。

三、招牌理论

招牌理论产生于美国证券交易委员会（SEC）的行政程序，后被法院裁判所确认。招牌理论认为，券商无论在经营自营或经纪业务，只要其挂出招牌，就默示能够和客户公平公正交易。② SEC 认为，作为公平交易的组成部分，所有的证券经纪商和证券经纪自营商都应当考虑投资者的财务需求、投资目标和境况，并有适当的基础确信其对投资者的推荐是适当的。证券经纪商、证券经纪自营商挂出招牌的同时，即被课以投资者适当性义务。在“Charles Hughes & Co. Inc. v. SEC”（139 F. 2d 434）案中，证券交易自营商对不同投资者适用不同的价格销售证券，价格虚增 16%—40%。法院同意 SEC 在诉讼过程中提出的观点，即证券经纪自营商有义务向所有的客户披露真实的证券价格。法院认为，证券经纪自营商是运用专业知识向投资者提供服务的金融机构，其不应利用投资者对证券价格的无知获利。法律提供救济的目的在于保护那些不了解市场情况的投资者免受唯利是图的、具有专业知识和能力的金融机构的伤害。

招牌理论以金融监管立法为依据，根植于监管实践，从对证券经纪商、证券经纪自营商的销售行为进行监管的角度，阐述适当性义务的理论

① 章辉：《资本市场投资者适当性制度研究》，法律出版社 2016 年版，第 45—46 页。

② Loss & Seligman，Fundamentals of Securities Regulation：Aspen Law & Business，2004，p，879.

基础。监管机构有权根据授权对行业进行监管，介入双方法律关系，监督金融机构业务行为，保护投资者，维护市场公平、公正。

四、诚实信用原则

上述三种理论分别以美国传统的代理法、信托法和金融监管立法为根据。构成美国法下适当性义务的主要理论基础。大陆法系国家则主要从诚实信用原则中为适当性义务寻找理论基础。众所周知，诚实信用原则作为大陆法系私法领域的帝王条款，近年来愈加有向公法领域扩张的趋势。进入20世纪甚至21世纪以来，社会巨变、经济发展、信息爆炸、人与人之间的关系日益复杂化，作为买者的投资者与作为卖者的金融机构在信息、资金和地位等方面存在严重的不对称。在此背景下，具有交易优势地位的当事人很容易凭借优势地位，假借意思自治之名，对对方当事人的资源进行不合理的掠夺。此时，不对当事人的意思自治进行部分限制，很容易导致实质不公的发生。[①] 诚实信用原则要求尊重他人，以对待自己事务的注意对待他人事务，不得损人利己，保证法律关系的当事人都能得到自己应得的利益。[②] 在现代民法中，诚实信用原则大致经历了从单纯的“无害他人”到在特定情形下的“适当关爱他人”的转变。[③] 诚实信用原则作为民法中最重要的基本原则之一，应适用于民法的整个领域，民事主体行使任何民事权利、履行任何民事义务，都应当遵守这一原则。[④] 诚实信用原则为一切市场参与者树立了一个诚实商人的道德标准，隐约反映了市场经济客观规律的要求。[⑤] 诚信原则具有高度的弹性与扩张性，视时代与社会发展不断丰富其内涵。现阶段，有学者将诚信原则大致确定为以下几方面内容：（1）要求当事人言而有信，遵守已经达成的协议，保护对方的合理期待；（2）善意并尽合理的告知义务与披露义务；（3）任何一方不得以不

---

① 王锐：《金融机构的适当性义务研究》，法律出版社2017年版，第129页。

② 徐国栋：《诚实信用原则研究》，中国人民大学出版社2002年版，第3页。

③ 参见王轶：《民法原理与民法学方法》，法律出版社2009年版，第54页。

④ 王利明、杨立新、王轶、程啸：《民法学》，法律出版社第六版，第43页。

⑤ 梁慧星：《民法解释学》，中国政法大学出版社1992年版，第78—79页。

合理的方式致使另一方的不利益；（4）诚信原则可以公平合理的方式调整当事人之间的不合理与不公平的义务。①

平等主体之间因主体追求不同的经济利益而产生不同的交易关系，而各主体间的利益冲突和矛盾则需借助诚信原则加以平衡。诚实信用原则要求当事人在民事主体活动中，要充分尊重社会和他人的利益，不得滥用权力，不得损害国家、集体和第三人的利益。进一步说，金融机构在交易中应当诚信对待投资者或金融消费者，向其推荐或销售与其风险承受能力相适应的金融产品或服务。一方面，诚实信用原则要求金融机构在民事活动中不得滥用自身的优势地位和信息壁垒，隐瞒产品重要信息、刻意推荐不适当的产品或服务，误导投资者购买，侵害投资者权益。而这种不当销售行为正是以违背职业道德、有违合理信赖、违背诚信的行为导致客户“不利益”情况的发生；另一方面，诚实信用原则要求金融机构在了解投资者和产品情况的基础上，从投资者利益出发，主动根据投资者的客观情况和主观意愿，向客户推荐适当的产品或服务，向客户充分披露产品或服务正确信息，克服投资者由于知识水平和经济实力所造成的差异，从而实现诚实信用原则所追求的实质公平和正义，构建崇尚诚信与规则之治的市场环境。同时，诚实信用原则要求金融机构尽到合理的告知与披露义务，真实、完整、准确地向投资者披露所销售的金融产品信息，当发现与投资者需求不适合时，应当向投资者如实告知，揭示产品风险。

实际上，在我国相应的法律体系中，已经将诚实信用原则作为金融机构适当性义务的重要理论依据。如《证券法》第 4 条：“证券发行、交易活动的当事人具有平等的法律地位，应当遵守自愿、有偿、诚实信用的原则。”《证券投资基金法》第 4 条：“从事证券投资基金活动，应当遵循自愿、公平、诚实信用的原则，不得损害国家利益和社会公共利益。”《证券公司投资者适当性制度指引》第 4 条：“证券公司销售金融产品或提供金融服务，应当诚实信用、勤勉尽责，妥善处理利益冲突，避免损害客户利益。”

① 李永军：《民法总论》，法律出版社 2006 年版，第 95 页。

第三节　境外投资者适当性制度的发展及实践

一、美国投资者适当性制度

（一）美国投资者适当性制度的起源和发展

全美证券交易商协会（以下简称“NASD”）在1939年通过公平交易条款（the Rules of Fair Practice）首次提出了适当性规则，要求经纪商只能向投资者推荐或销售适合投资者需求的金融产品①，但当时此条规则仅在道德层面上对经纪商进行约束，并无实际法律约束力，因此在20世纪60年代前一直没有真正发挥作用。直到20世纪60年代，欺骗性证券经营（boiler room operations）盛行，适当性规则才受到广泛关注。经过多年发展，NASD发布了Rule 2310（a）、Rule 2310（b）、Rule 2310（c）及三个相关解释，要求会员在向客户推荐某种证券买卖或者交易时，应有合理依据相信这种推荐是适合该客户的，此依据是基于客户向会员披露的其他持股情形以及财产状况和需求（如有）。

纽约证券交易所（以下简称“NYSE”）发布的Rule 405（1）要求会员必须尽力（due diligence）地了解与每个客户每项指令的关键事实（essential facts）。NYSE的审查员曾非正式表示，此处的“关键事实”指的是影响客户接受风险能力的任何信息。

除此之外，NASD和NYSE会针对风险更高的投资品种或交易下发更具有针对性的适当性规则。比如，NASD针对期权交易发布了Rule 2860（19），此项要求会员在向客户推荐期权合约时，要有合理理由证明客户并

---

① 赵晓钧：《中国资本市场投资者适当性规则的完善——兼论〈证券法〉中投资者适当性规则的构建》，载《证券市场导报》2012年第2期。

非“不适合”且有合理理由证明其能理解并承受相关风险。

2020 年 7 月，NASD 和 NYSE 合并为美国金融业监管局（以下简称“FINRA”），FINRA 成立后，逐步将 NASD 和 NYSE 的自律规则整合为新规则。2011 年 5 月，FINRA 发布监管通知 11 – 25（于 2012 年 7 月 9 日生效），决定用 Rule 2090 和 Rule 2111 取代 NASD Rule 2310 和 NYSE Rule 405（1），形成了统一的适当性管理体系。

其实早在 1962 年，美国证券交易委员会就通过 Rule 15c – 2 要求证券交易商确定股权融资计划销售的适当性。在 1967 年，SEC 通过了 Rule 15b10 – 3（现已废除），要求非 NASD 会员也需要履行适当性义务。1989 年，SEC 制定了 Rule 15g – 9 来解决低价股市场欺诈的问题，该规则禁止交易商销售低价股，除非满足一系列特殊规定。1994 年，SEC 将适当性规则纳入 1940 年的投资顾问法。①

SEC 早期经常将适当性问题与《证券法》的反欺诈条款结合起来分析，认为违反适当性原则的行为可能会违反 SEC Rule 10b – 5 的“招牌理论”（shingle theory），该理论认为“挂着招牌招揽客户的证券交易商意味着做出了公平交易的暗示”。1969 年，美国联邦第二巡回上诉法院（the Second Circuit）明确认可了这一点，认为证券交易商与证券购买者有着特殊的关系，如果没有充分和合理的理由，交易商不能推荐某一种证券。

（二）美国投资者适当性制度的主要内容

1. 投资者适当性原则

FINRA Rule 2111 即为投资者适当性原则，包括两条基本规则和七条补充规则。

基本规则一指出，会员及其从业人员必须有合理的依据（reasonable basis）来相信向客户推荐的交易和投资策略是适合该客户的，此依据是基于会员及从业人员尽力向客户获取的用于证实该客户投资状况的信息，这

---

① Andrew M. Pardieck, Kegs, Crude, and Commodities Law: On Why It Is Time To Reexamine The Suitability Doctrine, Nevada Law Journal, Spring 2007, p. 309.

些投资状况信息包括但不限于客户的年龄、其他投资、财务状况和需要、税务状况、投资目标、投资经验、投资时间、流动性要求、风险承受能力，以及客户向会员及其从业人员就此投资建议提供的其他信息。基本规则二指出，如果（1）会员和从业人员有理由相信机构客户有能力独立评估风险或涉及某个证券交易和投资策略的风险；（2）机构客户对会员和从业人员的推荐是有独立的判断能力的，则会员及从业人员就算履行了对机构客户的适当性义务。

七条补充规则是对两条基本规则的补充和细化，比较值得注意的是：（1）补充规则二明确了，任何会员及从业人员不得否认其在适当性规则下的责任。（2）补充规则五细化了适当性规则，即客户适当性包括合理根据适当性、特定客户适当性、数量适当性。会员和从业人员要有合理依据相信，投资建议至少适合于一部分客户，要根据客户状况，给该特定客户提供符合其情况的投资建议，且不能利用客户账户从事不恰当的频繁交易。

2. “了解你的客户”原则

FINRA Rule 2090 即为“了解你的客户”原则，该规则要求在为客户开户和维护账户时，每个会员应该勤勉地获取并保留每个客户或依照客户名义行事的人的关键事实。关于“关键事实”有四个补充条款：第一，要有效地为客户账户服务；第二，依照账户的每个特殊处理指令执行；第三，了解客户代理人的职权范围；第四，遵守适用的法律、法规和规章。

Rule 2090 未明确规定投资者多长时间需更换一次资料，但 SEC Rule 17a-3 提及交易商最好至少每 36 个月要求客户更新一次信息。

3. 对老年投资者的特殊要求

面对较大的老年人口数量及投资需求，FINRA 很重视老年客户与产品是否配适。在 Rule 2111 中就将“年龄”纳入会员及从业人员需要获取的客户信息。此外，FINRA 在 Regulatory 07-43 中就提醒会员履行对老年客户的适当性义务，以及强调了服务此类客户的行业惯例。

FINRA 指出，在为老年客户进行适当性分析时，年龄和生活阶段都是很重要的考虑因素，客户的投资期限、目标、风险承受能力和纳税状况可能会随着他们年龄增长而变化，流动性通常会变得更为重要。而且相对于其他客户，老年人和退休人员可能对某些类型的风险容忍度更低。比如，仅依靠固定退休金生活的退休人员可能比仍在工作的人更容易受到通货膨胀风险的影响，这主要取决于其依靠固定退休金的年限。同样，如果投资者的投资期限没有足够的时间或机会弥补投资损失，他们可能会受到市场波动的不成比例的影响。

因此，如果不尽力去获取有关客户年龄、生活阶段和流动性需求的信息，公司就无法充分评估产品或交易对特定客户的适当性。涉及老年客户，公司需要考虑的其他问题还包括客户的在职情况、主要支出情况、收入来源、储蓄情况、财务目标、投资目标、是否有健康保险等因素。

虽然公司没有义务为客户屏蔽风险，但他们必须充分了解产品，向客户公平、全面地揭示产品或交易相关的风险、成本和收益，并只推荐适合客户的产品。

4. 产品适当性

FINRA 针对产品适当性发布了多条监管条约，比如 Notice to Member 05－26、Notice to Member 03－71、Notice to Member 03－07 及 Notice to Member 05－59。

其中，Notice to Member 05－26 指出，所有销售新产品的公司都应该有正式的书面程序，以确保在从监管和商业角度进行彻底审查前没有任何新产品被引入市场。这些程序至少应该明确什么是新产品，并确保在提供销售新产品之前能够提出并回答正确的问题。其中第二项，NASD 认为每个公司在销售新产品之前都至少明确这些要素：目标客户；产品投资目标；产品基础假设；产品投资风险；费用；业绩报酬；与产品相关的新法律、税务投资和信用风险（如有）；产品结构、功能和描述的复杂程度；产品营销方式；为产品做决策的专业人士的资质；新产品是否需要培训计划；产品是直销还是代销；公司目前的系统是否能支持该产品；新产品的结构、特征和销售是否存在监管风险等。

此外，FINRA 通过调查设立产品的公司及销售产品的第三方公司，发现适当性义务履行较佳的公司具备以下几点特征：（1）具备一套强制性的、标准化的程序，要求提供书面的新产品方案和详尽的附件；（2）事前让合规和/或法律人员对拟发布的产品或概念进行预审，判断其是新产品还是对现有产品进行重大调整，以及确定适合的内部审查级别；（3）设立新产品或对现有产品进行重大调整，应由公司所有相关部门代表组成的委员会或工作组进行详细审查，成员包括合规、法律、财务、市场、销售和运营；（4）由新产品委员会或包括公司高级管理层成员在内的其他决策小组正式决定批准、不批准或搁置该提案；（5）如果产品获得批准，要进行一定程度的批准后跟踪和审查，尤其是对复杂的产品或只批准有限分销的产品。

Notice to Member 03 – 71 中提出，为了确保某项投资适合至少一类投资者，会员及其从业人员有必要进行“合理根据适当性”分析，需要对产品的主要特征进行尽职调查，考查因素包括产品流动性；产品是否存在二级市场，以及这些二级市场中产品定价的透明性；发行人的信用状况；担保品的信用状况及价值；交易对手方的信用状况；本金、回报/或利率方面的风险以及影响这些风险的因素；产品的税务问题；买卖该产品相关的成本和费用等。此外，会员及从业人员还需对客户投资的产品进行“特定客户适当性”分析，即要求通过获取和分析客户的一系列特定因素，根据特定客户的投资情况，从而去合理证明该产品适合该客户。在履行此职责时，会员必须检查客户的财务状况、税务状况、投资目标，以及会员在向客户提出建议时使用或认为合理的其他信息。

5. 合格投资人制度及相关豁免

美国适当性体系下的合格投资人可以分为“合格投资者”（accredited investor）、“合格机构投资者”（qualified institutional investor，QIB）、“合格购买者”（qualified purchaser，QP）和“合格客户”（qualified client）。

（1）合格投资者（accredited investor）。美国证监会在 1982 年的 D 条例中对合格投资者有所规定，包括银行、保险公司、证券公司、资产超过 500 万美元的员工福利计划、符合 1940 年《投资顾问法》注册的私人企业发展公司、本人或与配偶合并净资产超过100万美元的个人、最近两年收入超过20万美元或与配偶最近两年合并收入超过30万美元的个人、总资产超过500万美元的信托、所有股东均为合格投资者的机构等。在美国，为证券登记需要遵守一系列繁杂和严格的程序，比如制定招股说明书、营销宣传方面的限制等，但是如果为合格投资者提供产品和服务，会员可以豁免一部分监管要求，例如如果仅向合格投资者发售证券，且不做任何公开推广且发行总量不超过500万美元，发售证券的机构可以豁免向SEC登记该证券。

（2）合格机构投资者（qualified institutional investor）。根据美国证监会于1990年发布的Rule 144A（在私募市场面向机构的证券再销售规则），合格机构投资者主要包括管理自有账户或其他QIB的委托账户，持有和全权投资的非关联人发行的证券价值在1亿美元以上的公司；持有或全权投资的证券价值在1 000万美元以上的证券交易商（broker）；代表QIB从事无风险委托人交易的证券自营商（dealer）；所属的投资公司家族持有证券价值在1亿美元以上的依照投资公司法注册的投资公司；持有和全权投资的证券价值在1亿美元以上且最近年度资产净值在2 500万美元以上的本国或外国的银行、储蓄贷款协会或类似机构等。2020年8月26日，SEC通过了对QIB和合格投资者定义的修正案，QIB的定义中增加了那些被认定为合格投资者、证券所有权达到1亿美元且此前未被认定为QIB的机构。

根据Rule 144A，QIB被允许在市场上交易受限证券，可以避免美国证券交易委员会的证券注册要求。这个规定简化了外国公司在美国境内筹资的程序，也降低了其成本，从而吸引了很多外国企业进入美国资本市场。

（3）合格购买者（qualified purchaser）。根据《1940年投资公司法》，合格购买者主要为高投资额的投资者，包括投资额度不低于500万美元的个人；被2个以上具有直系亲属关系的自然人直接或间接拥有的、投资额度不低于500万美元的公司；符合条件的信托；投资额度不低于2 500万美元的个人、投资额度不低于2 500万美元的合格机构购买者等。根据

《1940年投资公司法》，基金需要在中国证监会注册，但对于只向QP出售的基金且无计划向公众发售的公司不属于该法定义的“投资公司”，因此可以免于该法的监管。

（4）合格客户（qualified client）。《1940年投资顾问法》对合格客户进行了规定，包括管理的资产值超过100万美元或净资产超过200万美元的个人、符合《1940年投资公司法》定义的合格购买者（QP）以及投资顾问公司中有丰富投资知识的内部员工等。《投资顾问法》禁止投资顾问以所管理基金的资本收益或升值为基础向客户收取报酬，但如果客户是合格客户，则可以不受到该规定的限制①。

二、欧盟投资者适当性制度

欧盟的适当性体系发展得比美国要晚，体现在欧盟《金融工具市场指令》及其相关执行指令中，主要包括三个法律文件：（1）欧洲议会与欧盟理事会关于金融工具市场的第2004/39/EC号指令（以下简称“MiFID”）；（2）欧盟委员会第2006/73/EC号指令（以下简称“执行指令”）；（3）欧盟委员会第1287/2006号条例。MiFID规定投资公司在为投资者提供投资服务时应承担的一系列义务，包括投资风险相关信息的披露、投资者适当性评估、投资者分类以及从业人员培训等。

（一）客户分类及转化

1. 客户分类

MiFID将客户分为三个类别：零售客户（retail clients）、专业客户（professional clients）以及合格对手方（eligible counterparties）。

专业客户是指拥有经验、知识和专业性，能够做出自己的投资决定并准确评估投资风险的客户，包括但不限于以下主体：（1）信贷公司、投资公司、其他经核准或受规制的金融机构、保险公司、集合资产管理计划及

① 袁熙：《美国的客户适当性自律管理制度》，载《创新与发展：中国证券业2012年论文集》，中国财政经济出版社2013年版。

其管理公司、养老金及其管理公司、商品和商品衍生品经销商、自由经纪人和其他机构投资者；（2）符合特定标准的大型企业，其资产负债表总额2 000万欧元以上，成交净额4 000万欧元以上，自有资金200万欧元以上；（3）国家和地区政府、管理公共债务的公共机构、中央银行、国际和超国家机构，如世界银行、国际货币基金组织、欧洲中央银行、欧洲投资银行以及其他类似国际组织；（4）其他主要活动是投资金融工具的机构投资者，包括专门处理资产证券化或其他融资交易的实体。

合格对手方是指投资公司、信贷机构、保险公司、UCITS和其管理的公司、养老金公司及其管理的公司、被监管授权和管理的其他金融公司，以及中央政府公共机构，合格对手方同样也属于专业客户的范畴。零售客户则是未被归入上述两个类别的客户。

如果客户被认定为专业客户，除非客户与公司另有约定，公司必须在向其提供服务前通知客户其已被认定为专业客户，且告知其可以要求更改协议条款以获得更高水平的保护。

2. 客户类型转化

MiFID规定，投资公司必须允许专业客户申请“非专业待遇”，即如果专业客户认为自己无法恰当评估或管理所涉及的风险时，可以要求接受更高等级的保护（即成为零售客户），届时该客户会与投资公司签订书面协议，表明其不再被视为专业客户。

零售客户在满足一定标准和程序下，也可以申请成为专业客户，从而简化适当性评估流程或获得更低的交易成本，这类客户又被称为“可选择的专业客户”。这些客户除了要满足交易频率、交易规模、资产规模、知识背景等方面的客观标准，还必须向投资公司提交相关的书面申请，表明无论是对于一般的还是特定的投资服务或交易，都希望其被视为专业客户对待。投资公司必须对客户的客观标准进行评估，并就客户可能会失去的各种投资者保护和投资者补偿向客户发出明确的书面警告。客户也必须在合同之外的单独文件中书面声明已知悉失去这些保护的后果。公司如果在审查之后，认定客户不符合专业客户的标准，有权拒绝相关申请。但即便零售客户成功申请成为专业客户，他们也并不会被视作拥有与真正的专业客户一样的市场知识和投资经验，仅在投资公司对这类客户的专业性、投资经验和知识进行充分评估，并根据其推荐的交易或服务性质能够确认客户有能力做出自己的投资决策并理解所涉投资风险的情形下，他们才可以豁免相关保护。

专业客户如发生任何影响其当前分类的变化，则有义务告知投资公司。相对而言，如果投资公司意识到该专业客户已不满足被认定为专业客户的条件，则也应当采取适当的行动。

MiFID 在投资者等级调整方面秉持着“易下难上”的原则，客户在向下调整的时候仅需提交申请并重新签订服务合同即可，而向上调整则需要有较为复杂的程序。

（二）“了解你的客户”和适当性测试

根据 MiFID 第 19（4）条规定，在提供投资建议或投资组合管理时，投资公司需要对客户进行适当性（suitability）测试，获得有关客户或潜在客户在与特定类型的产品或服务相关的投资领域的知识和经验、财务状况和投资目标等必要信息。此外，MiFID 第 19（5）条规定，投资公司应进行适合性（appropriateness）测试，要求客户提供与拟投资的产品或服务相关的投资领域知识或经验的信息，以便于投资公司评估此产品或服务是否适合客户。如果客户拒绝提供相关信息或提供的信息不充分，投资公司有义务向客户警示其行为会导致投资公司无法评估其适当性；如果投资公司根据客户提供的信息判断该产品或服务不适合该客户，也有义务向客户发出警示。执行指令第 35（5）条进一步指出，如果客户不提供 MiFID 第 19（4）条所要求的信息，投资公司不得向客户推荐投资服务或金融工具。

此外，执行指令表明，基于适当性测试和适合性测试具有不同的范围，有必要对适当性测试和适合性测试做出不同的规定。在适当性测试中，投资公司需要根据客户所提供的投资目标、财务状况、投资知识及经验等信息评估所推荐的金融产品和服务是否符合客户的投资目标、客户在财务上能否承担与其投资目标相一致的投资风险、客户现有的投资经验和知识是否能理解所涉及的投资风险。而适合性测试使用的范围比适当性测试要窄，仅适用于投资者寻求投资公司执行其投资指令，而非接受投资建议或证券投资组合管理服务等情形[1]，适合性测试仅需要关注客户的相关经验和知识，而不关注其财务状况和投资目标。

然而，投资公司在特定情况下可以不开展适当性测试。执行指令规定投资公司豁免适当性评估义务的情形包括，执行投资者发出的投资简单金融工具的指示，或提供在规范市场交易的股票、货币市场工具、债券或其他形式的证券化债（不包括被作为衍生品的债券或证券化债）的服务指示。[2]

（三）“最佳执行”义务

“最佳执行”义务是欧盟适当性管理中最具有特色的一点，MiFID 第 21（1）条规定，投资公司应在执行订单时采取一切合理措施，为客户获得尽可能好的结果，同时考虑到价格、成本、速度、执行和结算的可能性、规模、性质或与执行订单相关的其他因素。执行指令第 44（1）条对判定“最佳执行”中提及价格、成本、速度等因素的相对重要性的标准进行了说明：投资公司在执行客户订单时，应当考虑以下因素：客户的特征；客户订单的特征；作为该指令标的的金融工具的特征；该命令可以执行的场所的特征。

在执行指令上，由于零售客户参与的主要是以集中交易为主的简单金融商品市场，指令的执行对择时和效率的要求较低，因此 MiFID 提出了“最优可能”（best possible）原则。[3] 如果投资公司代表零售客户执行订单，需要综合考虑决定“最优可能”结果，体现在金融工具的价格和与执行指令直接相关的由客户承担的所有费用。为了在有多个竞争场所执行金

① 赵晓钧：《欧盟〈金融工具市场指令〉中的投资者适当性》，载《证券市场导报》2011 年第 6 期。

② 赵晓钧：《中国资本市场投资者适当性规则的完善——兼论〈证券法〉中投资者适当性规则的构建》，载《证券市场导报》2012 年第 2 期。

③ 张付标：《证券投资者适当性制度研究》，上海三联书店 2015 年版，第 78 页。

融工具的情况下提供最佳执行，投资公司应考虑其中的佣金和执行指令成本，以便于评定和比较各情况的执行情况。但是，投资公司不得以会对执行场所造成不公平的歧视的形式来安排或收取佣金。

三、新加坡投资者适当性制度

新加坡通过立法层面对投资者适当性进行规定，相关要求主要体现在《证券及期货法》（Securities and Futurea Act 2001）及《财务顾问法》（Financial Advisers Act 2001）等法律中。《财务顾问法》中要求，如果持牌财务顾问可合理预见客户会依赖财务顾问的推荐时，财务顾问不得在没有合理依据的情况下向客户推荐任何投资产品。持牌人及财务顾问在履行投资者适当性义务时，应当遵守两个基本原则：一是“了解你的客户”原则，即财务顾问在向客户提供投资建议时，应了解客户投资目标、风险承受能力、财务状况及投资组合等相关信息；二是“公平对待客户”原则，即持牌人应以客户公平交易为基础，开展客户服务工作。

（一）投资者分类

在新加坡《证券及期货法》中，投资者被划分为“合格投资者”（accredited investor）、“机构投资者”（institutional investor）、“专家投资者”（expert investor）。不满足前述三个类别的，则被划分为“其他投资者”。前三者是相对并列的概念，受到的投资者保护级别较低，而处于其他投资者会受到更高级别的投资者保护，金融机构必须向其充分揭示产品风险。

根据《证券及期货法》，合格投资者包括净资产超过200万新加坡元（或等值外币）的个人；净金融资产超过100万新加坡元（或等值外币）的个人；上一年收入不少于30万新加坡元（或等值外币）的个人；最近一次经审计的资产负债表显示的净资产超过1 000万新加坡元（或等值外币）的公司；管理局所订明的信托的受托人等。机构投资者主要包括政府、中央银行、持牌银行和商业银行、持牌金融公司、持牌信托公司、养老金或集体投资计划、指定做市商、符合监管局要求的信托受托人等。

（二）产品分类及适当性匹配

新加坡的适当性制度特色在于，会根据产品的类别制定参与相应产品交易的投资者适当性管理要求。新加坡金融监管局根据金融产品的条款和复杂程度，将产品分为特定投资产品（Special Investment Products，SIPs）和除外投资产品（Excluded Investment Products，EIPs）两大类，其中，特定投资产品还分为上市特定投资产品（Listed SIPs）和非上市特定投资产品（Unlisted SIPs）。

对于参加 Listed SIPs 的客户，持牌人或豁免金融机构需要按照客户账户审核（Customer Account Review）的标准对客户进行评估；对于参加 Unlisted SIPs 的客户，持牌人和豁免金融机构需按客户知识评估（Customer Knowledge Assessment）的标准对客户进行评估。这两类评估的内容大致相似，主要包括：（1）客户是否具有会计、精算学、商务、商务行政、商务研究、资本市场、商业、经济学、金融学、金融工程、财务规划、计划金融学和保险相关专业的文凭或更高学历；（2）客户是否拥有类似于金融特许分析师（CFA）的金融相关专业资格；（3）客户是否在前 3 年内具有 6 笔相关产品的交易记录；（4）客户是否在过去 10 年里有连续 3 年关于相关投资产品的发展、结构、管理、销售、交易研究或分析、提供投资产品培训的工作经验。满足上述其中一条的客户则为符合 Listed SIPs 或Unlisted SIPs 的适当性要求。

如果被认为不满足适当性要求的客户，后续需要通过一个独立设置的、由销售投资产品机构提供的学习机会，证明其已对拟投资产品的特征和风险有足够了解的，该客户可以被认为拥有所投资产品的知识，即可以满足评估要求。

对于不满足适当性审批的客户，持牌人或豁免金融机构应对其履行告知义务，如客户在知晓后依然选择开立交易账户，则应由持牌人或豁免金融机构与本交易无直接利害关系的高级管理人员进行判断，审批内容包括：客户是否已了解相关产品的全部重要信息，并自主决定参与交易、财务顾问是否已将投资者未通过投资者知识评估的事实以及风险自负原则书面告知客户等。如果高管人员无法做出判断，则应该拒绝为客户开立交易账户或接受客户委托。

参与 Listed SIPs 的客户的账户审核结果有效期为 3 年，除非获得了相应豁免；参与 Unlisted SIPs 的客户的评估结果有效期为一年，有效期届满时，持牌人或豁免金融机构应重新对客户进行投资者知识评估。

对于 EIPs 的适当性评估，持牌人或豁免金融机构无须执行“客户账户审核”或“客户知识评估”的相关程序，但仍应按适当性管理的基本要求进行管理，不得将不适合的除外投资产品推荐给客户①。

（三）财务顾问的适当性义务

根据《财务顾问法》，财务顾问应当收集并分析客户提供的信息，并以此为基础，向其推荐合适的产品。如果没有合适的产品，财务顾问应当如实告知客户。如客户不愿意提供必要信息或者不采纳财务顾问的建议时，财务顾问应当将该客户的决定作书面记录并提醒其应为自己所选择产品的适当性负责。

此外，财务顾问需要履行披露义务，向客户披露产品信息、公司信息、提供的服务类型、薪酬费用等，在向客户推荐任何产品时，财务顾问需清晰、充分且不虚假或误导性的方式向投资者披露如下信息：产品的性质和目标；产品提供商的详细信息；合同权利；产品的目标客户概况；产品付款的金额、频率和期限；产品的优势；产品的风险；产品定价；由客户承担的费用；产品报告的频率及报告来源；终身保单免费查看期；单位信托的取消期限；撤回、放弃或索赔条款；风险揭示等。

四、中国香港投资者适当性制度

香港证监会《证券及期货事务监察委员会持牌人或注册人操守准则》（以下简称《操守准则》）规定，持牌人或注册人在业务经营的过程中需

① 袁熙、王伟：《新加坡资本市场的投资者适当性制度》，载《创新与发展：中国证券业 2012 年论文集》，中国财政经济出版社 2013 年版。

要遵守九条“一般规则”，其中包括“了解你的客户”要求、信息披露要求、勤勉尽责要求等，要求持牌人或注册人应维护客户的最佳利益。

（一）了解你的客户

除“一般规则”中第四条之外，《操作准则》正文第5.1节表明：持牌人或注册人应采取一切合理步骤，以确立其每位客户的真实和全部的身份、每位客户的财务状况、投资经验及投资目标。

此外，香港证监会发布的《有关持牌人或注册人遵守为客户提供合理适当建议的责任的常见问题》（以下简称《常见问题》）给予持牌人或注册机构相应的适当性指引，要求持牌人或注册人根据指引，考虑其本身的情况，并检讨其现行的制度及作业方式。其中第二个问答明确了“了解你的客户”的具体要求：无论持牌人或注册人是否会做出招揽行为或建议，均有责任向客户取得资料来衡量其财务状况、投资经验及投资目标。财务指标包括年度收入、流动资产或资产净值；投资经验包括客户曾投资的产品种类以及投资该产品的期限；投资目标包括客户的投资目的，如赚取收入或保本。为了更了解客户的个人情况来进行适当性评估，持牌人或注册人应向客户收集包括客户的投资知识、投资期限、风险承受能力等有关资料；如果客户提供的资料互相矛盾或者不完整，持牌人或注册人应通知客户并要求客户澄清；如果因客户提供的资料不完整而导致持牌人或注册人未能做出适当评估，持牌人或注册人应向客户解释其所提供的建议因资料缺乏而会存在固有限制。

《常见问题》中也明确了持牌人或注册人应如何评估客户对风险的态度，比如可以与客户口头讨论，并附设风险评估问卷对讨论作出补充（持牌人或注册人应适当设计各项问题、答案清单及评分机制，以准确反映客户的个人情况，避免错误地指向高的风险承受能力）。另外，持牌人或注册人不应当明示或暗示客户以某种方式作答，以达到风险承受能力与产品风险等级相匹配的结果。

（二）投资者分类

《操守准则》第15条对投资者进行划分，专业投资者以外的投资者被笼统地定义为普通投资者。专业投资者又可以具体划分为三类：一是机构专业投资者，即交易所、结算所、中介人、财务机构、保险机构、集合投资计划、符合要求的公积金计划、符合要求的退休计划、基金经理、政府机构等［《证券及期货条例》附表1第1部分第1条专业投资者定义第（a）段至第（i）段］；二是法团专业投资者，即符合《证券及期货（专业投资者）规则》（以下简称《专业投资者规则》）第4条、第6条及第7条所指的总资产不少于4 000万港币（或等值外币）的信托法团、投资组合不少于800万港币（或等值外币）及总资产不少于4 000万港币（或等值外币）的法团或合伙企业等；三是个人专业投资者，即符合《专业投资者规则》第5条所指的投资组合不少于800万港币（或等值外币）个人。

对于专业投资者，持牌人或注册人披露信息或推荐投资品方面有所放宽。比如，根据《操作准则》第15.4条，对于机构专业投资者和法团专业投资者，持牌人或注册人可以豁免以下工作：（1）“了解你的客户”，即确立客户的财政状况、投资经验及投资目标；确保所做出的建议或招揽行为是合适的；评估客户对衍生品的认识并据此对客户分类；（2）客户协议，即签订协议书及提供相关的风险披露声明；（3）披露交易相关的资料；（4）在进行未经客户特定授权的交易前，向客户取得书面授权，披露交易所取得的收益。（5）确保复杂产品交易的合适性，提供有关产品的充分资料和提供警告声明。此外，根据《操作准则》第15.5条，针对机构专业投资者、法团专业投资者和个人专业投资者，持牌人或注册人可以豁免以下工作：（1）为客户提供有关持牌人或注册人和有关从业人员身份及受雇情况的资料；（2）为客户完成交易后，须尽快与客户确认有关该交易的重点；（3）向客户提供有关于纳斯达克—美国证券交易所试验计划的资料文件。

值得注意的是，机构专业投资者可以自动豁免上述适当性管理要求，而法团专业投资者需要在满足一系列条件后方可豁免第15.4条中所述的要求，包括：（1）拥有合适的企业架构、投资程序和监控措施；（2）投资人员是否具备充分的投资背景；（3）是否对所涉及的风险有所认知。如果法团专业投资者停止投资相关产品或交易超过 2 年，则需要进行重新评估。此外，持牌人或注册人需要向该客户取得经签署的声明书，向该客户详细说明被视为专业投资者的后果（即持牌人或注册人获得的所有相关监管豁免），及该客户享有随时撤回被视为专业投资者的权利等。持牌人或注册人应每年进行一次确认，从而确保客户持续符合相关资质要求，并在年度确认时书面提醒客户被视为专业投资者的风险和后果及所豁免的内容。对于个人专业投资者，为了豁免第 15.5 条中的规则，持牌人或注册人也需要告知其作为专业投资者的后果，并每年进行审查和书面提示。

（三）了解产品

香港目前没有对投资品种按金融产品的复杂程度进行划分，但对于衍生产品、高息投资工具和结构化产品（包括上市结构性产品和非上市结构性产品）等结构较为复杂或风险较高的金融产品，监管机构分别针对性地出具了规则，对持牌人或注册人提供此类金融产品提出了更高的要求，包括加强履行风险揭示义务和适当性匹配等①。

《操作准则》第 5.5 条给出了判断投资产品是否复杂的因素，包括：是否为衍生品、是否有二级市场可供该产品按公开价格买卖、是否就该产品向投资者提供足够且具透明度的资料、是否存在损失大于投资金额的风险、该产品是否有任何特点或条款可从根本上改变投资性质或风险或支付形式，或是否有任何特点或条款包含多个可变因素或复杂的计算公式以衡量有关回报、是否有任何特点或条款会令投资失去其流动性及/或难以估值。

持牌人或注册人在为客户提供复杂产品的服务时，应当确保：（1）复杂产品交易在所有情况下都适合该投资者；（2）提供有关复杂产品的主要性质、特点和风险的充分资料，让客户能够在作出投资决定前了解该复杂产品；（3）以清楚且显眼的方式向客户提供有关分销复杂产品的警告

---

① 袁熙：《中国香港证券投资者适当性管理》，载《创新与发展：中国证券业 2012 年论文集》，中国财政经济出版社 2013 年版。

声明。

《常见问题》规定，持牌人或注册人不应向客户推介其本身不了解的投资产品，他们为每名客户挑选合适的投资产品时，应进行尽职审查。在进行产品尽职审查时，除需了解投资产品的性质和风险程度外，持牌人或注册人可能还需要根据向客户提供的投资产品的性质，考虑市场及行业的风险、经济及政治环境、监管限制以及任何可能会直接或间接影响相关投资的风险回报及投资增长前景的因素。持牌人或注册人应进行本身的产品尽职审查，并在顾及所有适合和可合理地获得的相关资料进行公正和持平的评估后，对产品作出评估。

对于投资知识和经验水平不同的投资者，持牌人或注册人应考虑有关情况（例如客户对金融市场的熟悉程度、过往的买卖经验以及产品具体的复杂程度和风险）后，以风险为本的方式向客户提供产品说明。持牌人或注册人可以根据客户对投资事宜的精炼程度为其制定产品说明程序，而无须采取完全一致的处理方式，可以通过互动的方式向客户解释投资产品的特点和风险，沟通方式可以是通过书面、口头或者同时以两种方式进行。

在产品的营销宣传方面，香港证监会发布的《适用于根据产品手册获认可的集体投资计划的广告宣传指引》中明确指出，集体投资计划的广告中不得含有虚假、偏颇、具误导或欺骗成分的内容，应清晰、公平及以持平的观点陈述计划，并附带充分的风险披露，以及应载有适时及与计划的销售文件一致的内容。此外，该指引对业绩展示、广告用词、业绩比较、风险揭示等方面有明确的要求，比如不得展示短于6个月的业绩，不得对业绩进行预测，所提及的奖项和排名均应列明资料来源及日期等。

（四）适当性匹配

《常见问题》要求，持牌人或注册人必须将其推荐的每项投资产品的收益状况和风险要素与每名客户的个人情况进行匹配，从而提供合理适当的建议，因此持牌人或注册人应运用其专业判断能力，并考虑客户的投资目标、投资期限、投资知识和经验、风险承受能力及财政状况等，勤勉尽责地评估所推介的每项投资产品的特点及所涉及的风险［包括交易成本、杠杆效应及外汇风险（如适用）］是否确实适合客户，以及符合客户的最佳利益。此外，持牌人或注册人向客户推介投资产品时，应考虑他们所推介的投资产品对客户投资组合所带来的整体影响，以作为合适性评估的一部分。例如，对于属低或中级风险状况的客户而言，即使其投资组合内有一些高风险产品也未必不适合，只要这与有关投资组合的风险回报状况相称，以及持牌人或注册人能够信纳，所推介的任何投资产品相当可能合乎客户的投资目标及其他个人状况。特别地，在向长者，或对投资于投资产品缺乏认识的客户，或那些未能就复杂的投资产品作出独立投资决定并需要依赖持牌人或注册人的意见的人士作出建议时，必须格外审慎，尤其是当此等客户是投资于禁售期限长，并于提早赎回时会被收取巨额罚款的投资产品。

持牌人或注册人应该就所推介的产品为何适合，以及该产品的性质及风险程度给予客户适当的解释来协助客户做出有根据的决定。除了说明投资该产品的好处外，也需要向客户了解到投资该产品的缺点及下跌的风险。持牌人或注册人在向客户解释产品时，应当使用简单、浅白而又容易明白的语言，所做出的解释必须不偏不倚及绝无误导成分。

关于资料保存方面，《操作准则》规定，通过电话收取客户交易指示的，持牌人或注册人需利用电话录音系统记录有关指示，并保存有关电话录音作为其记录的一部分，为期至少 6 个月。

第二章

现行规则体系中的适当性义务

第一节 境内投资者适当性管理的发展历程

一、境内投资者适当性管理的初步尝试

适当性义务引入我国资本市场尚不足 20 年的时间，最早可追溯至 2005 年原中国银监会（2018 年改为银保监会，2023 年改为国家金融监督管理总局）颁布的《商业银行个人理财业务管理暂行办法》，该办法已基本覆盖适当性管理的各项要求。

从 2006 年开始，《证券公司融资融券业务试点管理办法》（证监发〔2006〕69 号）、《证券投资基金销售适用性指导意见》（证监基金字〔2007〕278 号）、《证券公司监督管理条例》（国务院令第 522 号）、《创业板市场投资者适当性管理暂行规定》（中国证监会公告〔2009〕14 号）等监管规定和业务规则，在基金销售、创业板、融资融券等业务领域开始了投资者适当性管理的实践，证券期货行业从此正式引入了投资者适当性管理概念。但本阶段的投资者适当性管理工作尚处于起步阶段，首先监管规则散落于各项业务规则中，缺乏统一的、清晰的标准，其次适当性管理工作主要在个别业务领域实施，尚未得到证券期货经营机构的重视。

二、境内投资者适当性管理的全面实施

2016 年 12 月，中国证监会颁布《适当性管理办法》（中国证券监督管理委员会令第 130 号）并于 2017 年 7 月 1 日正式实施，《适当性管理办法》构建了证券期货市场统一适用的适当性管理制度框架与体系，统一了证券期货市场各产品、业务的适当性管理要求，规范客户分类分级标准、明确经营机构义务，强化对普通投资者尤其是中小投资者的保护。同时，证券、基金和期货业协会也发布了指导性文件，进一步明确、细化适当性

管理要求，包括《证券经营机构投资者适当性管理实施指引（试行）》（中证协发〔2017〕153号）（以下简称《证券适当性管理指引》）、《基金募集机构投资者适当性管理实施指引（试行）》（以下简称《基金适当性管理指引》）、《期货经营机构投资者适当性管理实施指引（试行）》（以下简称《期货适当性管理指引》）等。为落实《适当性管理办法》及《证券适当性管理指引》《基金适当性管理指引》《期货适当性管理指引》，证券期货基金机构高度重视，纷纷完善内部制度和机制，提升系统性能，提高员工意识，投资者适当性管理工作获得了较大提升。

同时，中国人民银行、原中国银监会等监管机关也陆续发布文件，包括《金融消费者权益保护实施办法》（银发〔2016〕314号）、《中国银监会关于规范商业银行代理销售业务的通知》（银监发〔2016〕24号）等，规定了银行业金融机构适当性义务。

三、境内投资者适当性管理的完善

2018年4月27日，中国人民银行等部委联合发布了《关于规范金融机构资产管理业务的指导意见》（以下简称《资管新规》）第6条第1款规定了金融机构适当性义务的内容，包括了解客户义务、了解产品义务、客户与产品匹配义务以及风险揭示义务，第2款明确提出了“买者自负、卖者尽责”的原则，进一步打破刚性兑付。2019年11月，《九民纪要》明确，适当性义务的履行是“卖者尽责”的主要内容，同时也是“买者自负”的前提与基础。另外，《九民纪要》同时确定了适当性的适用规则、责任主体、举证责任分配等内容。根据《九民纪要》关于法律适用规则的规定，在确定卖方机构适当性义务的内容时，应当以《民法典》《证券法》《证券投资基金法》《信托法》等法律规定的基本原则和国务院发布的规范性文件作为主要依据。相关部门在部门规章、规范性文件中对高风险等级金融产品的推介、销售，以及为金融消费者参与高风险等级投资活动提供服务作出的监管规定，与法律和国务院发布的规范性文件的规定不相抵触的，可以参照适用。自此，持续多年的具体指导投资者适当性管理工作各种管理办法、指引、规定，成为司法裁判中重要的法律依据。2019年12月28日，第十三届全国人民代表大会常务委员会第十五次会议通过了《中华人民共和国证券法》第二次修订版本，于2020年3月1日起施行。新《证券法》设立专章规定投资者保护制度，首次从国家法律层面确立了投资者适当性管理的法律地位，规定证券公司应当充分了解投资者的基本情况、财产状况、金融资产状况、投资知识和经验、专业能力等相关信息；如实说明证券、服务的重要内容，充分揭示投资风险；销售、提供与投资者上述状况相匹配的证券、服务。以上三部法律和文件明确了适当性管理的法律地位，对投资者保护作出了具体规定，对证券、期货、基金等金融机构适当性管理提出了具体要求。《资管新规》《九民纪要》和《证券法》分别来自监管机关、司法机关和立法机关，标志着我国投资者适当性管理的完善，投资者适当性管理工作进入新时代。

在后续的市场经营过程中，对适当性管理工作的落实程度，将在很大程度上决定资本市场的各经营主体能否有效维护投资者合法权益，能否在满足监管要求的同时提升服务水平，并持续提升投资者吸引力，为整个资本市场活力的提升注入新的动力。

第二节　适当性管理的核心内容

从我国投资者适当性管理的发展历程中不难发现，适当性制度体系的建立最初在部门规章与自律规则层面萌芽，逐步发展到被立法采纳并由司法确认，最终形成立法、行政、司法多层级联动的专业化监管体系。在众多的规则当中，《适当性管理办法》作为我国证券期货市场首部投资者保护专项规章是证券公司落实适当性管理义务的基本规定和依据，对证券市场的影响意义深远。《适当性管理办法》以投资者利益作为出发点，形成多维度的投资者分类体系与产品评级体系，明确经营机构在适当性管理各个环节应当履行的义务，强化经营机构的主体责任与法律责任，确保适当性义务落到实处。

然而，当前市场在对适当性义务具体内容的理解存在一定争议，有“二义务说”“三义务说”和“四义务说”，反映了学者站在不同角度看待适当性管理工作的开展。其中，“三义务说”主要包括了解客户、了解产品以及适当性匹配环节；“四义务说”在“三义务说”的基础上单独增加了风险揭示环节。从保护投资者角度来讲，风险揭示环节贯穿销售过程始终，清晰地告知投资者在产品或服务中的特殊风险有助于其理性作出业务决策。对经营机构来讲，将风险揭示环节作为单独的一项义务有助于提醒经营机构细化工作需求，提升实质履行适当性义务的标准，减少后续因风险揭示不到位引发的投诉与纠纷。本书在对适当性义务的理解亦采取“四义务说”，但与主流的观点有细微的差别，主要体现在对第四项义务范围的理解上。对于经营机构而言，了解投资者、了解产品、适当性匹配和风险揭示均是必不可少的工作环节。但除此之外，经营机构还需进一步落实客户回访、录音录像、档案管理、定期自查、投资者教育等工作，每一项工作都是保障适当性管理落地的必备条件。因此，本书所采纳的“四义务说”包括了解投资者、了解产品、适当性匹配与保障性措施（包括风险揭示）。

一、了解投资者，做好投资者分类和分级

（一）投资者信息采集

信息采集是经营机构履行适当性义务的入门环节，在此基础上可以进一步评估投资者的风险承受能力、划分客户类别以及开展后续服务。《证券法》《适当性管理办法》对证券经营机构信息采集做出规定，主要包括投资者基本信息、财务状况、投资信息、专业能力以及诚信状况等内容。具体见表 2－1。

表 2-1　　信息采集规定梳理

法规名称	生效时间	位阶	具体要求
《证券法》	2020 年 3 月 1 日	法律	第 88 条 证券公司向投资者销售证券、提供服务时，应当按照规定充分了解投资者的基本情况、财产状况、金融资产状况、投资知识和经验、专业能力等相关信息
《期货及衍生品法》	2022 年 8 月 1 日	法律	第 50 条第 1 款 期货经营机构向交易者提供服务时，应当按照规定充分了解交易者的基本情况、财产状况、金融资产状况、交易知识和经验、专业能力等相关信息
《适当性管理办法》	2017 年 7 月 1 日	部门规章	第 6 条 经营机构向投资者销售产品或者提供服务时，应当了解投资者的下列信息：（一）自然人的姓名、住址、职业、年龄、联系方式，法人或者其他组织的名称、注册地址、办公地址、性质、资质及经营范围等基本信息；（二）收入来源和数额、资产、债务等财务状况；（三）投资相关的学习、工作经历及投资经验；（四）投资期限、品种、期望收益等投资目标；（五）风险偏好及可承受的损失；（六）诚信记录；（七）实际控制投资者的自然人和交易的实际受益人；（八）法律法规、自律规则规定的投资者准入要求相关信息；（九）其他必要信息
《证券公司和证券投资基金管理公司合规管理办法》	2017 年 10 月 1 日	部门规章	第 6 条第 1 款 充分了解客户的基本信息、财务状况、投资经验、投资目标、风险偏好、诚信记录等信息并及时更新

续表

法规名称	生效时间	位阶	具体要求
《证券经纪业务管理办法》	2023年2月28日	部门规章	第11条 证券公司应当了解投资者的基本信息、财产状况、金融资产状况、投资知识和经验、专业能力、交易需求、风险偏好、以往交易合规等情况。证券公司为法人、非法人组织开户的，还应当按照规定了解其业务性质、股权及控制权结构，了解受益所有人信息。投资者为金融产品的，证券公司还应当按照规定了解产品结构、产品期限、收益特征，以及委托人、投资顾问、受益所有人等信息 投资者应当如实向证券公司提供上述信息，金融产品管理人还应当提供相关金融产品的审批或者备案信息。投资者、金融产品管理人未如实提供上述信息的，应承担相应的法律责任

除了上述代表性规定外，经营机构在向投资者提供高风险产品或复杂类服务时，一般还会要求投资者额外提供其他相关信息或辅助证明材料，如征信信息、税收记录、收入证明等（下文关于适当性义务发生的特殊领域章节中将会详细论述）。在上述列举各类信息当中，对经营机构具有一定识别难度与挑战的要数投资者账户的实际控制人与实际受益人。一般来看，对个人投资者的识别往往较为简单，可以结合账户实名制的要求同步管理。相较而言，机构投资者或产品投资者背后的出资及股权关系较为复杂，因此需要结合不同的机构类型与身份进一步分析。

1. 实际控制人识别

（1）机构投资者

根据《证券适当性管理指引》及《基金适当性管理指引》的机构投资者信息样表中，均有控股股东或实际控制人填写要求。

控股股东或实际控制人可根据《公司法》第265条第2款[①]的规定进行认定。实际控制人，是指“虽不是公司的股东，但通过投资关系、协议或者其他安排，能够实际支配公司行为的人”，并通过国家企业信用信息公示网站等公开信息披露对其实际情况进行核实。

通过了解机构投资者控股股东或实际控制人，有助于证券经营机构更加全面地了解机构投资者的股东背景、评估投资者风险承受能力、资产情况等。如机构投资者为国有控股或国有独资企业，其主动提供的信息如资金来源、资产状况、股权情况可通过公开途径进行验证。一般来讲，信息的真实性程度越高，资金的风险系数就越低。如机构投资者为中小型民营企业，则其经营情况、风险承受能力则会受自身业务发生、经济情况影响而变动，需要提高适当性义务履行的规范性以保护中小投资者。

（2）产品投资者

《基金适当性管理指引》列出的产品投资者基本信息样表中，需要认定控股股东或实际控制人的是产品管理人，而非产品本身。产品管理人对控股股东或实际控制人则可参考上述机构投资者的认定方式。

在对产品投资者进行适当性管理时，证券经营机构应当穿透识别产品的实际投资者与最终资金来源[②]，需要穿透至法人或自然人为止。该穿透步骤已经对产品的投资者情况有了比较清晰的了解。而且就产品投资者购买金融产品或服务，证券经营机构更需要关注的是管理人的资质、产品投资者本身的投资范围与提供的产品是否匹配、产品管理人能否提供穿透投资者的情况以及个别情况下需要由该产品管理人提供穿透投资者符合专业

---

① 第265条 本法下列用语的含义：……（二）控股股东，是指其出资额占有限责任公司资本总额超过百分之五十或者其持有的股份占股份有限公司股本总额超过百分之五十的股东；出资额或者持有股份的比例虽然低于百分之五十，但依其出资额或者持有的股份所享有的表决权已足以对股东会的决议产生重大影响的股东。

② 《证券期货经营机构私募资产管理计划运作管理规定》（中国证监会公告〔2023〕2号修订）第3条：“资产管理计划接受其他资产管理产品参与的，不合并计算其他资产管理产品的投资者人数，但应当有效识别资产管理计划的实际投资者与最终资金来源。”

投资者的相关材料[1]，证券经营机构对产品投资者的穿透并不具有当然的适当性管理义务。故在了解产品投资者的控股股东或实际控制人时，可以同时对产品管理人控股股东或实际控制人进行识别，以及产品的穿透投资者识别。

2. 实际受益人（受益所有人）识别

《适当性管理办法》中并未对“实际受益人”进行定义，但反洗钱相关制度中对“受益所有人”识别要求进行了规定，证券经营机构属于反洗钱义务主体且反洗钱工作通常与适当性管理工作并行，实际受益人可参考受益所有人方式进行识别。

（二）投资者分类

投资者分类的意义旨在对不同类别投资者提供差异化保护，引导投资者在错综复杂的证券市场中理性选择适合自己的产品或服务，避免因过度投资或盲目投资而使自身利益遭受损害。就证券经营机构而言，通过对每一类投资者落实差异化要求，有利于经营机构在展业过程中减少重复工作，提升客户满意度。就监管机构而言，分类管理一方面有利于进一步提高监管精准度，提升监管效率、监管效果，降低监管成本；另一方面，有利于建立条理清晰的金融市场秩序，金融市场中的每个角色得以各司其职，使金融市场进入良性循环。

按照专业能力与知识储备，投资者可以分为普通投资者与专业投资者。根据《适当性管理办法》，专业投资者主要包括三类：专业Ⅰ类投资者对应《适当性管理办法》第8条第1款至第3款中的投资者，主要为金融机构、经备案的私募管理人及证券公司子公司，以及上述机构发行的产品。专业Ⅱ类投资者对应《适当性管理办法》第8条第4款与第5款中的投资者，为符合特定的财务能力和投资经验等要求的机构和自然人。专业Ⅲ类投资者对应《适当性管理办法》第11条的投资者，由具有一定财务

① 《证券期货经营机构私募资产管理计划运作管理规定》（中国证监会公告〔2023〕2号修订）第47条：“专业投资者为私募资产管理产品的，穿透认定该私募资产管理产品的投资者是否符合本规定第15条第2款、第30条第2款规定的条件。”

能力和投资经验的机构和自然人，在履行特定程序后，转化而来（将在后文“投资者转化”部分详述）。专业投资者以外的其他投资者为普通投资者。

根据《适当性管理办法》，普通投资者相对于专业投资者在信息告知、风险警示、适当性匹配等方面享有特别保护，包括但不限于：①向普通投资者销售产品或者提供服务前，应当告知可能导致其投资风险的信息及适当性匹配意见。②不得向普通投资者主动推介风险等级高于其风险承受能力，或不符合其投资目标的产品或者服务。③向普通投资者进行现场告知、警示，应当全过程录音或者录像，非现场方式应当完善配套留痕安排。④向普通投资者销售高风险产品或者提供相关服务，应当履行特别的注意义务。⑤与普通投资者发生纠纷的，经营机构应当提供相关资料，证明其已向投资者履行相应义务。⑥普通投资者申请成为专业投资者，经营机构应当谨慎评估并提示风险。2020 年《证券法》修订，设立了投资者保护专章，强调对普通投资者设置了特别保护：一是设置了“举证责任倒置”机制，当普通投资者与证券公司发生纠纷后，证券公司应当证明其行为符合法律、行政法规以及国务院证券监督管理机构的规定，不存在误导、欺诈等情形。如果证券公司不能证明的，应当承担相应的赔偿责任。二是规定普通投资者要求调解的，证券公司不得拒绝。

（三）普通投资者分级

风险承受能力主要是指投资者在面对特定产品或服务价值发生变化时，能够应对的不特定的风险级别。换句话说，就是投资者在投资时预期能够承担的最大损失。《适当性管理办法》第 10 条规定，经营机构应当按照有效维护投资者合法权益的要求，综合考虑收入来源、资产状况、债务、投资知识和经验、风险偏好、诚信状况等因素，确定普通投资者的风险承受能力，对其进行细化分类和管理。通常情况下，经营机构将普通投资者按其风险承受能力等级由低到高至少划分为五级，分别为：C1（含风险承受能力最低类别的投资者）、C2、C3、C4、C5。实践中，证券期货经营机构通常通过风险承受能力测评的方式，确定投资者的风险承受能力等级。证券、期货和基金业协会在2017年发布《适当性指引》时一并以附件的形式发布了《投资者风险承受能力评估问卷》的模板，作为当前经营机构开展风险测评工作的主要依据。在实操过程中，经营机构为了更全面地了解投资者风险承受能力状况，一般会在模板的基础上适当增加与投资相关的重要问题或对其表述进行个性化的调整。

根据投资者填写的《投资者风险承受能力评估问卷》，经营机构通过特定的模型与权重计算出分数，以此来划分投资者的风险等级。在风险承受能力最低的C1级基础上，针对部分特殊人群则采用更审慎的一个风险分类。C1——最低风险承受能力等级，其并不是一个独立的投资者分类级别，该级别的投资者只是因为特殊原因受到部分交易限制的C1级普通投资者，通常具有以下任一特点：其一，不具有完全民事行为能力；其二，没有风险容忍度或者不能承受任何亏损。

实践中，困扰经营机构的一个问题是，专业投资者是否需要进行风险测评。理论上，风险测评问卷本身具有多重功能：其一，风险测评通过定量加定性相结合的方式计算得分，以此来判定投资者的风险偏好；其二，风险测评问卷与投资者基本信息表互为补充，共同采集投资者的必要信息；其三，风险等级作为投资者后续产品销售与服务提供的基础，是落实适当性匹配的前提条件。因此，当前外规虽未强制要求专业投资者进行风险测评，但问卷中通常设有必须采集的字段，无法对其豁免。那如果专业投资者进行风险测评，其测评结果是否需要“区别对待”值得思考。经过调研，当前行业主要有以下两种做法：一是通过测评，无论专业投资者的风险等级如何，均强行划定为最高等级，以此确保其风险承受能力与各项产品或服务均匹配。二是客观记录专业投资者的风险等级，因其特殊身份，豁免适当性匹配的校验。鉴于专业投资者在信息告知、适当性匹配等环节的豁免，无论其风险等级评定为哪一类，均不影响其后续产品的购买与服务的参与，因此本书更倾向于第二种做法。

（四）投资者转化

《适当性管理办法》将投资者划分为普通投资者和专业投资者，但这种分类并不是一刀切，而是给予经营机构和投资者一定程度的选择权。对此，符合《适当性管理办法》第 8 条第 4 款与第 5 款规定的专业投资者①，可以书面告知经营机构选择成为普通投资者，经营机构应当对其履行适当性的标准化义务。符合《适当性管理办法》第 11 条②的普通投资者可以申请转化成为专业投资者，但经营机构有权自主决定是否同意其转化。普通投资者申请成为专业投资者应当以书面形式向经营机构提出申请并确认自愿承担可能产生的风险和后果，提供相关证明材料。经营机构应当通过追加了解信息、投资知识测试或者模拟交易等方式对投资者进行审慎评估，确认其符合要求，说明对不同类别投资者履行适当性义务的差别，警示可能承担的投资风险，告知申请的审查结果及其理由。根据《适当性管理办法》第 12 条、第 23 条和第 25 条的规定，对于普通投资者转化为专业投资者的，应当对其告知等过程进行录音和录像。

专业投资者与普通投资者相比，在信息获取与分析能力、投资经验与知识储备方面往往具有较强的优势，同时在极端的市场行情下也能够较为理性地作出业务决策。但在业务办理方面，专业投资者尤其是机构投资者在每次的业务办理中均需要出具授权委托书、机构证件及印章等材料，且大部分经营机构往往要求其进行临柜办理。考虑到较为烦琐的业务流程，专业投资者迫切希望能简化操作步骤与受理流程，减轻每次业务办理的负担。因此，基于专业投资者在制度规则与业务实践中的需求，经营机构应当对其履行“差异化”的适当性义务。

在实践中，经营机构应当进一步厘清普通与专业投资者“差异化”保

① （四）同时符合下列条件的法人或者其他组织：1. 最近 1 年末净资产不低于 2 000 万元；2. 最近 1 年末金融资产不低于 1 000 万元；3. 具有 2 年以上证券、基金、期货、黄金、外汇等投资经历。（五）同时符合下列条件的自然人：1. 金融资产不低于 500 万元，或者最近 3 年个人年均收入不低于 50 万元；2. 具有 2 年以上证券、基金、期货、黄金、外汇等投资经历，或者具有 2 年以上金融产品设计、投资、风险管理及相关工作经历，或者属于本条第（一）项规定的专业投资者的高级管理人员、获得职业资格认证的从事金融相关业务的注册会计师和律师。

② （一）最近 1 年末净资产不低于 1 000 万元，最近 1 年末金融资产不低于 500 万元，且具有 1 年以上证券、基金、期货、黄金、外汇等投资经历的除专业投资者外的法人或其他组织；（二）金融资产不低于 300 万元或者最近 3 年个人年均收入不低于 30 万元，且具有 1 年以上证券、基金、期货、黄金、外汇等投资经历或者 1 年以上金融产品设计、投资、风险管理及相关工作经历的自然人投资者。

护的边界。《适当性管理办法》第7条第2款规定，普通投资者在信息告知、风险警示、适当性匹配等方面享有特别保护。《证券适当性管理指引》第16条在此基础上进一步细化，明确经营机构向普通投资者销售产品或提供服务的应当对其提出适当性匹配意见，履行适当性义务。上述规则反映在具体的产品或服务销售场景中，经营机构对于专业投资者一般会豁免适当性匹配及录音录像，简化相关的业务办理流程与风险揭示，但是对于必要的信息采集及协议签署环节依然会与普通投资者保持一致。

（五）投资者分类分级与投资者准入

《适当性管理办法》规定，中国证监会、自律组织在针对特定市场、产品或者服务制定规则时，可以在“资产规模、收入水平、风险识别能力和风险承担能力、投资认购最低金额等方面，规定投资者准入要求”，也就是说，投资者进入特定市场或参与特定业务时，需要校验其特定的业务身份或准入要求。如新三板股票交易的准入条件包括“前一交易日日终证券类资产市值大于等于500万元以上；投资经验大于等于两年”等。部分业务还规定了专门的合格投资者，如《资管新规》对合格投资者进行了明确定义①。因此，证券经营机构需要按照投资者分类分级履行适当性管理义务，同时必须验证投资者的资格条件，符合条件的方能准入特定市场或者提供特定服务，两者是相辅相成又相互独立的关系。

经营机构经常面临的问题是，专业投资者是否可以豁免各项业务的准入要求，直接申请成为特定产品或服务的合格投资者。因为每类专业投资者在身份属性、财产状况以及投资经验等方面也存在较大的差别，需要根据专业投资者的分类进一步细分。专业Ⅰ类投资者在各业务规则中一般直

① 《资管新规》第五条：合格投资者是指具备相应风险识别能力和风险承担能力，投资于单只资产管理产品不低于一定金额且符合下列条件的自然人和法人或者其他组织。（一）具有2年以上投资经历，且满足以下条件之一：家庭金融净资产不低于300万元，家庭金融资产不低于500万元，或者近3年本人年均收入不低于40万元。（二）最近1年末净资产不低于1 000万元的法人单位。（三）金融管理部门视为合格投资者的其他情形。合格投资者投资于单只固定收益类产品的金额不低于30万元，投资于单只混合类产品的金额不低于40万元，投资于单只权益类产品、单只商品及金融衍生品类产品的金额不低于100万元。

接豁免准入门槛的校验或者可以直接申请成为合格投资者。而对于其他类别的专业投资者，往往需要重新进行准入门槛的校验。以开通创业板权限为例，《深圳证券交易所创业板投资者适当性管理实施办法（2020 年修订）》第 5 条至第 7 条规定，新增个人投资者（无论普通个人投资者还是专业个人投资者）需要核查 24 个月以上的证券交易经验和 10 万元日均资产。而对于专业Ⅱ类、Ⅲ类机构投资者，在专业投资者认定过程中主要关注其“最近 1 年末净资产”或“最近 1 年末金融资产”等条件，其业务时点的资产数额并不能等同于日均的资产数额。因此，专业Ⅱ类、Ⅲ类投资者在大多数业务场景下并非完全等同于各业务的合格投资者，仍然需要按照各业务的合格投资者条件进行单独认定。

二、了解产品，做好产品或服务分级

（一）总体情况

产品或服务风险评级是适当性制度的重要组成部分，也是投资者权益得以有效维护的重要保障。从 2007 年起，中国证监会等监管机构先后出台各类文件对投资者适当性进行规定，其中对金融产品及服务的风险评级规则也经历了从无到有的快速发展阶段。尽管当前相应规则还在不断推陈出新，但产品或服务风险评级对于金融机构适当性义务的履行无疑具有十分重要的意义，MiFID[①] 就曾提出，产品判断是适当性义务的首要内容，能否适应投资者的唯一标准就是产品复杂与否。[②]

《适当性管理办法》对证券期货经营机构提供产品或服务的风险等级划分义务及划分规范做了原则性规定。为贯彻落实《适当性管理办法》有关要求，中国证券投资基金、中国证券业协会、中国期货业协会于 2017 年 6 月分别颁布《基金募集机构投资者适当性管理实施指引（试行）》

---

① MiFID 即欧盟“金融市场工具指令”，于 2007 年 11 月 1 日施行。欧盟委员会后于 2012 年发布 MiFID Ⅱ，并于 2018 年 1 月 3 日正式实施。

② 《金融机构适当性义务的法律性质与司法审查——基于裁判分歧的分析与展开》，载于《商业经济与管理》2022 年 11 月。

（以下简称《基金适当性管理指引》）《证券经营机构投资者适当性管理实施指引（试行）》（以下简称《证券适当性管理指引》）以及《期货经营机构投资者适当性管理实施指引（试行）》（以下简称《期货适当性管理指引》），对基金募集机构、证券经营机构、期货经营机构在提供产品或服务时的风险等级划分义务进行具体规定。《适当性管理办法》及三项自律规则共同构成了有关证券期货金融产品或服务风险等级划分的监管规则体系，为经营机构提供产品或服务时的风险等级划分提供规范指引。

《适当性管理办法》第 15 条、第 16 条要求经营机构应当了解所销售产品或者所提供服务的信息，根据风险特征和程度，综合考虑产品或服务的流动性、杠杆情况、结构复杂性、投资方向和投资范围等因素，对销售的产品或者提供的服务划分风险等级。《证券适当性管理指引》要求证券经营机构应当根据《适当性管理办法》第 16 条、第 17 条规定的因素，通过科学、合理的方法对产品或服务进行综合评估，确定其风险等级。《基金适当性管理指引》要求基金募集机构综合考虑基金管理人相关情况、基金产品或者服务的相关情况，通过定量和定性相结合的方法对基金产品或者服务进行风险分级。《期货适当性管理指引》要求期货经营机构了解所销售产品或者所提供服务的信息，综合考虑流动性、到期时限、杠杆情况、结构复杂性、投资单位产品或者相关服务的最低金额、投资方向和投资范围、募集方式、发行人等相关主体的信用状况、同类产品或服务过往业绩等因素，根据风险特征和程度审慎评估、划分风险等级。三个指引中均规定，产品或服务的风险等级原则上由低到高至少划分为五级，分别为 R1—R5 级。

作为《适当性管理办法》的配套规则，以上三项自律规则在此基础上进一步细化了证券经营机构、基金募集机构以及期货经营机构适当性管理的具体要求，具有一定共性，同时在风险等级评定的评价对象、划分标准上也存在差异。不同经营机构在开展不同业务时，应当按照不同自律规则的适用范围，确定所应当适用的自律规则。

（二）产品或服务风险等级的划分标准

1. 基本划分标准

在风险评定方法上，三个指引均要求经营机构通过定性与定量相结合的方式对所提供的产品和服务进行风险评级。如《基金适当性管理指引》起草说明要求，经营机构将产品结构、杠杆水平、投资标的流动性作为重要参考因素，“根据基金产品或者服务风险参考因素与风险等级的相关性，确定各项评估因素的分值和权重，建立评估分值与基金产品风险或者服务风险等级的对应关系”。

在风险等级划分标准上，根据产品属性和风险因素划分风险等级，但在具体指标中有不同的侧重。《证券适当性管理指引》主要以产品设计的复杂程度、流动性和本金损失的可能性及程度为标准。在 R5 等级的划分上，增加了对资产估值和信息披露透明度的考量。《期货适当性管理指引》规定经营机构确定产品或服务的风险等级以资管产品备案机构的风险等级为依据，对于期货或相关服务，则要求风险等级至少评定为 R3。《基金适当性管理指引》在产品属性方面，综合考虑产品设计的复杂性，是否投资衍生品以及投资衍生品的目的；在风险因素的考量上，以具体指标为划分依据，包括产品净值的历史波动率、投资标的的流动性、杠杆水平，以及估值政策是否清晰等（见表 2－2）。

表 2－2　　风险等级划分标准

风险等级	中证协	中基协	中期协
R1	结构简单，容易理解，流动性高，本金遭受损失的可能性极低	产品结构简单，过往业绩及净值的历史波动率低，投资标的流动性很好、不含衍生品，估值政策清晰，杠杆不超监管部门规定的标准	资管产品备案机构风险等级名录 R1 等级的产品及服务
R2	结构简单，容易理解，流动性较高，本金遭受损失的可能性较低	产品结构简单，过往业绩及净值的历史波动率较低，投资标的流动性好、投资衍生品以套期保值为目的，估值政策清晰，杠杆不超监管部门规定的标准	资管产品备案机构风险等级名录 R2 等级的产品及服务

续表

风险等级	中证协	中基协	中期协
R3	结构简单，容易理解，流动性较高，本金遭受损失的可能性较低	产品结构较简单，过往业绩及净值的历史波动率较高，投资标的流动性较好、投资衍生品以对冲为目的，估值政策清晰，杠杆不超监管部门规定的标准	包括但不限于商品期货（除特定品种以外）及相关服务、资管产品备案机构风险等级名录 R3 等级的产品及服务
R4	结构复杂，流动性较低，本金安全面临较大的不确定性，可能损失全部本金	产品结构较复杂，过往业绩及净值的历史波动率高，投资标的流动性较差，估值政策较清晰，一倍（不含）以上至三倍（不含）以下杠杆	包括但不限于金融期货、期权、特定品种、承担有限风险敞口的场外衍生产品及相关服务、资管产品备案机构风险等级名录 R4 等级的产品及服务
R5	结构复杂，不易理解，不易估值、流动性低、透明度较低，本金安全面临极大的不确定性，甚至损失可能超过本金	产品结构复杂，过往业绩及净值的历史波动率很高，投资标的流动性差，估值政策不清晰，三倍（含）以上杠杆	包括但不限于承担无限风险敞口的场外衍生产品及相关服务、资管产品备案机构风险等级名录 R5 等级的产品及服务

2. 资产维度划分标准

三家协会正式发布的自律规则虽然没有涉及具体资产类型的风险等级，但证券业协会在《证券适当性管理指引》（征求意见稿）中曾对不同类别债券、股票、衍生品以及复杂结构化产品等规定了大致的风险等级区间框架（见表 2-3）。根据债券类型、发行主体信用等级的不同，征求意见稿将债券类资产划分为 R1 至 R5 五个风险区间，其中国债为 R1 等级，地方政府债、政策性银行金融债等利率债、AA+及以上级别的信用债为 R2 等级，AA 级别信用债为 R3 等级，AA-级别信用债为 R4 等级，AA-以下级别信用债为 R5 等级；对于股票类资产，（征求意见稿）则根据交易场所、发行主体特征的不同，将其划分为 R3 至 R4 风险等级，如国内常规发行并流通的 A 股、B 股等为 R3 等级，退市整理期股票、港股通股票、风险警示股票、基础层挂牌公司股票等为 R4 等级；对于场外衍生品等，则由于该类资产具有高度复杂性、非标准化等特征，直接被定义为最高的R5等级。

表2－3　　风险等级对应产品或服务类别

风险等级	中证协（征求意见稿）
R1	包括但不限于国债、债券质押式逆回购业务、债券质押式报价回购业务、货币型产品、银行保本型理财产品及相关服务
R2	包括但不限于地方政府债、政策性银行金融债、AA+及以上级别的信用债及相关服务
R3	包括但不限于A股股票、B股股票、AA级别信用债、创新层挂牌公司股票、股票期权备兑开仓业务、股票期权保护性认沽开仓业务及相关服务
R4	包括但不限于退市整理期股票、港股通股票（包括沪港通下的港股通和深港通下的港股通）、股票质押式回购（融入方）、约定购回式证券交易（融入方）风险警示股票、AA－级别信用债、基础层挂牌公司股票、个股期权买入开仓业务、股票期权保证金卖出开仓业务、权证、融资融券业务及相关服务
R5	包括但不限于复杂的结构化产品、AA－以下级别信用债、场外衍生产品及相关服务

部分机构以中国证券业协会发布的《证券适当性管理指引》（征求意见稿）内容为参考标准，确定本机构所提供基础资产的风险等级，如上海证券等。还有部分经营机构采用锚定某一类具有普遍意义的基础资产的风险等级，在此基础上依序确定其他资产类型风险等级的方式进行划分，如《中国银河证券公募基金产品适当性风险等级划分方法与说明》。首先将股票设定为“锚”，将其定级为R3中风险，投资于创业板、科创板和北交所的基金定级为R4中高风险。根据股票的“锚”，依序确定一般债券的风险等级为R2，债券中可转债接近股票的以及其他具有更高风险的债券确定为R3，债券基金接近货币市场基金的确定为R1，比如同业存单指数债券型基金。此外，对于复杂产品，由于大宗商品、黄金、基础设施基金（REITs）等较股票结构更为复杂，确定为R4。该标准与中国证券业协会（征求意见稿）相比在大类资产的评定标准方面具有一定趋同性，但在基础资产细分类别的风险等级确定尺度方面存在风险偏好程度上的差异。

3. 产品或服务风险等级评价标准的选择

对于大部分金融产品而言，所投向的资产以及资产组合决定着大部分的风险来源。由于产品投向资产的风险等级不同，金融产品或服务的风险等级评定也存在差异化特征。各家经营机构在确定投向资产风险等级基础上，根据投资组合、投资期限等因素，进一步采用不同方法综合确定产品或服务的风险等级。常见的产品或服务层面风险等级评定方法包括采用自主设计的产品风险评价标准及方法以及采用第三方风险等级评价机构提供的评级方案两种。

以公募基金为例，根据对市场上近50家不同公募基金所公示的基金产品风险等级划分方案的抽样调查，除部分未公示机构外，采集到的采用自主设计的产品风险评价标准的基金公司包括华安基金管理有限公司、工银瑞信基金管理有限公司等19家，占比38%，采用自有方法对产品或服务进行风险评级，在评级方法的设置上也有很大差异。采用第三方机构所开发的风险评价标准的基金公司包括华夏基金管理有限公司、易方达基金管理有限公司、广发基金管理有限公司等23家，占比约为46%。常见的第三方机构包括中国银河证券、上海证券、晨星基金等，较常使用的第三方评级标准包括《中国银河证券公募基金分类体系（2022版）》《上海证券基金风险等级评价体系（第九版）》以及《Morningstar晨星基金产品风险评价方法（2022年10月）》。此外，还有部分经营机构采用包括海通证券在内的其他机构发布的评级标准，如《海通基金风险评级制度》。

在此基础上，产品或服务的风险评级机构，可以是经营机构自身，也可以委托给第三方专业评价机构。

（三）产品或服务风险等级评价方法

在产品或服务风险等级评价方法上，大部分经营机构全面参考指引中提出的风险划分标准，充分考虑金融产品的潜在风险，通过定性为主、定量为辅或定量为主、定性为辅的方式开展评级。但在具体的指标设计、模型搭建等方面，仍存在诸多差异点。常见的经营机构金融产品风险等级评价方法主要分为两类。

第一类，多阶段评价法。该方法首先对金融产品或服务的风险分类进行大致区分、确定产品的基准风险等级，在此之上根据金融产品或服务的过往业绩、净值波动情况、产品管理人情况等多重因素，从定性或定量的角度，跟踪判定该产品当前状态，并对基准风险等级进行调整。以公募基金为例，采用该种多阶段评价方法的经营机构包括使用上海证券提供的《上海证券基金风险等级评价体系（第九版）》的公募基金公司，以及兴证全球基金、工银瑞信基金、国海富兰克林基金、上投摩根基金等采用自主开发设计的评级标准的公司。

该方法对产品或服务的初始评级分类是最终评级结果确定的基础。在初始分类的划分上，不同经营机构呈现出不同的风险偏好：（1）对于投资可转债为主的债券基金的风险分类方面，部分机构不区分底层标的是否涉及可转债或可交换债券，将普通债券基金均划分为 R2，而其他机构则将主要投资可转债或可交换债券的基金划分为 R3；（2）对于股票型基金，大部分机构将其初始风险分类界定为 R3，但少部分机构则将其界定为 R4。而对于 R5 及 R1 两个风险分类产品，各经营机构的风险分类则基本保持统一。初始风险分类的基本标准典型案例见表 2－4。

表 2－4　　初始风险分类基本标准案例

风险等级	兴证全球基金	国海富兰克林基金	工银瑞信基金
R5	可转债分级基金 B 份额、股票分级基金 B 份额、混合分级基金 B 份额、大宗商品基金	主要收益来源于衍生品的基金、分级基金等导致普通投资者难以理解的基金产品，或投资衍生品基金等高风险高波动基金产品的投顾策略	股票型分级基金 B 类份额、混合型分级基金 B 类份额、投资可转债或可交换债为主的债券型分级基金 B 类份额、未来主要投资于其他流动性低、风险较高资产的创新型基金
R4	债券分级基金 B 份额	股票型基金、指数型基金，或投资权益类基金占比超过 80% 的投顾策略	债券型（投资可转债或可交换债为主的债券型基金除外）分级基金 B 类份额、商品型基金、商品型 FOF（含商品型 ETF 联接基金）

续表

风险等级	兴证全球基金	国海富兰克林基金	工银瑞信基金
R3	股票型基金、混合型基金、可转债基金、股票型基金中基金（FOF）、混合型基金中基金（FOF）、避险策略基金、分级基金A份额	混合型基金，或投资权益类基金占比超过20%且低于80%的投顾策略	股票型基金（股票型分级基金B类份额除外）、股票型FOF（含股票型ETF联接基金）、混合型基金（混合型分级基金B类份额除外）、混合型FOF、投资可转债或可交换债为主的债券型基金（债券型分级基金除外）、投资可转债类基金为主的债券型FOF、分级基金A类份额
R2	普通债券基金、债券型基金中基金（FOF）	债券型基金，或投资权益类基金占比不超过20%的投顾策略	债券型基金（短期理财债券型基金、投资可转债或可交换债为主的债券型基金除外）、债券型FOF（投资可转债类基金为主的债券型FOF除外）
R1	货币市场基金、短期理财债券型基金、货币型基金中基金（FOF）	货币型基金，或只投资于货币市场基金的投顾策略	货币市场基金、货币型FOF、短期理财债券型基金

资料来源：对应基金公司官方网站。

除初始评级分类的不同，各经营机构对初始评级分类设定的调整要素也有所不同。如部分机构将产品是否存在跨境因素作为调整要素之一，但并非所有机构均将该要素纳入考量；又如，产品管理人的相关要素在调整要素中比重也有所不同，部分机构将该部分产品管理人相关的风险因素占比设置为20%，但其他机构可能仅标记为5%或直接排除产品管理人相关事项作为风险因素。此外，根据基金成立时间不同，不同阶段的风险等级调整要素也会发生变化。如海通基金对于正在招募及新成立基金、设立不满15个月的基金和满15个月的基金均从基金管理人和产品本身两个方面进行定量打分，对于满15个月的基金，则在不满15个月基金风险评级指标的基础上，结合基金实际运作状况，通过对基金收益历史波动等指标进行跟踪，使基金的风险评级结果更贴合实际表现。总体而言，在各家经营机构中较为普遍和常见的调整要素包括：产品的投资方向、投资范围、投资策略，到期期限，投资门槛，产品历史业绩波动情况，产品流动性情况等。

第二类，线性打分法。区别于多阶段评价法“初始风险分类+根据不同风险要素调整”的方式，线性打分法以定量评定为主，针对监管要求的各项评级要素以及其他经营机构认为需要纳入的评级要素，设置具体的比例、权重，通过各类标准对产品进行风险打分，依照打分确定产品的风险等级。以公募基金为例，使用《Morningstar 晨星基金产品风险评价方法（2022 年 10 月）》的公募基金公司，以及中海基金、东方证券、中信建投、国金基金、中海基金等在内的经营机构采用该方法确定本机构产品、服务的风险等级。

值得注意的是，不同机构在采用线性打分法评价时，对指标设置有自身的风险偏好，通常会在监管规定的考量要素基础上结合自身产品或服务实际作出调整，且同一指标在权重分配上也会出现较大差异。例如，部分机构直接将产品管理人纳入评分体系，对产品管理人及产品共同进行打分并加权计算得出总体的产品风险等级；另有部分机构仅对产品各项要素进行打分，对产品管理人进行定性评价，综合得出产品的风险等级。表 2-5 可以作为线性打分法的案例参考。

表 2-5　　　　线性打分法评级实例

编号	指标	评价指标及评分规则	权重占比
1	流动性、申购赎回安排、到期时限及存续期限	用基金近四个季度的银行存款占基金净资产比值均值作为流动性风险评价指标，存款占比越高、流动性风险越低	5%
2	杠杆性	以基金近四个季度的基金资产净值占总资产的比值均值的倒数作为基金的杠杆性风险评价指标，杠杆值直接作为风险值	10%
3	结构复杂性	根据产品是否为分级产品确定	5%

续表

编号	指标	评价指标及评分规则	权重占比
4	运作方式、投资单位产品或者相关服务的最低认缴金额和基金规模	根据运作方式是否为定期开放式、基金规模等确定风险值	5%
5	投资方向和投资范围	根据投资风格和股票市值占基金资产净值比衡量。基金类型区分为指数型、股票型、股票类分级基金高风险级、债券类分级基金高风险级、偏股混合型以及灵活配置混合型、偏债混合型、债券型、分级基金低风险级、避险策略基金、货币型等不同基金类型由高到低进行打分	25%
6	股票市值及可转债市值占比	选取基金近四个季度公布的基金股票仓位平均值对所有基金投资范围进行评定	25%
7	募集方式	—	5%
8	发行人等相关主体的风险及信用状况	根据发行人/管理人成立时间、治理结构、资本金规模、管理规模、资产配置能力、内控制度建立情况、投资团队稳定性等多方面因素打分	5%
9	基金产品或服务过往业绩	选取基金近四个季度的同类业绩排名百分比的平均值作为过往业绩风险评价指标，排名越靠前则风险值得分越低 对于未公布季报的新基金或者公布季报不满四期的基金，按公司所有基金产品的排名均值进行估算，从而根据排名百分比水平按以上规则对应得到风险值	5%
10	基金净值波动风险	对于成立时间在一年以上的基金，按照近一年基金净值波动率来评价其净值波动风险；对于成立时间在一年以内三个月以上的基金按照近三个月的年化净值波动率评价净值波动风险；对于成立时间在三个月以内的基金按同一基金类型下的净值波动率作为其估算值来评价净值波动风险。波动率水平值直接作为风险值计算风险评价体系	5%

续表

编号	指标	评价指标及评分规则	权重占比
11	其他风险因子	考虑产品是否存在跨境因素、投资标的是否包含股指期货等衍生品以及其他情形	5%

资料来源：中海基金官网。

比较而言，“多阶段评价法”以分类为基础，逐步识别潜在风险并进行风险等级的调整。同时在时间序列的角度下密切关注基金的具体变化，包括历史变化和当期状态。通常基于上期评价结果，有较为明确的风险等级变化轨迹。该方法相对较为复杂，对评价机构的专业性要求较高，需要对标的金融产品有持续、深入的研究以及细致的观察，才能得出更为精准的结果。采用“线性打分法”的评价方法，偏向于对截面数据进行评价打分，因此相对较为简单，操作更为便捷，但可能存在评价结果粗糙，对特殊基金进行具体调整不及时等问题。

三、做好投资者与产品或服务的适当性匹配

（一）匹配的维度

证券市场发展初期，与适当性匹配相关的规定较为笼统，仅规定了经营机构应当根据所了解的客户信息推荐适当的产品或者服务。囿于缺乏明确指引，在实务中不具有可操作性。《适当性管理办法》与《证券适当性管理指引》首次对适当性匹配的具体规则与逻辑提出了要求。

针对适当性的匹配维度，通过对行业的调研发现，目前有“一匹配”“三匹配”和“四匹配”等模式。

依据《适当性管理办法》第18条“经营机构应当根据产品或者服务的不同风险等级，对其适合销售产品或者提供服务的投资者类型作出判断，根据投资者的不同分类，对其适合购买的产品或者接受的服务作出判断”以及《证券适当性管理指引》第16条、第20条的相关规定，规则着重强调了投资者风险承受能力与产品或服务的风险等级之间的匹配情况，因此部分经营机构仅设置了“一要素”的匹配规则，即仅对投资者的风险

等级与产品或服务的风险等级是否匹配进行校验。

部分经营机构参照2017年《证券适当性管理指引》的规定，即匹配要求包括“投资期限、投资品种、期望收益等符合投资者的投资目标”和“产品或服务的风险等级符合投资者的风险承受能力等级”，采用了“四匹配”规则，即对投资者的风险等级、投资品种、投资期限及预期收益是否匹配进行校验。

相比于四要素匹配，也有部分经营机构采用了“三要素”，即风险等级、投资品种、投资期限的三匹配规则。对于预期收益，仅在投资者风险测评问卷中期望收益题目选择“尽可能保证本金安全，不在乎收益率比较低”[①] 的情况下，将投资者的风险等级调整为C1——最低风险等级。

此外，还有个别经营机构结合地方监管机构指引与自身管理需求，进一步设置了“多要素”的匹配逻辑，如为了有效落实对特殊群体的保护（如高龄投资者），将投资者年龄设置为匹配要素，借助适当性匹配的场景，充分向投资者进行特殊的风险提示。

（二）风险等级匹配

《证券适当性管理指引》等自律规则，明确列示了投资者风险等级（C1—C5）与产品或服务风险等级（R1—R5）的匹配关系。同时，《适当性管理办法》第19条规定了不适当匹配的特殊情形，作为一般原则的例外，“经营机构告知投资者不适合购买相关产品或者接受相关服务后，投资者主动要求购买风险等级高于其风险承受能力的产品或者接受相关服务的，经营机构在确认其不属于风险承受能力最低类别的投资者后，应当就产品或者服务风险高于其承受能力进行特别的书面风险警示，投资者仍坚持购买的，可以向其销售相关产品或者提供相关服务。”总结下来，投资者风险承受能力等级与产品或服务风险等级相匹配的，证券经营机构应当与投资者签署确认适当性匹配结果；不匹配的，应当与投资者签署确认风险警示书。

---

① 中国证券业协会《投资者风险承受能力评估问卷（适用于自然人投资者）》题目14之选项A。

2018年《证券期货经营机构私募资产管理业务管理办法》在销售私募资管计划的相关适当性要求中规定，证券期货经营机构和销售机构应当“遵循风险匹配原则，向投资者推荐适当的产品，禁止误导投资者购买与其风险承受能力不相符合的产品，禁止向风险识别能力和风险承受能力低于产品风险等级的投资者销售资产管理计划”，该规定实施后，证券期货经营机构普遍认为在私募资产管理业务中，风险等级需要适用“强匹配”，因为该规定明确禁止向风险承受能力等级低于产品风险等级的投资者进行销售。

2019年修订并于2020年3月1日正式实施的《证券法》第88条规定，“证券公司向投资者销售证券、提供服务时，应当按照规定充分了解投资者的基本情况、财产状况、金融资产状况、投资知识和经验、专业能力等相关信息；如实说明证券、服务的重要内容，充分揭示投资风险；销售、提供与投资者上述状况相匹配的证券、服务”。因该条款使用了“相匹配”的表述，且没有例外条款，因此部分学者及经营机构认为其在风险等级匹配上要求“强匹配”，也就是不允许不适当性匹配的情况。部分经营机构逐步开始调整风险等级的匹配逻辑。

2023年2月实施的《证券经纪业务管理办法》规定，证券公司向普通投资者提供的交易服务的风险等级应当与投资者分类结果相匹配。对于“相匹配”，行业的解读为“强匹配”，因此其后证券经营机构纷纷调整经纪业务领域的风险等级匹配逻辑，仅在风险等级匹配的情况下提供服务和销售产品，不再使用不适当警示。

（三）投资期限匹配

对于投资期限而言，有的经营机构将客户选项设置成短期、中期、长期和无固定期限，也有的以“年”为单位，做了更加精准的划分。对于金融产品，在成立时即可确定运作方式，进而设置具体的产品期限，并使用投资者选择的投资期限与产品的投资期限进行匹配。在设置产品的投资期限时需要重点关注其是否具有如封闭期等限制自由交易的期限，一般以能自由交易的最短期限作为产品的投资期限。如果投资者选择的投资期限是

0—1 年[①]，但产品的封闭期是 3 年，则从投资期限上来说是不匹配的。对于证券市场各类业务或服务，投资期限本身并不具备明显的特征，且一般情况下交易和资金的流动性不受限制，可将其设置成短期，投资者的选项均可以与各类业务或服务匹配。

（四）投资品种匹配

对于投资品种而言，如果是产品可以参照《证券期货经营机构私募资产管理业务管理办法》的分类标准，将其分为固定收益类、权益类、商品及金融衍生品类和混合类产品。固定收益类产品主要包括投资于存款、货币基金、债券等债权类资产；权益类产品主要包括投资于股票、未上市企业股权等股权类资产；商品及金融衍生品类产品主要包括投资于大宗商品及金融衍生品类资产；混合类产品投资于债权类资产、权益类资产、商品及金融衍生品类资产且任一资产的投资比例未达到前三类产品标准。如果是业务或服务，除了对于上述股票、债权、基金的分类以外，还包括期货、期权、融资融券等杠杆类业务以及具有创新属性且结构复杂的高风险金融服务等。通常情况下证券公司需要对照风险测评问卷“您打算重点投资于哪些种类的投资品种”[②] 问题中选项的分类，将公司的产品或服务确定“品种”，再将投资者选择的选项与产品或者服务的“品种”进行匹配。投资品种的匹配逻辑区别于风险等级与投资期限，本身并非一种包含的关系，即使投资者选择了风险相对偏低的债权类资产，在极端的市场环境下，同样会存在本金损失的风险。所以，投资者选择了风险相对较高的投资品种，并不能当然地包含其他业务品种，需要将投资者的选择与具体的产品或服务进行逐一匹配。

（五）预期收益匹配

预期收益与上述要素相比，匹配逻辑存在较大差异。理论上，投资者

① 中国证券业协会《投资者风险承受能力评估问卷（适用于自然人投资者）》题目 11。

② 中国证券业协会《投资者风险承受能力评估问卷（适用于自然人投资者）》题目 12，证券经营机构可以根据公司的情况，调整具体的品种分类及每一个选项包含的具体产品或服务类型。

的风险测评结果反映的是客观风险承受能力，但是预期收益体现的是主观意愿，经营机构应当尊重，并按照投资者的需求匹配具体的服务。实践中，可以考虑将投资者的预期收益按照本金损失程度划分成三类人群。第一类是风险厌恶型投资者，非常注重资产安全，极力回避风险，边际收益对他的满足程度可能不及边际风险带来的恐惧。这类投资者会在测评问卷中明确表示不能接受本金承担损失，经营机构可以限制其参与有本金亏损可能的产品或服务。第二类是风险中性的投资者，一般既不厌恶风险，也不追求风险，对任何投资都比较理性。对待本金的态度是能够接受一定比例的亏损，但是不能接受超过本金的损失（如受到履约追保）。经营机构对待该类投资者应当审慎决定是否允许其参与期货、期权等融资杠杆类业务。最后一类是风险偏好型投资者，敢于投资期货、期权、股票质押等高风险高收益产品与投资工具，追求更高的收益和资产的快速增值。这种“三分法”的优势在于既能够尊重投资者的主观意愿，从而为其匹配合适的产品或服务，又能赋予经营机构在执行层面一定的灵活性，保障适当性义务的履行。

（六）其他要素匹配

除了上述与风险等级、投资目标相关的匹配要素以外，实践中还存在与投资者年龄、交易频率以及定期追加投资能力等相关的匹配要素。

在投资者年龄方面，经营机构一般会借助适当性匹配的场景对弱势投资群体进行特殊的风险揭示。个别高风险业务因波动较大、风险较高、结构复杂，参与证券市场投资与交易存在的风险或利好均有可能引发高龄投资者情绪上的剧烈波动进而可能影响身体健康。部分经营机构从审慎角度出发，提示高龄投资者不适合参与相应高风险的业务，甚至拒绝投资者的业务申请。

在交易频率方面，FINRA 在 2007 年发布的 Rule2111 补充规则中提出过“数量的适当性概念”，要求经营机构及其从业人员，不能利用客户账户从事不适当的频繁交易。虽然没有进一步明确过度交易，但客户账户中的周转率、成本股权比例、卖出和买入交易数量都应当被纳入数量适当性义务的范畴。相较于境外，当前国内的市场虽然没有明确提出过数量适当性的概念，但经营机构在提供资产管理服务与投资顾问服务时都存在与之近似的管理逻辑。在提供资产管理服务时，经营机构不得在利益的驱使下进行不必要的交易。在推荐具体的证券时，应当综合考虑投资者的风险承受能力，控制单一证券的集中度与持仓比例。

在定期追加投资能力方面，主要针对基金定投类业务以及信用类业务。投资者的职业与资金来源应当具有稳定性、周期性特点，且每期的资金来源能够覆盖拟投资的金额。如果投资者的职业状态为已退休，资金来源主要依赖借款或投资，在未来的投资过程中将会面临资金短缺或断裂的情形，与定投类业务存在不匹配的可能。

四、保障性措施

保障性措施是落实“将合适的产品销售给合适的投资者”的落地环节，对该环节的重视程度直接反映履行适当性管理的有效性。《适当性管理办法》全面从严规范相关行为，细化了风险揭示、录音录像、客户回访、档案管理、投诉处理、定期自查以及投诉处理等具体内容与方式，突出适当性义务规定的可操作性，避免成为原则性的“口号立法”。

（一）风险揭示

如前文所述，风险揭示之所以被看作是经营机构的一项法定义务，主要因为其在投资者的决策过程中起到至关重要的作用。首先，证券市场产品结构的日益复杂和风险的日益加大，投资者以其有限的专业知识与投资经验很难识别全部的风险。有效的风险揭示可以提升投资者的风险意识与投资能力，促使其更加理性地进行投资决策。其次，风险揭示可以促进经营机构与投资者之间的沟通与信任，增加市场透明度和稳定性。最后，风险揭示可以规范证券行业的经营行为，化解系统性风险，保护投资者的合法权益。

实践中，为切实保护投资者的合法权益，监管部门通过一系列规章制度明确了经营机构的风险揭示义务，即根据各业务、产品的风险特征，制作金融产品及各业务风险揭示书，向投资者充分揭示金融产品或服务的市场风险、流动性风险等的含义、特征、可能引起的后果。同时，为贯彻“买者自负”的适当性管理原则，经营机构还需在风险揭示书中明确告知投资者经营机构履行适当性管理职责不构成对投资者投资收益的担保、不取代投资者本人的判断、不降低产品或服务的固有风险，也不影响投资者依法承担相应的投资风险、履约责任以及费用等相关内容。

（二）客户回访

《适当性管理办法》及《证券适当性管理指引》明确了经营机构应当建立健全投资者回访制度，对购买产品或接受服务的投资者，每年抽取不低于上一年度末购买产品或接受服务投资者总数（含购买或者接受产品或服务的风险等级高于其风险承受能力的投资者，不含休眠账户及中止交易账户投资者）的10%进行回访；《证券经纪业务管理办法》第31条第3款也要求经营机构对其他投资者，每年回访比例不得低于上年末客户总数（不含休眠账户及中止交易账户客户）的一定比例，具体比例由中国证券业协会规定。除了存量投资者的回访以外，部分业务如证券账户开立、产品销售、投资顾问等在业务权限开通或产品购买前后也需要满足特定的回访要求。如2023年实施的《证券经纪业务管理办法》，新增了“对新开户的投资者，在开通相应交易权限前完成回访”的要求。

鉴于当前的各项监管要求，回访工作需要经营机构在公司层面统一进行管理。一是统筹优化投资者回访内容，通过内容合并的方式在一次客户回访工作中完成多项回访任务，从而减少打扰投资者的频率，提高效率。二是建立标签机制，优化筛选方式。经营机构在系统层面对本年度已接受回访的投资者进行标注，除必要情况外，将已接受或多次接受回访的投资者排除在其他回访的抽取样本之外，主动减少投资者被重复抽到的概率。三是尝试使用多元化的回访工具与技术手段，根据具体业务场景和投资者需求，综合运用现场回访、电话回访、电子问卷回访以及社交软件回访等途径，提升回访效率与成功率。

在适当性管理过程中，客户回访贯穿售前、售中、售后全业务流程，是经营机构进行客户身份识别、投资意愿确认、重要风险提示、员工执业行为核实以及客户服务的重要手段。因此在回访中，经营机构应当重点关注投资者身份识别、证券公司从业人员是否向投资者充分揭示风险、投资者是否充分知晓产品或者服务的规则和风险情况、证券公司从业人员是否存在违规营销或者违规操作、是否存在全权委托等情况。

（三）“双录”管理

“双录”指的是证券公司与客户之间在销售和营销活动中的电话通话录音或视频记录，主要应用于专业投资者转化、高风险产品或服务销售等业务场景下的告知与警示环节。“双录”作为经营机构履行适当性义务的重要留痕手段，监管机构在一系列适当性制度中对此项工作进行了明确的要求，如《适当性管理办法》第25条要求经营机构通过营业网点向普通投资者进行本办法第十二条、第二十条、第二十一条和第二十三条规定的告知、警示，应当全过程录音或者录像。因此，“双录”就是证券公司在进行营销和销售活动时，对与投资者之间的通话内容进行录音和视频记录，以达到法律法规和自律规定的要求，再帮助投资者更加清晰地了解拟购买产品或服务的重要风险点，并对自身风险承受能力的适当性匹配情况进行更加准确的认识。同时，“双录”可以作为纠纷处理过程中的举证内容，为证券公司和投资者之间的业务往来提供保障。

（四）执业行为管理

经营机构对从业人员的执业行为监督并非适当性管理的专属内容。证券行业发展初期，各项业务或服务的制度规范均明确要求员工在营销展业过程中的禁止事项，包括不得代理买卖或承销法律规定不得买卖或承销的证券；不得违规向客户提供资金或有价证券；不得侵占挪用客户资产或擅自变更委托投资范围；不得在经纪业务中接受客户的全权委托；以及不得违规向客户作出投资不受损失或保证最低收益的承诺等事项。《适当性管理办法》在前述要求的基础上特别强调经营机构应当严格规范从业人员的执业行为，不得采取鼓励不适当销售的考核激励措施，确保从业人员切实履行适当性义务。之后，《证券基金经营机构董事、监事、高级管理人员及从业人员监督管理办法》在总结各项法律法规的基础上对从业人员的任职管理和执业行为方面做了统一性规定，适用于证券市场的各项业务或服务。

目前，经营机构在制定业务规则与人员管理规范时，大多仅同步外规要求的禁止性条款，以结果为导向，忽视过程管理。实践中，经营机构应当实现合规的过程化管理，提升制度可执行性，对员工展业情况了如指掌，进行标准化留痕、可视化监控和过程化的干预和处置。员工的销售行为应当与分支机构及员工个人的绩效考核密切关联，防范分支机构员工销售动作变形，以至于出现过度激励和短期激励。在员工日常的考核体系中，应当重点考量执业行为合规性、适当性、客户管理责任、投诉处理情况。各项考核指标均应当明确可操作、可执行、可量化的打分标准，如实施不匹配销售、未使用总部宣推材料、违规承诺收益等情形，均应当建立明确的扣分标准，规范员工的合规展业行为。

（五）其他保障性措施

除了前述提及的配套性措施以外，《适当性管理办法》及配套的指引还明确了经营机构在制度建设、档案管理、适当性自查、投诉管理、营销宣传、培训考核、监督问责等方面的义务。从当前的监管处罚案例来看，监管机构同样关注经营机构落实适当性义务的有效性。

在制度建设方面，经营机构应当制定适当性内部管理制度，明确投资者分类、产品或者服务分级、适当性匹配的具体依据、方法、流程等，严格按照内部管理制度进行分类、分级，定期汇总分类、分级结果，并对每名投资者提出匹配意见。同时，制度流程还应当覆盖限制不匹配销售行为、客户回访检查、评估与销售隔离、培训考核、执业规范、监督问责等内容。在适当性自查方面，经营机构应当每半年开展一次适当性自查，形成自查报告。发现违反适当性管理规定的行为，应当及时处理并主动报告住所地监管机构。在档案管理方面，经营机构应当按照相关规定妥善保存其履行适当性义务的相关信息资料，防止泄露或者被不当利用，接受监管机构组织的检查。对匹配方案、告知警示资料、录音录像资料、自查报告等的保存期限不得少于20年。在信息公示方面，鼓励经营机构将投资者分类政策、产品或者服务分级政策、自查报告在公司网站或者指定网站进行披露。

第三章

适当性管理在产品销售与服务提供中的具体应用

本书第二章介绍了经营机构向投资者销售金融产品或者提供金融服务所适用的一般性、普适性规则，是经营机构履行适当性义务的基础性要求。在此基础上，经营机构在向投资者销售复杂、高风险、特殊收益结构类型的产品或服务时，同时需要满足该类产品或服务的专门性规定。本章将主要围绕证券市场的特殊产品与服务领域，明确经营机构在销售环节的适当性义务。

第一节　金融产品销售中的适当性义务

如本书第一章所述，金融产品本身具有复杂性、风险性、收益性等特征，投资者在初步接触金融产品时，很难直观、快速地了解具体的产品结构与风险，在获取信息、理解能力、专业知识等方面也很难达到与经营机构平等的状态。信息披露制度的推出在一定程度上缓解了双方信息不对称的鸿沟，但大量一般人较难理解的专业术语，甚至是披露文件中隐藏的陷阱，使信息披露制度并不能完全实现有效的信息传递，无法从根本上解决投资者的弱势地位。为此，金融产品销售中的适当性义务在平衡两者状态中被寄予厚望。通过构建金融产品在售前、售中以及售后的全业务流程（见图 3 – 1），有助于厘清经营机构在每个销售环节的责任与义务。

一、售前管理

售前环节主要包括经营机构为销售金融产品所开展的必要的产品引进、产品评级以及了解投资者等工作。当前市场中所称的金融产品销售，包括两种形式：一是经营机构或管理人自行销售金融产品；二是委托具有产品销售业务资格的机构（以下简称“销售机构”）代为销售或为其介绍客户。在自销的情形下，产品销售过程中的适当性义务均是由管理人独立完成，投资者与管理人通过合同或契约的形式约定双方的权利义务，明确风险承担的责任和转移方式。在代销的情形下，产品销售中的适当性义务由管理人与销售机构共同履行，但容易因双方约定不明、责任不清导致投资者在购买金融产品过程中遭受损失。因此，下文对产品销售中的适当性义务各环节的讨论将主要聚焦于第二种代销的情形。

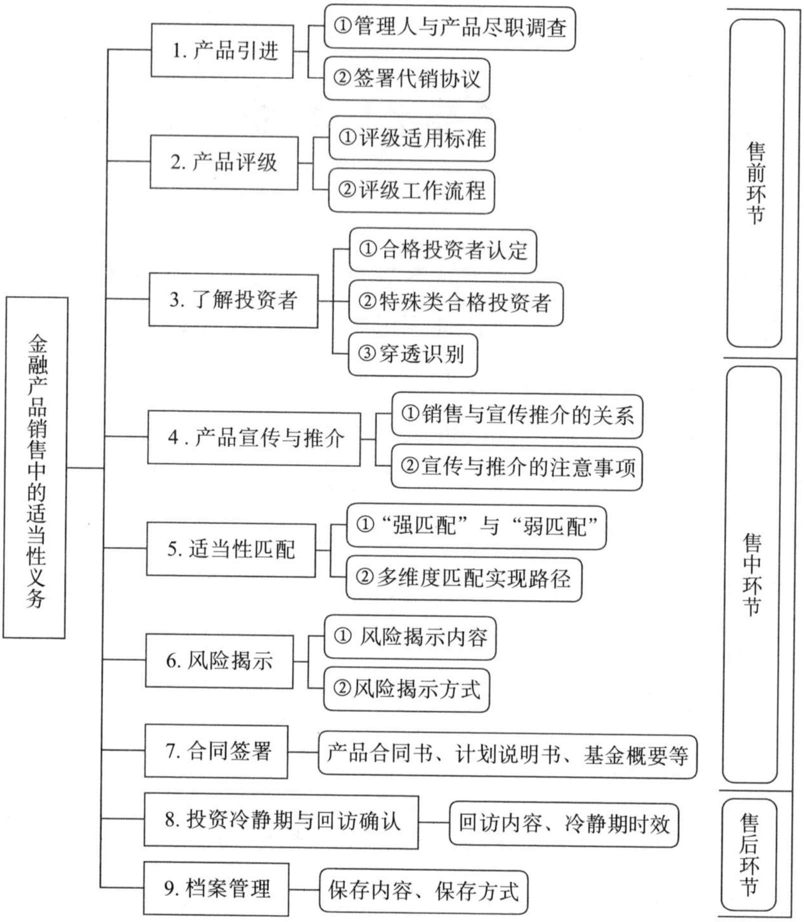

图3-1　金融产品售前、售中、售后业务流程

（一）产品引进

1. 管理人与产品的尽职调查

为了规范基金销售机构的销售行为，确保基金和相关产品销售的适当性，中国证监会早在2007年就发布《证券投资基金销售适用性指导意见》，明确基金代销机构应当对基金管理人履行尽职调查工作，包括管理人诚信状况、经营管理能力、投资管理能力和内部控制情况。与此同时，基金管理人也应当同步对代销机构履行尽职调查，包括基金代销机构的业务资质、内部控制情况、信息管理平台建设、账户管理制度以及销售能力。由此看出，双方之间的尽职调查是相互的，调查结果是作为双方合作的重要基础。随着一定经验的积累，代销机构特别是证券公司提出，希望允许其更灵活地创设金融产品的同时，能够为投资者提供更加多元化的金融产品，以进一步满足投资者日益增长的需求。于是，中国证监会在2012年发布了《证券公司代销金融产品管理规定》，允许证券公司在代销证券投资基金和其他证券公司的资产管理计划之外，可以代销国家有关部门（如当时的“三会”）或者授权机构批准或备案在境内发行的金融产品，例如证券公司理财产品、信托公司信托计划、商业银行理财产品等。相关要求在原有对委托人进行资格审查的基础上进一步规范了对代销产品的审慎调查，包括充分了解产品发行的依据、基本性质、投资安排、风险收益特征以及管理费用等信息。证券公司确认金融产品依法发行、有明确的投资安排和风险管控措施、风险收益特征清晰且可以对其风险状况做出合理判断的，方可代销。

其后，《资管新规》第9条、《适当性管理办法》第27条、《公开募集证券投资基金销售机构监督管理办法》第27条以及《理财销售管理办法》第18条在前述要求的基础上作了进一步完善，明确代销机构应当制定产品发行人或管理人准入的标准和程序，进行充分的信息验证和风险审查，并定期开展再评估；应设立产品准入委员会或者专门小组，对销售产品准入实行集中统一管理；应当对管理人、金融产品进行审慎调查和风险评估，充分了解发行人或管理人的信用状况、经营管理能力、市场投资能力、风险处置能力，同步了解产品的投资范围、投资策略、风险收益特征等。同时明确，对委托人及拟代销产品进行独立自主、审慎专业的尽职调查是销售机构的法定责任，不能通过与委托人协议约定予以免除，管理人单方合规承诺不能替代销售机构对于委托人及产品的核实义务。

虽然监管机构明确了销售机构对管理人及拟代销产品的审查义务，但并未明确销售机构调查核实的具体标准和尺度。在实践中，这就给了监管机构与司法机构一定的自由裁量权。如果准入标准设置过严，可能将一些规模较小、成立年限较短的委托人拒之门外，在一定程度上阻碍了产品的多样性发展。如果准入标准设置过于随意，销售机构可能因未能审慎调查致使投资者遭受投资损失，承担未能实质履行适当性义务的责任。因此，销售机构应当建立合理的产品准入机制与风险控制程序。实践中，销售机构一般会将外规要求的定性条件转化成定量因素，通过分别对管理人与代销产品设置对应的打分表，从而履行尽职调查义务。

2. 委托人资格审查

管理人准入通常包括以下几个方面：一是经营管理能力，销售机构根据管理人的市场排名、业务规模、股东背景、分类评级等因素作为衡量其经营能力的指标。二是信用状况，销售机构可以通过国家企业信息公示系统、中国执行信息公开网、证券期货市场失信记录查询平台、协会网站公示信息等途径核查委托人及其相关人员是否受过国家有关部门及自律组织的警告、通报批评或处罚，是否涉及过任何法律诉讼，是否有到期未能偿还债务或发生违约现象，以及最近几年是否出现过重大客户投诉和媒体负面报道。三是风险管控能力，销售机构根据管理人内部治理结构、人员岗位配置、投资管理与风险管理制度体系等综合判断其风险管理水平。管理人如果聘用外部投资顾问团队，销售机构应当同步对投资顾问的企业资质、人员资格、业绩规模、内部管理等事项进行全面审查。四是利益冲突防范审查，销售机构应当全面了解金融产品的整体交易结构及各方参与主体，检索是否存在股权控制等关联关系，判断是否存在利益冲突情形。若存在利益冲突情形，则应当按照监管规定、金融产品合同约定以及公司有关利益冲突防范制度规定，提前向投资者进行充分的信息披露及风险揭示并取得投资者的确认。

3. 产品准入审查

鉴于不同类型的产品在投资安排与风险收益特征等方面存在较大差异，实践中多根据产品类型或投资策略分别设置对应的准入标准。以引进股票类产品为例，分别从定性与定量两方面对产品的投资策略、投资范围、风控措施、人员资质等方面进行了量化打分。对综合得分较高的产品，作为是否代销该产品或是否向投资者优先推介该产品的重要依据。当然，实践中各销售机构对于准入的标准与评价因素可能不尽相同，可以自行把握勤勉尽责、诚实信用的审查标准。表3-1列示了产品引入时进行打分的参考要素，包含对管理团队的打分和对产品本身的打分等内容。

表3-1　　产品引进打分参考要素

一级指标	二级指标	三级指标	股票类产品（股票多头/股票多空）	分数
定性指标	管理团队	管理产品数量及规模	有10只产品运行2年以上，且同期管理规模不得低于50亿元	
		投研人员	有合格的投资管理和研究团队，至少有3名成员证券投资经验不少于5年，通过从业资格考试人员不低于总人数的70%以上，全部无不良从业记录	
		投资经理过往经验	投资经理过往投资经验不少于10年且过往管理所有产品净值低于0.95的只数占总产品只数比例小于10%	
		风控能力	有严密的风控体系，风控总监从业8年以上，具备独立的风控执行岗位	
		人员构成	在职人数超过30人	
		风控团队	风控团队人数≥5，且具有独立法务团队或外聘律所	
		投资经理变动情况	过去3年没有发生核心投资经理流失	
定量指标	收益指标	绝对年化收益率	总规模50亿元以上，旗下同策略产品平均成立以来年化收益率≥15%	
		相对收益情况	最近3年至少有2只［投顾若管理同策略产品7只以上（含7只），则至少所管理同策略产品数目的30%以上］近3年年化收益率排名均居市场同类产品前10%	
	风险指标	最大回撤	考察最近5年的回撤极值	
	综合指标	夏普比率	公开可查的管理期限最长的三只同策略产品平均夏普比率≥1	
增信措施	跟投情况	跟投比例	跟投≥10%	

4. 签署代销协议

从监管角度来看，为了清晰、合理地厘清各方权利、义务与责任，防范管理人将风险传递给销售机构，同时为了确保各方有效落实适当性管理义务，《适当性管理办法》第 27 条、《证券公司代销金融产品管理规定》第 9 条、《公开募集证券投资基金销售机构监督管理办法》第 15 条均明确要求销售机构办理产品销售业务时，应当与管理人签订书面销售协议，明确双方权利义务以及在适当性管理、信息披露、投诉处理等方面的分工和责任划分。

从司法角度来看，销售机构与管理人之所以要签署代销协议，其中一个重要的原因是落实适当性义务过程中还需要关注不同主体与投资者之间的法律关系。当投资者直接购买销售机构本公司的产品时，销售机构是集金融产品管理人与销售者身份为一体向投资者销售自身发行的金融产品，其与客户之间存在合同关系，同时对客户承担适当性义务①。当投资者通过代销机构购买产品时，管理人与销售者是两个主体，与投资者建立产品合同关系的仍然是管理人，但对投资者履行适当性义务的主体是销售机构。若销售机构违反适当性义务，销售机构与投资者并无任何合同关系，投资者应以何种法律关系向销售机构请求赔偿是适当性纠纷中常见争端。《九民纪要》第 74 条给予相关问题救济途径，即金融产品发行人、销售者未尽适当性义务，导致消费者在购买金融产品过程中遭受损失的，消费者可以要求金融产品发行人、销售者承担赔偿责任，也可根据《民法典》第 167 条规定，请求金融产品的发行人、销售者共同承担连带赔偿责任。

依据《九民纪要》销售机构履行适当性义务属于先合同义务并承担缔约过失责任。从履行适当性义务角度来看，由管理人或销售机构向投资者履行适当性义务时，具体的适当性义务内容区别不大。但从履行适当性义务的原因来看，却大相径庭。先合同义务以缔结合同关系为目的，管理人是以与投资者建立产品合同关系为前提履行适当性义务，符合先合同义务的构成要件。而销售机构对投资者履行适当性义务主要是基于管理人的委托，并不以与投资者建立金融产品合同关系为目的，而最终也并未建立金融产品合同关系。

① 参见王锐：《金融案件裁判规则：适当性义务纠纷审理》，法律出版社 2021 年版，第 26 页。

《〈九民纪要〉理解与适用》对销售机构承担先合同义务的法律依据进行了解释，其认为依据《民法典》第167条，金融机构作为委托人对于销售机构作为代理人的违法行为，属于“应当知道”的状态，应当与销售机构承担连带责任。就销售机构能否成为缔约过失责任的主体，《〈九民纪要〉理解与适用》要求管理人就销售者与金融消费者之间的合同行为承担责任，突破了未有缔结合同关系为目的的双方之间方可产生缔约过失责任的传统观点。在比较法上与德国法院长期判例所形成的观点一致，认为销售机构在向投资者推介产品时，销售机构作为提供专业建议的专业人士，会使得投资者对其产生信赖，其所作言论往往与合同的订立具有密切关系，身处协商中的双方往往会依赖其中立的、客观的、独立的判断，且《民法典》第500条规定承担缔约过失责任的主体为订立合同中的“当事人”，没有限于合同签署双方。为了抑制不当销售乱象，应当放宽对信赖存在和责任主体的认定标准①。故《九民纪要》规定销售者未履行适当性义务的，消费者可以请求金融产品的销售者承担赔偿责任。

综上所述，管理人与销售机构通过签署代销协议不仅有助于明确双方的权利义务关系，划清双方在适当性义务履行过程中的责任边界，而且有助于在司法纠纷过程中优先保障投资者的合法权益，作为后续责任划分的依据。

（二）产品风险评级

1. 产品风险评级情况

根据《适当性管理办法》第27条的规定，管理人与销售机构应当在前述代销协议中约定，委托方应当将本办法第16条、第17条规定的产品或者服务分级考虑因素等提供给销售机构，销售机构需要对该信息进行调查核实，并履行相应的适当性义务。因此，管理人与销售机构均需独立开展风险评级工作，销售机构不能简单套用或照搬管理人的评级结果。

---

① 参见最高人民法院民事审判第二庭，《〈全国法院民商是审判工作会议纪要〉理解与适用》，人民法院出版社，2020年1月，第421页。

本书第二章对当前行业产品或服务的风险评级标准与评级方法作了介绍，囿于缺乏统一的、可量化的标准，各家经营在具体的评级方法及指标设计上并无规律可循，同一类型的指标（如投资范围和策略）在不同机构的评级指标体系内所占权重可能完全不同，由此导致部分类型资产的风险评级结果也存在实质性差异。根据上海证券基金研究评价中心的统计数据（见表3-2），在部分基金分类下，其风险等级的划分情况呈现如下特征。

表3-2　　风险等级的划分情况

上海证券基金风险等级一级分类	上海证券基金风险等级三级分类	低风险	较低风险	中等风险	较高风险	高风险	未提供
股票型	主动投资股票基金			1.2%/5	56.1%/242	7.2%/31	35.5%/153
	标准指数股票基金			2.1%/19	31.5%/284	3.2%/29	63.2%/571
	股票分级子基金（优先份额）	44.8%/47	45.7%/48	2.9%/3			6.7%/7
	股票分级子基金（进取份额）				38.1%/40	45.7%/48	16.2%/17
债券型	纯债基金	0.3%/4	41.2%/480	7.9%/92			50.6%/590
	可转债基金	5.1%/3	40.7%/24	3.4%/2			50.8%/30
商品型基金	商品型基金				37.5%/3	12.5%/1	50.0%/4
商品型QDII	商品型QDII				100.0%/11		

从统计情况看，同一类型的基金可能在不同机构被划分为完全不同的风险等级，如主动投资股票基金中，56.1%划分为较高风险产品，1.2%为中等风险，7.2%为高风险，横跨三个不同的风险等级。同样横跨三个风险等级的基金类型还包括，标准指数股票基金、股票分级子基金（优先份额）、纯债基金和可转债基金。评级标准及结果的巨大差异在一定程度反映了当前各机构暂未形成市场共识，影响金融产品或服务的风险水平向

投资者有效传递，造成投资者对于产品风险认知的混乱，从而使得销售适当性制度无法有效执行，在一定程度上也使得风险等级划分失去了其风险区分的意义。

鉴于各家经营机构在评级要素与评级方法上存在的差异，中国证监会在《关于实施〈公开募集证券投资基金销售机构监督管理办法〉的规定》第 11 条中明确，基金销售机构所做的基金产品风险等级不得低于管理人作出的风险评级结果。银保监会也在《理财公司理财产品销售管理暂行办法》第 30 条中明确，销售评级与理财公司产品评级结果不一致的，代理销售机构应当采用对应较高风险等级的评级结果并予以披露。上述要求均在评级结果适用方面做了原则性规定，当不同机构在评级结果出现矛盾时，监管机构采取了更为谨慎的态度。但在评级标准方面，从统一市场风险导向、便利投资者投资行为引导的角度出发，评级过程与标准的差异不应过大，同一类型产品的风险评价结果应在一定范围内浮动，以避免投资者对同一类型产品不同风险水平产生困扰。

从梳理海外成熟资本市场的适当性经验来看，以美国市场为例，FINRA 通过对"常规投资产品"与"非常规投资产品"涵盖的具体金融产品进行展示，有利于投资顾问在销售产品或服务时进行合理的投资者适当性分析。在我国，中证协与中基协曾在《适当性管理办法》的征求意见稿中，明确对 R1—R5 风险水平的产品作出具体的划分，但在正式发布的文件中并未做出展示。因此，对产品或服务风险水平的具体划分存在一定的必要性，一方面，监管机构通过对各类风险等级下的产品或服务进行归类，形成市场普适性标准，有助于引导市场建立风险分层意识；另一方面，对不同风险等级下所属产品进行列示，能够对基金募集机构、证券经营机构起到启示作用，为其在进行风险评价时提供统一的初始参考，形成市场共识，进而推动形成有序的市场环境。在具体执行时，经营机构可适当参考监管机构给出的产品或服务风险等级分类标准，并严格执行适当性管理要求定期披露风险划分方法及说明。同一类型产品的风险评价结果应在一定范围内浮动，以避免投资者对同一类型产品不同风险水平产生困扰。

2. 评级工作流程

《适当性管理办法》在第 29 条中明确，“经营机构应当制定并严格落实与适当性内部管理有关的限制不匹配销售行为、客户回访检查、评估与销售隔离等风控制度”，金融产品风险评估与销售相隔离是一项重要的风险控制措施。因此，在产品评级工作中，各家销售机构均会设置相应的组织架构，明确风险评级工作流程与对应职责。根据笔者的调研结果，销售机构在风险评级组织架构方面具有相似性，通常在公司董事会或高级管理层层面搭建产品委员会或类似机构，对公司产品或服务风险评级进行总体指导、明确风险导向、提供风险指引；在公司层面形成了以产品或服务引进或报审部门、合规风控部门/业务管理部门、终审人为一体的组织架构体系，具体履行产品或服务风险评级的各项职责，并保障产品或者风险评级结果的客观性和独立性。表 3 –3 列示了调研的各家经营机构产品或服务评级工作组织架构。

表 3 –3　不同经营机构产品或服务风险评级组织架构体系调研

经营机构	发起部门	审核/审批部门	最终审批主体
A 券商	公司产品中心（私募产品）	公司法律合规和风险管理部门审核	公司决策主体审批
	公司研究部门（公募基金）		
B 券商	公司产品报审单位	金融产品部：公司产品审核委员会的执行部门	公司产品审核委员会
C 券商	公司的前台业务部门	公司合规部门	公司产品委员会

在日常管理方面，首先按照上述流程，由经营机构的产品引进部门或报审部门对金融产品管理人进行审慎调查并作出评价，了解金融产品管理人的诚信状况、经营管理能力、投资管理能力、产品设计能力和内部控制情况，其后由审核或批准部门审核确认是否将该委托人纳入公司委托人白名单，其后由最终审批主体审批确认。金融产品的准入审核流程与前述流程一致，产品报审单位需确保金融产品获取材料的真实性、准确性、完整性和时效性。确认后提交复核部门进行复核，出具审核意见后报公司有权主体审批通过后方可执行。

（三）了解投资者

在信息采集环节，销售机构应当首先按照《适当性管理办法》第 6 条、《证券经纪业务管理办法》第 11 条等规定的要求采集投资者的各类基本信息。在此基础上，《证券期货经营机构私募资产管理计划运作管理规定》第 4 条、《私募投资基金监督管理办法（征求意见稿）》第 45 条进一步要求管理人和销售机构应当了解投资者的资金来源、个人及家庭金融资产、负债等情况，并采取必要手段进行核查验证。相较于公募类产品与服务，私募类产品要求销售机构承担更高标准的核查验证义务。

私募类产品引入我国之初就参考境外合格投资者标准并结合国内实际情况，设置了合格投资者制度。《资管新规》第 5 条将投资者分为不特定社会公众和合格投资者两大类。其中对于“不特定社会公众”未进行明确的定义，仅规定公募产品面向不特定社会公众公开发行。从不特定社会公众的字面文义来看，这类投资者具有“不特定”“社会公众”两个特点。“不特定”指投资者存在不确定性、随机性，可能会通过公开途径接触到产品信息的一类人群；“社会公众”可以通俗理解为社会的任何民事主体，不论是否有民事行为能力或专业投资能力。通过《资管新规》第 4 条及第 5 条可以得出，不特定社会公众主要是与合格投资者进行区分，指未达到合格投资者标准或未进行合格投资者认定的任意自然人、法人或非法人组织，且包含最低承受能力级别的投资者。合格投资者①主要指具备相应风险识别能力和风险承担能力，投资于单只私募类产品不低于一定金额且符合规定条件的自然人和法人或者其他组织。

在当前市场中，根据私募产品类别的不同，主要分成了私募基金合格

---

① 《资管新规》第 5 条：合格投资者是指具备相应风险识别能力和风险承担能力，投资于单只资产管理产品不低于一定金额且符合下列条件的自然人和法人或者其他组织。（一）具有 2 年以上投资经历，且满足以下条件之一：家庭金融净资产不低于 300 万元，家庭金融资产不低于 500 万元，或者近 3 年本人年均收入不低于 40 万元。（二）最近 1 年末净资产不低于 1 000 万元的法人单位。（三）金融管理部门视为合格投资者的其他情形。合格投资者投资于单只固定收益类产品的金额不低于 30 万元，投资于单只混合类产品的金额不低于 40 万元，投资于单只权益类产品、单只商品及金融衍生品类产品的金额不低于 100 万元。

投资者与私募资管合格投资两大类。虽然两类合格投资者在当前的认定标准中存在差异，但《私募投资基金监督管理办法（征求意见稿）》已对私募基金合格投资者的标准进行了修订，修订后的标准与私募资管合格投资者保持了统一。

在具体的合格投资者认定过程中，管理人与销售机构应当制定具体的审查标准与开通流程。厘清以下几组概念彼此之间的界限。

1. 合格投资者认定

（1）证券资产与金融资产。投资者在申请开通特定业务权限或购买相关产品时往往需要校验资产的准入要求，其中，较为常见的一组概念为证券资产与金融资产。例如，个人投资者在申请开通北交所交易权限、科创板业务权限、融资融券业务权限时，要求权限开通前 20 个交易日证券账户和资金账户内资产日均不低于人民币 50 万元。而个人投资者在申请开通私募资管合格投资者业务时需要校验金融资产。

早在 2017 年的时候，部分经营机构就“证券账户及资金账户”的认定口径向监管机构及自律组织进行咨询，深交所就具体问题发布了《关于港股通投资者适当性管理要求中证券账户及资金账户资产认定标准的答复》（以下简称《答复》）。《答复》中规定，证券账户的资产包括股票、公募基金份额、债券、资产支持证券、资产管理计划份额、股票期权和中国证监会及交易所认定的其他证券资产，对应的证券账户为 A 股账户、B 股账户、股转系统账户、封闭式基金账户、开放式基金账户、衍生品合约账户，但未将证券公司及子公司、基金公司及其子公司自建 TA 账户、机构间私募产品报价与服务系统产品账户等其他账户纳入统计范围。随着近些年的业务品种持续丰富，各类账户相继统一，沪深交易所就“证券账户及资金账户”的认定标准进行了数次修订。其中，较为明显的趋势是各类证券的统计口径已不再区分基金账户的类别。同时，每次修订时均会将证券账户下的新产品与新业务纳入统计口径当中，例如存托凭证、北交所股票。

《适当性管理办法》第 8 条第 6 款中明确，金融资产包括投资者名下的银行存款、股票、债券、基金份额、资产管理计划、银行理财产品、信托计划、保险产品、期货及其他衍生产品等。而实物黄金、股权、房产、车辆、名画、古董等资产，通常不被认为是金融资产的范围。金融资产定义本身并没有限制投资者的账户必须为中国结算开立的证券账户或者是特定会员内部开立的账户，实践中各家经营机构对金融资产的认定口径一般涵盖投资者的内部金融资产以及外部金融资产。对于内部金融资产，经营机构可以从投资者的证券账户及资金账户自动读取。而对于外部资产，一般指在其他金融机构的相关金融资产。因此，相较于证券资产，金融资产的认定口径范围更广，业务品种更为丰富。

①证券资产。

认定依据：《上海证券交易所会员管理业务指南第 1 号——投资者适当性管理》《深圳证券交易所证券交易业务指南第 1 号——投资者适当性管理（2022 年修订）》。

A. 投资者在中国结算开立的证券账户

账户种类包括 A 股账户、B 股账户、封闭式基金账户、开放式基金账户、衍生品合约账户及中国结算根据业务需要设立的其他证券账户。

账户内的证券资产包括：股票，包括 A 股、B 股、优先股和全国中小企业股份转让系统挂牌股票；存托凭证；公募基金份额；债券；资产支持证券；资产管理计划份额；股票期权合约，其中权利仓合约按照结算价计增资产，义务仓合约按照结算价计减资产；回购类资产，包括债券质押式回购逆回购、质押式报价回购；通过港股通持有的上市证券；交易所认定的其他证券资产。

B. 投资者在会员开立的账户

证券资产包括公募基金份额、私募基金份额、银行理财产品、贵金属资产、场外衍生品资产等。

C. 资金账户

资金账户资产包括客户交易结算资金账户内的交易结算资金；股票期权保证金账户内的交易结算资金，包括义务仓对应的保证金；交易所认定的其他资金资产。

需要注意的是，计算各类融资类业务相关资产时，应按照净资产计算，不包括融入的证券和资金。

②金融资产。

认定依据：《适当性管理办法》第 8 条。其中内部资产涵盖证券资产，而外部资产一般需要投资者提供相关的证明材料，必要时证券经营机构应当进行核实。外部金融资产的主要包括以下类型：

A. 银行存款：需要提供加盖银行公章的存款证明。

B. 股票：包含在各交易所和全国股转系统挂牌的股票，以及港股通股票，需要提供加盖证券公司公章或者业务专用章的对账单等证明。

C. 债券，包括交易所或者银行间市场交易的债券，并应避免债券质押式融资回购和融资回购资产的重复计算。可以选择的证明材料包括：加盖证券公司公章或业务专用章的交易所债券资产证明；加盖销售机构或代销机构的公章或业务专用章的银行间市场债券资产证明；加盖销售机构或代销机构的公章或业务专用章的银行柜台市场债券资产证明等。

D. 基金份额，包括公募基金或者私募基金份额。可以选择的证明材料包括：由中登 TA 系统和自建 TA 系统的相关机构加盖业务专用章的基金份额证明材料；加盖代销机构业务专用章的资产证明等。

E. 资产管理计划，主要指证券公司及其资产管理子公司资产管理计划份额、保险资产管理计划、期货公司资产管理计划等私募资产管理计划。可以选择的证明材料包括：由中国结算或券商柜台市场负责登记结算的机构加盖业务专用章的证明材料；加盖代销机构业务专用章的资产证明等。

F. 银行理财产品，主要指银行或银行理财子公司发行的理财计划，注意避免与银行存款不同。可以选择的证明材料包括：加盖银行公章或者业务专用章的理财交割单；加盖代销机构业务专用章的资产证明。如果资产证明中只显示理财份额不显示资产或净值等致使无法具体推算出资产金额的，需提供辅助证明，例如手机银行截图等。

G. 信托计划，指信托公司发行的资产服务信托、资产管理信托和公益慈善信托。(任选其一)：可以选择的证明材料包括：加盖信托公司公章或者业务专用章的持有证明；加盖代销机构业务专用章的资产证明等。

H. 保险产品：对于保险产品能否作为金融资产存在一定的争议，部分金融机构将具有投资分红属性的投资连接险等险种认定为金融资产，但对于财产险、健康险等则不认定为金融资产。可以提供的证明材料包括：保险公司出具的保单及保险公司加盖业务章的现金价值计算证明。

I. 期货合约：可以提供的证明材料包括加盖结算专用章的期货结算机构出具的权益证明如结算单等。

J. 其他衍生品：包括与证券公司等金融机构开展场外期权、收益互换等场外衍生品合约的价值，可以提供的证明材料包括：由金融机构或者衍生品交易商出具的加盖公章或者业务专用章的证明材料等。

（2）投资经历与投资经验。投资经历和投资经验是投资者肖像画里的重要内容之一，也是经营机构评估投资者风险承受能力的重要参考维度。丰富的投资经历能够显著提高投资者对市场的理解、对风险的认知以及提升投资决策的有效性，使投资者知道“鱼越贵，风浪就越大”的道理。对于金融市场的产品或服务而言，部分业务不需要校验投资者是否具有特定的投资经历，投资者只需要知道“猪肉怎么吃”，比如货币基金、存款等低风险产品；而有些业务则设置了投资经历或投资经验的门槛，投资者需要知道“猪是怎么跑的”，比如融资融券、股票期权、科创板等业务权限的开通。

现行的业务规则中，《适当性管理办法》第 8 条第 5 款对投资经历的具体范围进行了列举，包括证券、基金、期货、黄金、外汇等。投资经历本身是投资者参与金融市场承担风险的主动行为，区别于投资者购买黄金、旅游换汇的生活行为。实践中，一个困扰经营机构的问题是除了列举的几类投资经历外，是否可以认可其他的同类投资经历。该问题在《资管新规》发布之前可能具有较大的争议，个别经营机构在当时认可了银行理财、股权投资等相关经历。但在当时的背景下，银行理财等产品具有“刚性兑付”的特点，本身与证券投资的“风险自担”有本质区别。《资管新规》发布之后，机构监管开始向功能监管转型，各类产品的底层投资逻辑与监管标准趋于一致。因此，经营机构在认定银行理财、券商资管、保险资管、资金信托、期货资管等同类产品时不再存在障碍。另外，随着境外产品种类的丰富与投资者的投资经历愈发普遍，监管机构与经营机构也开始深入研究该领域的执行标准，提升投资者的便利。

（3）家庭金融资产与家庭金融净资产。《民法典》中对“家庭”并没有进行明确定义，但是在第 1045 条第 3 款规定，家庭成员包括配偶、父母、子女和其他共同生活的近亲属。与此同时，第 330 条从另外一个角度规定，农村集体经济组织实行家庭承包经营为基础、统分结合的双层经营体制。根据全国政协社法委驻会副主任吕忠梅的理解，这里的“家庭”采用的是“户籍标准”，充分考虑到家庭概念的内涵以及特别形象（2019）。因此，在实践中，经营机构在理解家庭概念时通常兼顾概念内涵与可执行性，可以把配偶双方及其未成年子女纳入家庭金融资产的统计范围。

家庭金融净资产一般指家庭在经济上的所有资产减去负债后所剩下的净值，是一个反映家庭财务状况的重要指标。私募资管合格投资者的认定条件中，其中一项为家庭金融净资产不低于 300 万元。对经营机构而言，实践中的难点在于如何有效核验投资者的负债状态。目前，可供查询负债的权威途径是中国人民银行出具的征信报告。个人信用报告中目前被采纳作为负债记录的内容包括：资产处置信息（余额）、保证人代偿信息（余额）、信用卡（透支余额、已使用额度）、住房贷款（余额）、其他贷款（余额）、欠税记录（欠税总额）、电信欠费信息（欠费金额）等。其中，报告中的为他人担保信息可不作为负债记录。对于未婚的投资者可仅出具个人的金融资产证明及个人征信报告，而对于已婚的投资者还需要额外提供配偶另一方的征信报告。

2. 特殊类合格投资者

除了《资管新规》第 5 条规定需要经认定成为合格投资者的情形之外，还有几类监管部门视为合格投资者的情形，主要考虑其专业能力与投资知识方面的优势。在私募资管合格投资者方面，《证券期货经营机构私募资产管理计划运作管理规定》第 3 条第 3 款至第 5 款明确：依法设立并接受国务院金融监督管理机构监管的机构，包括证券公司及其子公司、基金管理公司及其子公司、期货公司及其子公司、在中国证券投资基金业协会登记的私募基金管理人、商业银行、商业银行理财子公司、金融资产投资公司、信托公司、保险公司、保险资产管理机构、财务公司及中国证监会认定的其他机构；接受国务院金融监督管理机构监管的机构发行的资产管理产品；以及基本养老金、社会保障基金、年金基金等养老基金，慈善基金等社会公益基金，合格境外机构投资者（QFII）、人民币合格境外机构投资者（RQFII），可以豁免进行合格投资者认定。另外，中国证监会在出台资管新规配套的《资管细则适用相关问题解答（一）》中指出，证券期货经营机构从业人员及员工跟投平台，投资于本机构管理的资管计划不低于《资管细则》规定的最低认购金额的，也可以视为合格投资者。

在私募基金合格投资者方面，《私募投资基金监督管理办法（征求意见稿）》第 42 条列举了 6 类视为合格投资者的情形，其范围与上述私募资管合格投资者的豁免情形相近似，额外增加的一类为政府资金或者符合条件的政府资金参与设立的基金，也体现了监管规则对于同类业务趋同管理的标准。

3. 穿透识别

为了有效核实资管产品投资者的真实身份，消除多层嵌套，抑制通道业务，《资管新规》在第 27 条中明确了穿透式监管原则，对于多层嵌套资产管理产品，向上识别产品的最终投资者，向下识别产品的底层资产（公募证券投资基金除外）。《证券期货经营机构私募资产管理计划运作管理规定》第 3 条在此基础上进一步明确，资产管理计划接受其他资产管理产品参与的，不合并计算其他资产管理产品的投资者人数，但应当有效识别资产管理计划的实际投资者与最终资金来源。但如果投资者是以合伙企业、契约等非法人形式投资于私募类产品的，管理人与销售机构则应当穿透核查该形式下背后的每一个投资者是否都符合合格投资者的要求，并合并计算投资者人数。同时，投资者应当以真实身份和自有资金参与资产管理计划，并承诺参与资金的来源符合法律、行政法规的规定。

《私募投资基金监督管理办法（征求意见稿）》第42条采取了与私募资管相一致的规定，即持牌类金融机构、社会保障基金、基本养老保险基金、年金基金等养老基金，慈善基金等社会公益基金以及合格境外投资者，不再穿透核查最终投资者或者合并计算人数；持牌类机构依法发行的资产管理产品、在基金业协会登记备案的私募基金管理人、私募基金，不合并计算投资者人数，但管理人或者基金销售机构应当有效识别私募基金的实际投资者与最终资金来源。

二、售中管控

售中环节主要指经营机构向投资者销售金融产品的过程，包括金融产品的宣传推介、适当性匹配、风险揭示以及相关协议签署等步骤。从严格意义上来讲，部分环节如风险揭示贯穿销售过程始终，可能不仅是售中环节的专属要素。在整个售中环节，经营机构应当重点关注产品宣传推介的合规性、适当性匹配的全面性以及风险揭示的有效性等内容。

（一）产品宣传与推介

1. 销售与宣传、推介的关系

金融产品具有复杂性、风险性、收益性的特征，且买卖双方存在巨大的信息差距，这就使得金融产品销售区别于一般的产品销售。尤其是高风险或结构复杂的产品，投资者一般不会主动去购买，大部分是销售人员主动向投资者进行宣传、推介或提供投资建议。因此，厘清“销售”一词本身的含义以及与其密切相关的一系列动作，有助于管理人与销售机构明确适当性义务的起点。

通过对当前监管规定的梳理，销售与宣传推介主要存在以下两种关系：第一，销售与宣传推介是包含的关系，即广义的销售概念。《资管新规》在第31条第2款中规定，销售是指向投资者宣传推介资产管理产品，办理产品申购、赎回的活动。《公开募集证券投资基金销售机构监督管理办法》采纳了与其相一致的观点，在第 2 条中规定，基金销售是指为投资者开立基金交易账户，宣传推介基金，办理基金份额发售、申购、赎回及提供基金交易账户信息查询等活动。《理财公司理财产品销售管理暂行办法》在理财产品领域也认可了上述观点，销售的其中一个环节包括面向投资者的展示、介绍、比较单只或多只理财产品部分或全部特征信息。上述观点一致认为，宣传推介应当作为销售中的必备流程。第二，宣传推介与销售是并列的关系，即狭义的销售概念。《金融产品网络营销管理办法（征求意见稿）》第 3 条第 3 款规定，网络营销是指通过互联网平台对金融产品进行商业性宣传推介的活动，包括但不限于展示介绍金融产品相关信息或金融机构业务品牌，为消费者购买金融产品提供转接渠道等。第 17 条将金融产品的销售环节拆分为与消费者进行互动咨询、金融消费者适当性测评、销售合同签订、资金划转等。因此，在逻辑关系上，宣传推介是产品销售的前置环节。

而对于宣传与推介的关系，其内在含义可以进一步细分。上述规定在多数场景中将两者合并规制，相关的要求近乎一致，即宣传与推介的内容均可以是金融产品相关信息或金融机构业务品牌等内容。但《私募投资基金募集行为管理办法》在第 2 条中规定，募集行为包含推介私募基金，发售基金份额（权益），办理基金份额（权益）认/申购（认缴）、赎回（退出）等活动。因私募基金本身不被允许公开宣传，上述规定进一步区分了宣传与推介的边界。从上述规定得出的结论是，宣传本身可以涵盖多数的、不特定投资者，而推介本身更多地体现了定向、范围可控的特点。

综上所述，在当前的金融产品销售体系中，不同的监管机构与业务品种规则对待上述概念的含义与边界有所差别。本书更倾向认为应当采纳广义的销售概念，将销售环节涵盖宣传、推介以及办理金融产品（权益）认/申购（认缴）、赎回（退出）等活动。管理人与销售机构履行适当性义务应当站在产品销售的整体视角，将与销售密切相关的活动统一纳入管理范围，以此对投资者提供实质性保护。

2. 宣传与推介的注意事项

公募产品与私募产品其中一个最为显著的区别是募集方式和对象的不同。公募产品的受众群体是不特定的社会公众投资者，而私募产品的募集对象是少数、特定的合格投资者。在产品销售过程中，公募产品可以进行公开宣传与推介，而私募产品应当严格控制在非公开领域进行营销展业。根据《证券投资基金法》第 91 条、《私募投资基金监督管理条例》第 20 条、《私募投资基金监督管理暂行办法》第 14 条、《私募投资基金登记备案管理办法》第 70 条等规定，监管机构认定公开场景的范围主要涵盖公开出版资料（书籍、报刊）、面向社会公众的宣传单、布告、手册、信函、传真、海报、户外广告、电视、电影、电台及其他音像等公共传播媒体、公共、门户网站链接广告、手机短信、微信、博客等互联网等公众传播媒体，讲座、报告会、分析会等方式。

无论是设置特定对象确定程序的私募类产品，还是可以面向公众投资者宣传推介的公募基金，均应当依照《证券投资基金法》《私募投资基金监督管理条例》《公开募集证券投资基金销售机构监督管理办法》等法律法规的要求，合法合规地进行宣传。第一，管理人与销售机构应当切实履行诚实信用、勤勉尽责的义务，不得在产品宣传过程中有虚假记载、误导性陈述或者重大遗漏，例如在未提供客观证据的情况下，使用业绩稳健、业绩优良、名列前茅、位居前列、唯一等表述。第二，管理人与销售机构应当坚持长期投资理念和客观、真实、准确的原则，不得违规使用安全、高收益、预期收益率等可能导致投资者忽视产品风险的表述，直接或者间接向投资者承诺保本保收益，包括投资本金不受损失、固定比例损失或者承诺最低收益等情形。第三，销售机构应当建立合规宣传的内控机制，集中统一制作和使用基金宣传推介材料，并要求合规风控人员应当对产品宣传推介材料进行合规审查，出具合规审查意见。第四，管理人与销售机构应当严格规范过往业绩及必备条款的要求。基金宣传推介材料登载过往业绩的，应当同时登载基金业绩比较基准的表现，展示的任意业绩区间均应当超过 6 个月，且符合以下要求：① 基金合同生效 6 个月以上但不满 1 年的，应当从合同生效之日起计算业绩；② 基金合同生效 1 年以上但不满 5 年的，应当包含自合同生效当年开始所有完整会计年度的业绩；③ 基金合同生效 5 年以上的，应当包含最近 5 个完整会计年度的业绩；④ 业绩登载期间基金合同中投资目标、投资范围和投资策略发生改变或者基金经理发生变更的，应当予以特别说明。产品宣传推介材料涉及基金经理专业背景信息的，应当客观、准确提供该基金经理与产品投资相关的任职情况，不得简单以“从业年限”等信息进行列示。

3. 禁止不适当推介

《适当性管理办法》第 22 条 6 项禁止性规定中明确，禁止“向普通投资者主动推介风险等级高于其风险承受能力的产品或者服务”“向普通投资者主动推介不符合其投资目标的产品或者服务”，此规定构成了不适当推介的禁止性行为。然而在实际操作中，证券金融机构销售人员，为了完成销售业绩，存在故意或者忽视投资者风险等级而向其推荐高风险等级产品的情况。如某证券公司分公司员工，在为客户服务过程中，存在向投资者主动推介风险等级高于其风险承受能力的产品的情形。厦门证监局对该公司及该员工分别采取出具警示函的行政监管措施。经笔者整理，此类型案例在近年来的监管处罚中屡见不鲜，且在私募基金销售领域问题更为突出。证券公司等金融产品销售机构，应当加强对销售人员推介行为的管控：如在营销短信、企业微信发送环节，前置嵌入投资者风险等级校验；在投资者购买产品前确认是否存在不适当性推介；加强对投资者的回访，及时发现不适当推介情形等。由于目前绝大多数金融产品或者服务类权限开通使用强匹配原则，销售机构可以重点关注投资者风险等级调高后短期内购买高风险产品或者开通高风险业务权限的情形。对于发现存在违规推介行为的，应当强化对投资者的风险揭示，并对销售人员采取问责措施，起到警示作用。

（二）适当性匹配

1. “强匹配”与“弱匹配”

由于《适当性管理办法》第 19 条规定，在告知并预警不适当后，投资者仍然坚持购买产品或者服务的，经营机构可以向其销售产品或者提供服务，行业内经营机构对各类产品或服务的匹配规则采用了“弱匹配”为主。2018 年《资管新规》在适当性匹配方面提出“禁止欺诈或者误导投资者购买与其风险承担能力不匹配的资产管理产品”。在此基础上，中国证监会发布的《证券期货经营机构私募资产管理业务管理办法》进一步明确，禁止向风险识别能力和风险承受能力低于产品风险等级的投资者销售资产管理计划。投资者签署承诺逾级购买产品的方式不再有例外，资管产品销售开启了“强匹配”的时代。之后，2020 年实施的新《证券法》第 88 条规定经营机构应当销售、提供与投资者相匹配的证券、服务，被行业解读为“强匹配”的要求。在此背景下，《证券经纪业务管理办法》《证券经纪业务管理实施细则》沿用了《证券法》的精神，在适当性匹配规则的表述上与其相一致。2024 年 8 月 1 日正式实施的《私募证券投资基金运作指引》中规定，“私募证券投资基金投资者风险评级不得低于基金风险等级”，也从监管角度明确了私募基金销售的“强匹配”要求。

随着上述规则的发布，监管机构在对规则的理解适用方面也出现了以“强匹配”为原则的处罚案例。在私募资管方面，2018 年广西证监局以部分基金客户购买的基金产品风险等级与其投资者风险承担能力评级不匹配为由对某银行股份有限公司南宁分行出具警示函；在私募基金方面，某股权投资管理有限公司在 2019 年向部分风险承受能力不匹配的投资者销售风险等级较高的私募基金，被新疆证监局出具警示函；在公募基金方面，个别投资者购买了风险等级高于其风险承受能力的公募基金产品，某证券有限责任公司长春工农大路证券营业部被吉林证监局出具了警示函。

2. 多维度匹配在业务实践中的实现路径

管理人与销售机构在产品销售过程中除了需要关注投资者的风险承受能力以外，还需要关注其投资期限、投资品种、预期收益等投资目标。从当前的行业调研结果来看，大部分销售机构对风险等级要素采取“强匹配”的管理逻辑，而对其他投资目标要素主要以“弱匹配”的逻辑为主。需要特别指出的是，风险测评问卷中用于收集投资者预期收益的题目，主要体现为投资者最多承受的亏损以及是否接受本金承担损失，因此在实践中可能会与投资者的风险等级结果存在一定的冲突。例如，投资者风险承受能力的整体等级可能较高，但并不接受任何的本金损失。因此，部分经营机构对此要素采取较为谨慎的态度，原则上如果目标产品存在本金亏损的可能性，则会拒绝不能承受任何投资风险的投资者参与。

以多维度匹配为例，在具体的产品销售流程中，以购买某权益类公募基金为例，假设销售机构适用风险等级与预期收益“强匹配”，其他要素“弱匹配”的管理逻辑（见图3－2）。投资者在购买产品时，系统首先需要校验其是否开通了对应的基金账户。在确认投资者已开通对应的基金账户后，则会校验投资者的类别。如果是专业投资者，可以直接豁免对适当性匹配环节的校验。如果是普通投资者，需要逐项与投资者的投资目标、风险等级进行匹配。第一个匹配的要素是预期收益，如果投资者在预期收益方面选择了“本金不接受损失”，销售机构则应当拒绝其委托申请，充分保障投资者的真实意愿。第二个匹配的要素是风险等级，如果投资者的风险承受能力不满足拟购买的基金，销售机构同样应当拒绝其委托。接下来是对投资品种的校验，如投资者选择了权益类品种，两者内容记录为匹配。反之，需要将该项内容记录为不匹配。在投资期限方面，个别公募基金可能设有对应的封闭期，如果投资者能够承受的投资期限小于产品的封闭期限，就应当记录为不匹配。最后，在年龄及其他要素方面，经营机构可以借助适当性匹配的场景充分向特殊类群体进行风险提示。销售机构通过汇总投资者对不同要素的匹配情况，生成对应的业务表单。投资者签署确认之后，经营机构即可接受其购买委托的申请。

在私募类产品销售环节，假设投资者同样适用风险等级与预期收益“强匹配”，其他要素“弱匹配”的逻辑（见图3－3）。在购买产品之前，首先需要判定投资者是否已开通合格投资者权限。在适当性匹配环节，预期收益与风险等级需要优先校验。对于不匹配的投资者，经营机构应当拒绝其委托申请并做好风险提示。在投资品种、投资期限、年龄等方面，系统校验逻辑与公募基金委托流程一致。经营机构通过汇总投资者与产品各

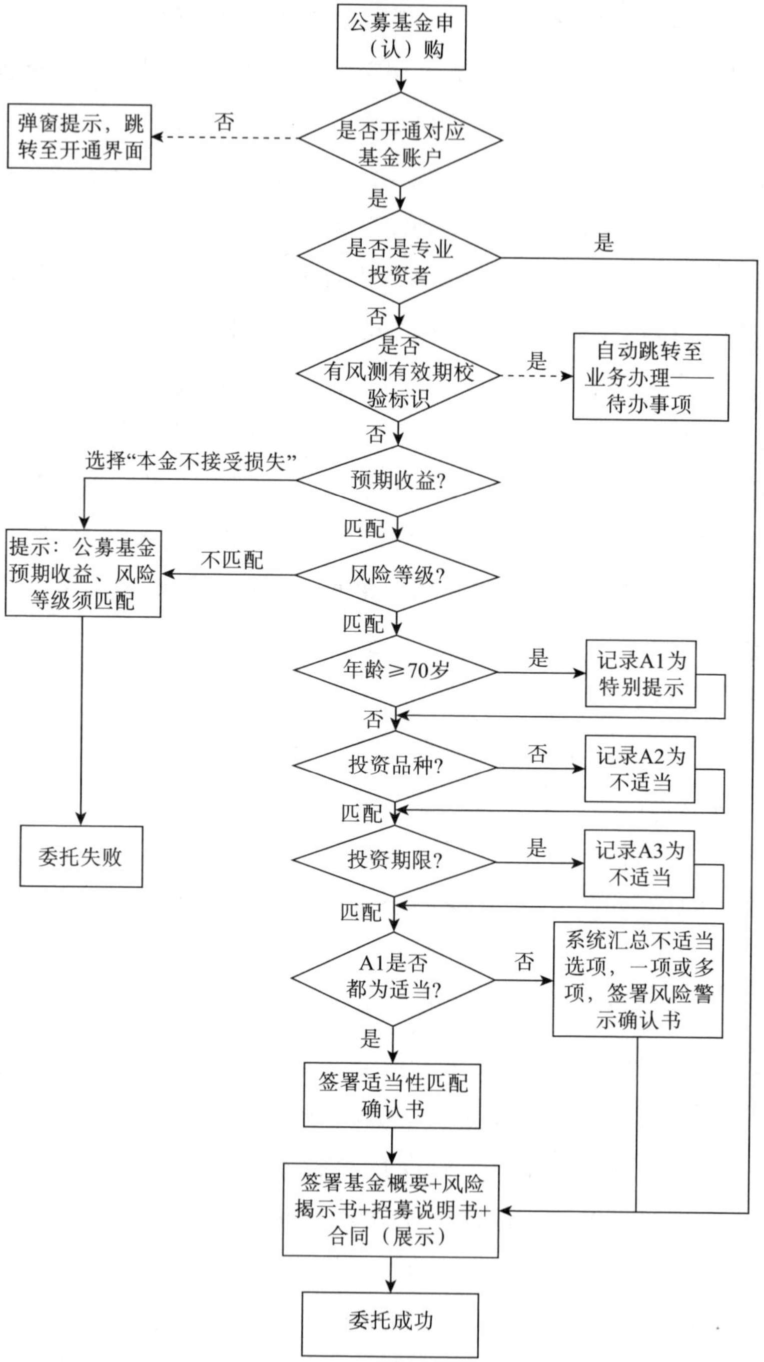

图3－2　公募基金销售流程

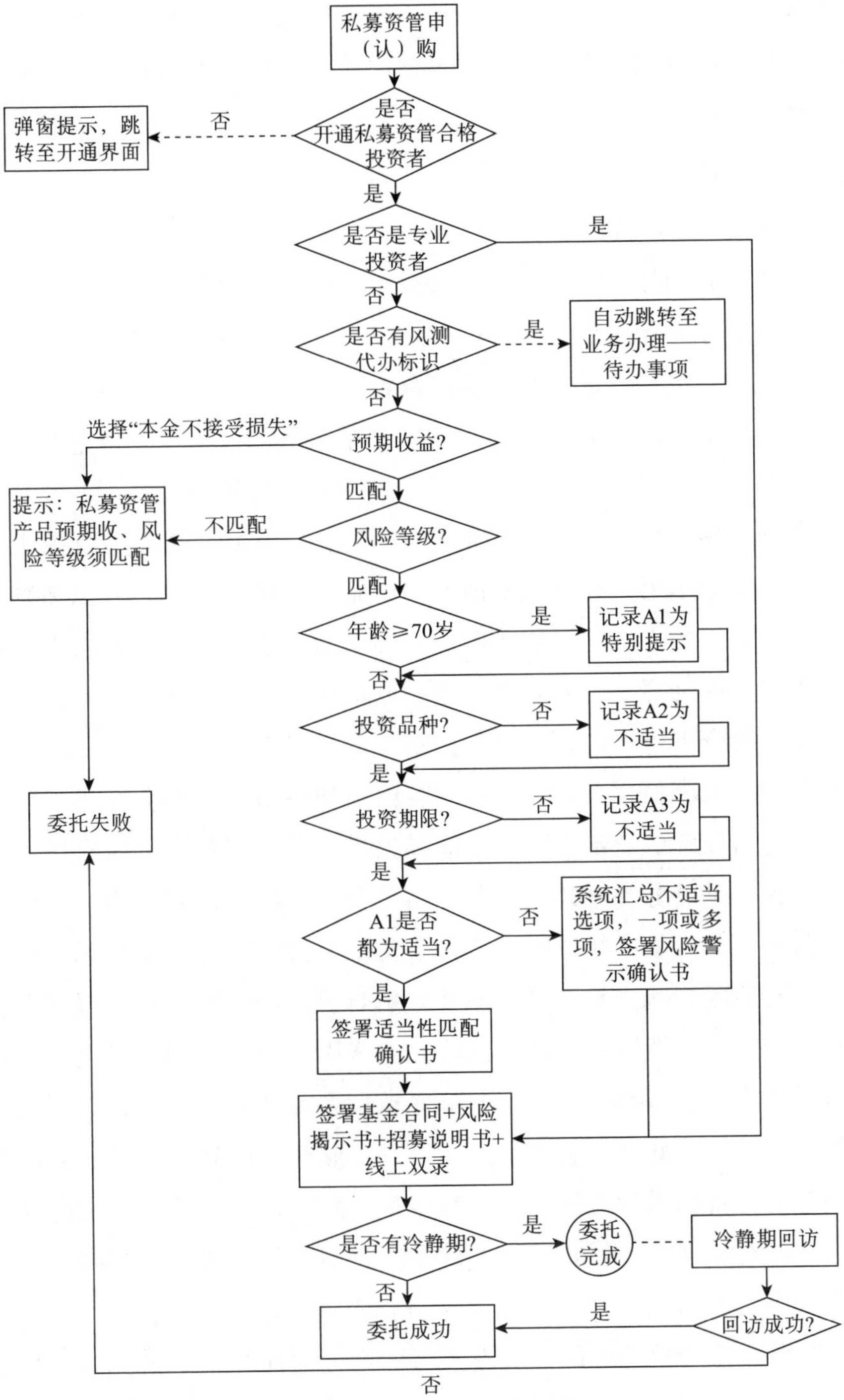

图3-3　私募类产品销售流程

要素的匹配情况，生产对应业务表单，统一向投资者进行适当性匹配方面的提示。如遇冷静期要求，在完成客户回访及真实意愿确认后，投资者的委托申请方能成功。

（三）风险揭示

1. 风险揭示的内容

在整个产品销售过程中，风险揭示并非仅适用投资者购买产品的签约环节，而是贯穿业务流程始终。售前阶段，管理人与销售机构就产品的投资范围、风险等级等要素向潜在的投资者进行揭示，提示其根据自身情况审慎决定。售中阶段，根据《资管新规》第 12 条、《私募投资基金监督管理条例》第 19 条、《私募投资基金登记备案办法》第 28 条、《公开募集证券投资基金销售机构监督管理办法》第 17 条等规定，管理人或销售机构应当制作风险揭示书，详细说明该产品的管理和运作情况，并以清晰、明确、易懂、醒目的方式向投资者揭示各类风险。售后阶段，如果产品存续期出现投资范围变更、合同要素变更、流动性受限或巨额赎回等情形，还应当对全体投资者进行特别的风险揭示并由投资者确认。

风险揭示书因篇幅有限，揭示内容仅为列举事项，不会详尽列明投资者参与产品所面临的全部风险和可能导致投资者资产损失的所有因素。一般来说，无论是公募基金还是私募产品，内容上都可以划分为一般风险与特殊风险两大类。就一般风险而言，主要是指特定产品因受市场因素、经济因素、政治因素和交易规则等因素影响而引起的价格波动，包括但不限于市场风险、流动性风险、信用风险、经济周期风险、利率风险、操作风险、管理风险等。《资管新规》第 12 条按照产品的投资类别，分别就固定收益类、权益类、商品及金融衍生品类以及混合类产品的一般风险进行了逐项列举。在特殊风险方面，主要是指该产品区别于其他类别的产品或同类产品，具有独特性、需要投资者格外注意的风险事件。尤其以私募产品为例，按照《私募投资基金登记备案办法》第 28 条的要求，当产品财产不进行托管、投资单一标的、管理人与销售机构存在关联情况、产品财产在境外进行投资或存在分级安排等其他复杂结构的情形时，管理人与销售机构应当通过风险揭示书向投资者进行特别提示。

2. 风险揭示的标准

风险揭示的目的是让投资者清晰了解产品的结构、风险收益特征，并以此为基础进行投资判断。《适当性管理办法》等监管规则均要求金融机构的风险揭示应当清晰、明确、易懂，方便投资者理解。对于风险揭示的标准，《九民纪要》在“告知说明义务”一条中，表述为“人民法院应当根据产品、投资活动的风险和金融消费者的实际情况，综合理性人能够理解的客观标准和金融消费者能够理解的主观标准来确定卖方机构是否已经履行了告知说明义务”。该主客观相结合的标准，可以说非常的高，在实践中也存在较大的执行困难，一方面消费者之间的具体情况差别较大，另一方面消费者能否理解主观标准本身的判断在于消费者，如发生纠纷，消费者出现亏损时坚持自己主观上不能理解，则卖方机构也很难证明消费者主观上理解了。对于该困境，目前经营机构只能通过细化不同类别投资者风险揭示和告知说明的方法逐渐摸索，同时也有赖于法院在未来裁判中给出指引。

3. 风险揭示的方式

为了保证投资者充分知悉各类风险事件，管理人与销售机构应当将风险揭示书交由投资者确认，并进行必要的书面留痕。在传统的线下销售模式，销售机构通过录音、录像的形式向投资者解读重点条款，并由投资者在风险揭示书上签字确认。目前行业较为主流的线上销售模式，因产品类别的不同，导致风险提示的方式存在一定差异。在公募基金方面，存在部分销售机构在产品购买页面直接上线了风险揭示书的链接，投资者仅需“勾选”已知悉的选项，不需要强制阅读即可点击进行下一步的操作。针对此问题，基金业协会在 2019 年对信息披露的相关落实情况发布了会议纪要，提示管理人与销售机构应当实质履行提示义务。会议纪要建议销售机构应当通过弹窗提示、点击监测等方式，对风险揭示书进行“强提示”。投资者进入购买页面后，风险揭示书的内容自动展示，投资者滑动页面，点击“确认已知悉”后，方可进行下一步的操作；或者在购买页面对投资者是否点击风险揭示书进行强制监测，出现点击动作后方可进行后续的购买环节，以此保证投资者充分知悉风险揭示书的内容。

在私募产品方面，基金业协会在《资管新规》实施以来分别发布了配套的《资产管理计划风险揭示书内容与格式指引》与《私募投资基金风险揭示书内容与格式指引》。指引新设“投资者声明”部分，将私募产品的重点风险条款进行逐项列示，要求投资者在每段内容结尾处进行签名。管理人与销售机构不能通过“一键勾选”“自动全选”等形式替代投资者进行确认，在形式上保证投资者强制阅读风险揭示书的内容。

（四）合同签署

管理人与销售机构除了应当就合格投资者确认、投资者适当性匹配、风险揭示、自有资金投资等事项履行投资者确认程序以外，还应当制作产品合同、计划说明书等材料，详细说明产品的资金投向和运作情况。根据《公开募集证券投资基金销售机构监督管理办法》与关于实施《公开募集证券投资基金信息披露管理办法》有关问题的规定，投资者在购入公募基金前，管理人与销售机构应当提示投资者阅读基金合同、招募说明书、基金产品资料概要，并提供有效途径供投资者查询。其中，基金产品概要是基金招募说明书的摘要文件，用于向投资者提供简明的基金摘要信息，销售机构应当确认投资者已知悉其内容。在实践中，投资者在基金认购/申购时，基金产品概要与适当性匹配意见及风险揭示书等内容一般需要强制阅读，且设置必要的阅读时间。而基金合同与招募说明书一般不要求投资者强制点击阅读，但在购买环节设置了链接展示，方便投资者及时查询。

在私募产品方面，管理人与销售机构制作的信息披露材料与公募基金近似，同样包括基金合同、招募说明书、托管协议、风险揭示书以及适当性相关文件。但在确认方式方面，因私募产品结构复杂、风险评级较高，管理人与销售机构无论在线下还是线上销售，均需要对投资者购买全程进行录音或者录像，完善配套的留痕措施。其中，在录音或录像过程中，管理人或销售机构需要重点对产品募集信息、资金投向、杠杆水平、收益分配、托管安排、投资账户等特定风险信息进行披露。

三、售后保障

售后环节是指经营机构基于自身的服务能力和资源，从维护客户正当利益和满足客户合理需求出发，为让客户能够更加全面、持续、有效地了解金融产品。由于金融产品的特殊性，投资者在合同签署之后其服务流程仍未结束，经营机构依然应当就产品结构变化、合同条款变更、重大事项披露、信息规范存储等事项持续履行适当性义务。

（一）投资冷静期与回访确认

金融产品冷静期制度是从保护投资者的角度出发而设立的，其理论基础是经济法上的消费者反悔权，其核心价值在于减少投资者交易的非理性行为，约束管理人与销售机构的不适当推介，给予投资者更多的考虑时间。2016 年，基金业协会首次在《私募投资基金募集行为管理办法》中设置了“冷静期”与“回访确认”制度，开启了冷静期规则在我国的初步尝试。《资管新规》以后，《商业银行理财业务监督管理办法》也对银行理财产品销售设置了冷静期的相关要求。虽然当前冷静期与回访确认制度适用的产品类别有限，但对销售机构履行“卖者尽责”义务提供了较为完整的“证据链”，具有现实的指导意义。

投资者在签署产品合同与相关协议之后并不意味着销售流程结束，而是应当根据合同的约定，给予投资者不少于 24 个小时的投资冷静期。根据《私募投资基金募集行为管理办法》第 29 条至第 32 条的规定，冷静期的起算时点自投资者签署基金合同且缴纳认购款项后起算。在冷静期内，管理人与销售机构不得主动联系投资者，其间进行的回访确认无效。冷静期满之后，管理人与销售机构需要指定基金销售推介业务以外的人员通过录音、邮件、信函等类似方式进行回访，确认投资者意愿。具体的回访内容包括但不限于确认投资者身份与签名；确认是否理解基金合同与风险揭示书的内容；确认是否知悉投资者的重要权利及信息披露的内容、方式及频率；确认是否知悉投资者的风险识别能力与拟投资的产品相匹配等事项。投资者在回访确认成功之前，均有权随时解除基金合同，管理人与销售机构应当及时退还投资者的认购款项。

（二）档案管理

档案管理是金融产品销售的留痕环节，全面及真实地记录产品从设计到销售再到运营的每一步。首先，档案管理的核心功能在于维护经营机构及投资者的合法权益，使纠纷得到妥善解决。根据《证券法》第 89 条的规定，当普通投资者与证券公司发生纠纷时，证券公司应当证明其行为符合法律、行政法规以及国务院证券监督管理机构的规定，不存在误导、欺诈等情形。如果不能举证，则应当承担相应的赔偿责任。《九民纪要》第 75 条采取了相一致的观点，卖方机构对其是否履行了适当性义务承担举证责任。卖方机构不能提供其已经建立了金融产品（或者服务）的风险评估及相应管理制度、对金融消费者的风险认知、风险偏好和风险承受能力进行了测试、向金融消费者告知产品（或者服务）的收益和主要风险因素等相关证据的，应当承担举证不能的法律后果。其次，档案管理可以重现投资者的交易行为与交易记录。当投资者发生洗钱和恐怖融资、出现异常交易、扰乱市场秩序时，经营机构可以配合监管部门做好监测分析工作，追溯和还原事件发生的全过程，必要时应当拒绝建立业务关系或者办理业务，再或者终止已经建立的业务关系。最后，档案管理有助于经营机构做好客户全生命周期的分析管理工作，提升服务水平。投资者在一开始参与证券市场或服务时，往往对自身定位存在一定偏差。经营机构通过投资者周期性的投资行为分析，能够有效验证投资者实际参与的产品或服务与其投资预期是否一致，为经营机构后续的营销服务提供参考。

根据《证券法》第 137 条、《证券期货经营机构私募资产管理业务管理办法》第 58 条、《公开募集证券投资基金销售机构监督管理办法》第 33 条、《私募投资基金监督管理办法（征求意见稿）》第 64 条等法律法规，管理人、托管人及销售机构等服务机构需要妥善保存的资料可以分为两大类：第一类是与产品投资决策相关的决策流程、投资建议、内部管理、业务经营等内容。尤其当产品出现关联交易、利益冲突等场景时，管理人应当完整保存关联交易的识别认定、交易决策、对价确定、信息披露和回避等事项。原则上，同一产品不得在同一交易日内进行反向交易，确因投资策略或流动性等需要发生同日反向交易的，应提供决策依据，并留存书面记录备查。第二类是对投资者尽职调查和适当性管理方面的记录留痕，包括投资者开立账户的信息、委托记录、交易记录以及其他与接受服务或者购买产品有关的重要信息。

综上所述，梳理金融产品销售流程，有助于厘清管理人或销售机构与投资者之间权利与义务的边界。管理人或销售机构的义务在很大程度上取决于产品本身的特征，在充分识别产品本身风险的基础上，根据不同投资者的投资水平与认知，提供差异化的服务，使投资者的利益得到保障。

第二节　适当性义务发生的特殊业务领域

一、融资融券业务投资者适当性的关注要点

2006 年，中国证监会首次发布《证券公司融资融券业务试点管理办法》《证券公司融资融券业务试点内部控制指引》，在经过 4 年的精心筹备之后，沪深证券交易所于 2010 年开始受理券商参与融资融券业务的申请，标志着“两融”业务的正式开启。在业务进入市场操作阶段后，中国证监会先后完善了《证券公司融资融券业务管理办法》《转融通业务监督管理试行办法》等部门规章，从业务许可、业务规则、债权担保、权益处理、监督管理等方面进行了明确，为“两融”业务后续的发展提供了基础。在中国证监会制度的基础上，中国证券业协会随后发布了《融资融券合同必备条款》《融资融券交易风险揭示书必备条款》；上海、深圳、北京证券交易所分别发布了《上海证券交易所融资融券交易实施细则》《深圳证券交易所融资融券交易实施细则》《北京证券交易所融资融券交易实施细则》，

从业务开展流程、交易业务管理、投资者适当性管理等方面进一步予以细化。近些年以来，科创板、创业板、主板从设立试点到全面实施注册制改革，相关业务规则在发行上市、承销保荐、证券交易、退市安排等方面做了重大变革，其中上市证券自上市首日起可作为融资融券标的，对证券公司两融业务的管理提出了更高的要求。

融资融券业务是指证券公司向客户出借资金供其买入证券或出借证券供其卖出证券的业务。业务的本质兼具做多与做空机制，同时具有一定的杠杆属性。“两融”交易有助于投资者表达自己对某种股票实际投资价值的预期，既可能放大收益，也可能加剧损失。与普通证券交易相比，“两融”业务除了具有政策风险、市场风险、系统风险外，还具有投资亏损放大风险、强制平仓风险、违约风险、融资成本增加等风险。鉴于“两融”业务所特有的属性，监管部门在制定相关规则时，充分考虑其业务特性，在投资者适当性管理和业务准入环节实行了更加严格的标准，突出了对参与该业务投资者的特殊保护。

（一）融资融券业务准入

《证券公司融资融券业务管理办法》第 12 条第 1 款规定：“证券公司在向客户融资、融券前，应当办理客户征信，了解客户的身份、财产与收入状况、证券投资经验和风险偏好、诚信合规记录等情况，做好客户适当性管理工作，并以书面或者电子方式予以记载、保存。”根据该要求，证券公司首先需要进行投资者适当性匹配。根据多家证券公司网站公示，证券公司一般将融资融券业务的风险等级评定为 R4——中高风险等级。证券公司通常在客户办理“两融”开户时，对客户进行适当性匹配。

《证券公司融资融券业务管理办法》第 12 条第 2 款规定：“对未按照要求提供有关情况、从事证券交易时间不足半年、缺乏风险承担能力、最近 20 个交易日日均证券类资产低于 50 万元或者有重大违约记录的客户，不得为其办理。”此规定为“两融”业务的准入条件，其核心内容包括交易时间、最近 20 个交易日日均资产等要求。证券公司需要根据客户提交的证明材料，逐一核对是否能够满足各项准入条件。

因“两融”业务本质上属于信用业务，经营机构还应当重点关注客户征信与信用记录违约情况。《证券公司融资融券业务内部控制指引》第9条对该方面内容进一步细化，规定证券公司应建立客户选择与授信制度。第一，证券公司应当制定客户的准入标准，明确客户参与“两融”业务应当具备的资产、交易经验等条件，建立开户申请材料的审查标准与程序；第二，应当根据客户的基本信息、财务状况、投资经验等要素将客户分为不同类别，确定每一类别客户授信的额度、利率或费率；第三，明确客户征信的内容、程序和方式，通过有效手段，核验客户资料的真实性，及时知悉客户违约的可能性。

根据《证券公司融资融券业务管理办法》第15条和《证券公司融资融券业务内部控制指引》第11条的规定，在证券公司与客户签订融资融券业务合同前，证券公司应当指定专人向客户讲解“两融”的业务规则、业务流程和合同条款，明确告知客户权利、义务及风险，特别是以书面方式向投资者提示投资规模放大、对市场走势判断错误、因不能及时补交担保物而被强制平仓等可能导致的投资损失风险及违约处置安排，并将融资融券交易风险揭示书交由客户书面确认。上述两条规则，均强调要讲解业务规则，并明确要以“书面”方式确认风险揭示书。据此，处于审慎考虑，证券公司通常以现场开户及专人讲解风险揭示书的方式来完成“两融”业务的开户流程。

《证券公司融资融券业务管理办法》第12条豁免了专业机构投资者参与“两融”业务的证券交易时间及证券类资产条件的限制，但其规定的“专业机构投资者”并不等同于《适当性管理办法》中的专业机构投资者。通过对比发现，“两融”业务中的“专业机构投资者”仅指代《适当性管理办法》中的专业Ⅰ类投资者，因此对于专业Ⅱ类、Ⅲ类机构投资者依然需要校验资产及交易经验的要求。具体每一类投资者的准入条件梳理见表3－4。

表 3-4　　融资融券业务准入及适当性管理要求

业务类型	客户类别	资产要求	交易经验	知识测评	禁止要求	风险等级	双录	风险揭示
融资融券	专业Ⅰ类投资者	无须校验	无须校验	无须校验	重大违约记录	无须校验	无须校验	需要
	专业Ⅱ类、Ⅲ类机构投资者	T-20日至T-1日日均证券资产≥50万元	半年以上证券交易经验	需要校验	重大违约记录	无须校验	无须校验	需要
	专业Ⅱ类、Ⅲ类个人投资者	T-20日至T-1日日均证券资产≥50万元	半年以上证券交易经验	需要校验	重大违约记录	无须校验	无须校验	需要
	普通机构投资者	T-20日至T-1日日均证券资产≥50万元	半年以上证券交易经验	需要校验	重大违约记录	需要校验	需要	需要
	普通个人投资者	T-20日至T-1日日均证券资产≥50万元	半年以上证券交易经验	需要校验	重大违约记录	需要校验	需要	需要

在征信授信管理方面，证券公司一般要求投资者填写“融资融券客户征授信评估表”，综合基本信息、财产情况、投资能力、业务认知水平、风险承受能力与主观意愿、诚信记录、其他资产证明等因素评估投资者的征信水平，并根据征信评级授予投资者进行“两融”交易的信用额度，投资者可以在授信额度内向证券公司进行“两融”交易。

在完成签署流程的基础上，根据《证券公司融资融券业务管理办法》第13条的要求，证券公司与客户签订载有证券业协会必备条款的合同，并明确融资融券的额度、期限、利率、利息的计算方式，约定保证金比例、维持担保比例、可冲抵保证金证券的种类及折算率、担保债权范围，划清客户与证券公司的权利与义务等事项。需要重点指出的是，经营机构应当与客户在合同中明确约定平仓的证券选择和顺序由证券公司决定，客户应当承诺并同意经营机构依据合同采取的强制平仓措施，并接受相应的平仓后果，不得就公司在强制平仓的时机、品种、价位、时间、顺序或数量等方面未能满足客户自身要求而向经营机构提出任何异议或索赔。考虑到“两融”业务主要以临柜的方式办理，对于普通投资者，在风险揭示及合同签署环节需要录音、录像。

（二）持续监测与管理

“两融”业务的适当性管理应当覆盖“账户开立—事中监控—合约完结”的全过程。因“两融”业务极易受到市场风险、流动性风险、平仓风险以及违约等风险的影响，相较于普通证券交易，过程管理显得尤其重要。随着市场的发展变化，“两融”标的的证券范围、可充抵保证金的证券种类及折算率、保证金比例、最低维持担保比例等要素均可能随时发生变化，经营机构应当通过有效途径，及时告知投资者上述情况的变化及其变动影响。

首先，在标的范围方面，交易所根据股票的流通市值和流动性等指标的变化将证券纳入或剔出标的证券名单。标的证券的调整包括常规调整和临时调整。常规调整是指交易所基于对标的证券的定期评估而对标的证券进行的定期调整。临时调整是指交易所根据市场情况对标的证券进行的不定期调整，如标的股票被实施风险警示的，该股票被实施风险警示当日起将其调整出标的证券范围。与此同时，可充抵保证金的折算率同样会受到流动性、波动性以及经营机构自身日常盯市管理的需要进行调整。投资者根据与经营机构的约定，可能面临提前了结“两融”合约的情形。

其次，在保证金比例及维持担保比例方面，交易所会根据市场情况，适时进行调整并向市场公布。证券公司会根据相关调整要求、市场情况以及公司风险管理等因素，公布各家的标准，但不得低于交易所的标准。根据《证券公司融资融券业务管理办法》第 26 条和《证券公司融资融券业务试点内部控制指引》第 15 条的要求，证券公司应当逐日计算客户交存的担保物价值与其所欠债务的比例。当该比例低于约定的维持担保比例时，应当按照约定方式及时通知客户补足担保物，并采取必要的措施对通知时间、通知内容等予以留痕。客户经证券公司认可后，可以提交除可充抵保证金证券以外的其他证券、不动产、股权等资产。客户未能按期交足担保物或者到期未偿还债务的，证券公司可以按照约定处分其担保物。证券公司还需要对客户提交的担保物进行实时监控，重点关注单一证券市值占其担保物市值比例、单一证券的融资、融券的金额占净资本的比例、接受单只担保证券的市值占该证券总市值的比例、单一客户提交单只担保证券的市值占该客户担保物市值的比例等，当客户担保物达到上述限定的比例时，证券公司应当按照与客户的约定，暂停接受其融资买入该证券的委托或采取其他风险控制措施。

最后，经营机构应当定期记录和分析客户持仓品种及其交易情况，根据客户的操作情况与资信变化等因素，适时调整其授信等级。当客户不再符合业务准入要求时，经营机构应当及时暂停接受其融资买入该证券的委托，并妥善解决未完结的合约。目前，证券公司面临的一个难题是融资融券存量合约展期问题，即对于存量合约展期是否需要重新进行适当性评估，存在一定争议。2024 年，某证监局对某券商分支机构及其从业人员采取出具警示函的监管措施，其中一个问题为“未及时重新评估客户风险承受能力，提供与投资者当时风险承受能力不匹配的融资展期服务”。从该处罚事由看，证券公司在为客户提供融资融券业务展期时，需要对客户进行再次适当性匹配，并提出明确意见。那么如果出现风险等级不匹配的情况，还能否为客户展期呢？一种观点认为按照该处罚的情况看，不得再为客户展期；另一种观点认为，由于是对客户存量合约的展期，客户基于多种原因申请展期，如不能展期且客户不能及时了结合约可能发生强制平仓，进而引发纠纷。在此情况下，可以向客户充分揭示现有风险等级已经不匹配，建议客户不做展期并了结合约，如客户仍然选择继续持有合约，在客户确认了结相关风险的情况下，可以为客户展期。

（三）其他注意事项

随着国内股票市场的进一步深化改革，投资者可以通过普通账户与信用账户参与主板、科创板、创业板以及北交所业务。实践中，以科创板业务为例，科创板的普通权限与“两融”账户的科创板交易权限开通条件大致相同，不少经营机构在受理客户申请时，一般会默认将两者进行“捆绑开通”。但根据交易所最新的要求，经营机构在开通科创板权限时不得默认开通“两融”账户的科创板交易权限，在为投资者提供科创板股票融资融券交易服务前应当充分揭示科创板融资融券交易风险。因此投资者开通科创板股票交易权限后，信用账户并不能直接参与科创板股票融资融券交易。已经开通科创板交易权限的融资融券投资者，若希望“两融”账户能正常参与科创板股票交易，需要签署《科创板股票融资融券交易风险揭示书》。虽然两者对应的风险等级可能一致，但开通科创板交易权限是给客户增加了一个独立的交易品种，而开通融资融券交易权限是给客户增加杠杆，故应区别对待。

二、投资咨询业务投资者适当性的关注要点

证券投资咨询业务是证券市场的一项基础服务。早在 1997 年，原国务院证券委员会为了规范投资咨询业务的申请条件、人员资质以及展业形式，出台了《证券、期货投资咨询管理暂行办法》。时至今日，该文件依然是投资咨询业务的纲领性文件。之后，《证券法》将投资咨询业务列为证券公司与证券投资咨询机构的持牌业务。在此基础上，中国证监会在 2011 年进一步将投资咨询业务区分为证券投资顾问和发布证券研究报告两类，分别通过《证券投资顾问业务暂行规定》《发布证券研究报告暂行规定》予以规范。在此之后的十余年间，《资管新规》《证券基金经营机构债券投资交易业务内控指引》《关于做好公开募集证券投资基金投资顾问业务试点工作的通知》等多部文件分别将投资咨询业务的边界延伸到资管、债券以及公募基金等领域，业务的品种以及形式相较于初期不断创新与丰富。直到 2020 年 4 月，中国证监会在《证券基金投资咨询业务管理办法（征求意见稿）》（以下简称《投资咨询管理办法》）中将投资咨询的业务类别做了统一归类与整理，将其主要分为证券投资顾问业务、基金投

资顾问业务和发布研报业务三类。而对于投资咨询业务在资管及债券等领域的延伸，实践中主要参照对应业务条线的外规进行管理，不单独列入投资咨询业务的范畴。因此，本节的讨论主要以《投资咨询管理办法》中列举的三类形式为主。

（一）证券投资顾问业务

在佣金水平不断下降、营销手段单一的大背景下，传统的经纪业务已开始向提升服务能力、打造差异化竞争的财富管理业务转型。在转型过程中，投资顾问业务是各家的发力重点，其中证券公司注册的投资顾问逐年增长。根据证券业协会的公开统计，截至 2023 年上半年，注册的投资顾问人数已接近 7.5 万人，占证券公司总人数的 1/5 以上。随着业务的快速发展，服务群体愈加广泛，合作形式愈加新颖，适当性管理义务的履行值得进一步关注。

1. 事前准备

在传统的展业模式中，投资顾问服务的签订一般以投资者证券账户开立为前提，在充分知悉其投资目标的情况下为其匹配适合的投资策略。适当性管理方面的要点主要涵盖信息采集的完整性、产品评级的客观性、投资依据的真实性以及相关建议的合理性。而在当前的展业模式中，“投顾 + 直播”已成为行业主流的形式，具体的展业环节已从分离走向融合，经营机构在规范业务发展时需要注意以下要点。

根据《证券投资投资顾问业务暂行规定》第 31 条的规定，鼓励经营机构及其投资顾问人员通过互联网公众媒体客观、专业、审慎地对宏观经济、行业状况、证券市场变动情况发表评论意见，为公众投资者提供证券资讯服务，揭示投资风险，引导理性投资。第 32 条规定，证券投资顾问不得通过广播、电视、网络、报刊等公众媒体，做出买入、卖出或者持有具体证券的投资建议。因此，对于具体证券、证券相关产品及证券市场的分析结论、做出走势预测或向投资者提供具体投资建议时应当以了解投资者并签订相关协议为前提。实践中，个别经营机构及其从业人员为吸引粉丝、增加流量存在混淆证券资讯服务与具体投资建议之间的边界，在直播过程中存在推荐个股的行为，或者在与投资者互动过程中夸大产品历史业绩或模拟业绩的情形。因为互联网直播本身的特点，直播收看对象均为不特定的公众投资者，不能做到事先履行投资者适当性管理义务，因此不应当在直播过程中进行具体投资建议。

关于投顾产品评级，其内部审批流程较公募基金或私募基金的产品相比，往往较为简化。但不同投资顾问的投资风格迥异，参照适用的评级标准往往较为基础，无法体现个性化的风险等级差异。因此，经营机构对于投顾产品的评级应当按照服务整体风险程度确定风险等级，涵盖产品投向与投资顾问人员等要素的综合情况。

2. 事中管理

投资顾问的展业环节主要涵盖协议签订、风险揭示以及适当性匹配等内容。根据《证券投资顾问业务暂行规定》第 14 条规定，经营机构提供证券投资顾问服务，应当与客户签订证券投资顾问服务协议，包括当事人的权利义务、服务的内容和方式、证券投资顾问的职责和禁止行为、收费标准和支付方式、争议或者纠纷解决方式、终止或者解除协议的条件和方式。

在风险揭示环节，鉴于证券投资顾问不得以个人名义向投资者提供服务，因此经营机构在向投资者提供服务过程中应当告知客户公司名称、地址、联系方式、投诉电话、业务资格、姓名、执业资格编码、服务的内容和方式。需要特别向投资者强调的是，投资决策由投资者做出，投资风险由投资者承担，投资顾问不得替投资者做出决策或者执行交易。对于以“智能投顾”标签冠名的交易软件或智能终端，经营机构应当根据《关于加强对利用“荐股软件”从事证券投资咨询业务监管的暂行规定》判断其是否属于“荐股软件”，如属于“荐股软件”的，应当纳入证券投资者咨询业务范畴管理，遵循客户适当性原则，制定了解客户的制度和流程，对“荐股软件”产品进行分类分级，并向客户揭示产品的特点及风险，将合适的产品销售给适当的客户。尤其应当注意，应当客观、准确告知客户“荐股软件”的作用，全面揭示“荐股软件”存在的局限和适用风险，以及说明其信息数据来源和选股逻辑，不得对其功能进行虚假宣传和刻意隐瞒。

在适当性匹配环节，其原则性的规定同样是在充分了解客户风险承受能力和服务需求的基础上，向客户提供适当的投资建议服务。一直以来，行业内对于适当性匹配的理解主要围绕投资者的风险等级、投资期限、投资品种以及预期收益等要素。《投资咨询管理办法》第19条首次触及了“数量适当性”的概念，其具体要求规定，采用组合投资的方式提供投资建议，且建议投资于单一高风险资产的配置比例不得超过10%。虽然《投资咨询管理办法》尚处在征求意见阶段，但是对后续投资顾问业务的改革提供了重要的参考和风险管理思路。而且，在后面将要讨论的公募基金投资顾问的业务发展中提供了重要指引。

3. 事后追溯

投资顾问业务相较于权限开通与产品购买需要持续向投资者提供服务，证券投资顾问向客户提供投资建议，应当具有合理的依据。在整个服务过程中，《证券投资顾问业务暂行规定》第28条要求经营机构应当对证券投资顾问业务推广、协议签订、服务提供、客户回访、投诉处理等环节实行留痕管理。如果经营机构与第三方平台合作开展投资顾问业务，经营机构应当保障相关信息系统运行处于自身控制范围内，实现本地保存客户资料、适当性管理以及相关服务的留痕等资料。

（二）发布研究报告业务

发布研究报告业务是证券投资咨询业务的另外一种形式，指证券公司、证券投资咨询机构对证券及证券相关产品的价值、市场走势或者相关影响因素进行分析，形成证券估值、投资评级等投资分析意见，制作证券研究报告，并向客户发布的行为。与投资顾问业务相比，发布研究报告业务的适当性管理逻辑与之相近似，均需要在了解投资者的前提下为其提供适当的服务。其不同点在于，发布研究报告业务的受众以机构投资者为主，经营机构向投资者提供服务往往不以证券账户开立为前提。因此，在了解投资者环节，经营机构需要通过单独的业务流程采集其基本信息，了解其风险承受能力和投资目标。

在宣传推介环节，研究报告业务与投资顾问业务相似，互联网展业也成为当前的主流形式。研究报告的风险等级评定后，通过公众号、社交媒体等途径宣传推介时，往往很难执行其受众均为适合的投资者，存在向风险等级及投资目标不匹配的投资者进行推介的可能。因此，实践中的做法有以下几种：第一，充分的风险揭示。提示的内容主要包括："公众号推送仅面向公司客户中的专业机构投资者，若非该类客户，请勿订阅、转载或使用相关信息。在任何情况下公众号所推送信息或所表述的意见并不构成对任何人的投资建议，投资者必须充分了解各类投资风险，自主作出决策并自行承担投资风险。"第二，区分研报的类型，仅在公众号发布低风险的研报。低风险的研报主要包括对宏观经济形势、资本市场走势等领域的研究分析，一般不涉及具体上市公司的分析和推荐。第三，实行白名单管理机制。通过公众号和媒体解读中发布的内容仅为研究报告的部分观点，并且列有相关风险提示，要求订阅者也同时评估所阅读内容的适当性。完整的研究报告和研究观点仍以实行白名单管理的阅读渠道（如投研发布平台和研究报告小程序）进行管理，只有满足投资者适当性要求的客户才能阅读。

在风险揭示与信息告知环节，根据《发布证券研究报告暂行规定》第8条的规定，经营机构发布的研究报告应当区分于投资顾问业务，列明"证券研究报告"字样、经营机构名称、具备证券投资咨询业务资格的说明、署名人员的证券投资咨询执业资格证书编码、发布证券研究报告的时间、证券研究报告采用的信息和资料来源以及使用证券研究报告的风险提示。在档案管理方面，经营机构应当对发布的时间、方式、内容、对象和审阅过程实行留痕管理。

（三）基金投资顾问业务

2019年10月25日，中国证监会机构部发布了《关于做好公开募集证券投资基金投资顾问业务试点工作的通知》（机构部函〔2019〕2515号）（以下简称《试点通知》），首次启动了基金投资顾问业务的试点工作，旨在扭转一直以来"重投轻顾"的展业倾向，突出对中小投资者顾问服务的引导作用。2020年4月17日，《投资咨询管理办法》将基金投资顾问列为继证券投资顾问业务和发布研究报告业务之后的第三种投资咨询业务形式，向社会公开征求意见。2021 年 10 月 30 日，中国证券投资基金业协会发布了《公开募集证券投资基金投资顾问服务协议内容与格式指引（征求意见稿）》及《公开募集证券投资基金投资顾问服务风险揭示书内容与格式指引（征求意见稿）》，并于 2023 年 3 月 2 日起正式启用。截至 2023 年 3 月底，共有 60 家机构纳入试点，服务资产规模 1 464 亿元，客户总数 524 万户，10 万元以下个人投资者占比 94%。为推动基金投资顾问业务从试点阶段向常规化发展，中国证监会于 2023 年 6 月 9 日发布了《公开募集证券投资基金投资顾问业务管理规定（征求意见稿）》（以下简称《基金投顾规定》）。基金投资顾问业务从推出至今，在试点发展中不断完善与成熟。

1. 总体的适当性管理义务要求

基金投资顾问业务，是指向客户提供基金投资建议，辅助客户作出投资决策或者代理客户作出投资决策的经营性活动。《试点通知》与《基金投顾规定》均区分了管理型投顾与建议型投顾。其中，经营机构从事管理型基金投资顾问的，可以接受客户委托办理基金申购、赎回、转换等操作申请。相较于证券市场的其他产品或服务，《基金投顾规定》首次提及了经营机构应当履行“信义义务”的概念。本书在第一章适当性义务理论中对此有过论述，信义义务对受托人的注意义务超越了普通法中的一般注意义务和标准，要求经营机构遵循为客户最大利益行事，在了解投资者与产品的前提下代理客户作出投资决策，这也正符合基金投顾业务发展中防范利益冲突的深层要义。

2. 了解客户与了解产品

《基金投顾规定》强调了经营机构应当履行适当性管理义务，全面了解客户情况，为客户提供资金规划、资产配置等投资规划方案，并根据客户不同的投资目标、投资期限等，为客户匹配不同的基金组合策略的，可以按照服务整体风险程度确定风险等级。经营机构在了解客户投资目标、投资期限、风险承受能力和偏好等情况前，不得展示基金组合策略。经营机构在为客户匹配基金组合策略前，不得展示基金组合策略的历史业绩，对基金组合策略的宣传推介做了进一步规范。值得注意的是，经营机构已对投资者使用管理型基金投资顾问服务履行适当性义务的，基金销售机构在办理该服务下投资者的基金销售业务时，可以直接将该投资者视同相关基金的合适投资者。

3. 适当性匹配与风险揭示

《试点通知》与《基金投顾规定》在“数量适当性”方面均做了明确要求，即基金投资组合策略应当符合下列分散投资要求（见表3－5）。

表3－5　关于基金组合投资策略的指标要求

《试点通知》	《投资咨询管理办法》	《基金投顾规定》
九、试点机构基金投资组合策略应当符合下列分散投资要求： 1. 管理型基金投资顾问服务的单个客户持有单只基金的市值，不得高于客户账户资产净值的20%，货币市场基金、指数基金不受此限 2. 单一基金投资组合策略下所有客户持有单只基金的份额总和不得超过该基金总份额的20%，持有指数基金的份额总和不得超过该基金总额的30%	第19条（三）采用组合投资的方式提供投资建议，且建议投资于单一高风险资产的配置比例不得超过10%	第28条 基金投资顾问机构开展管理型基金投资顾问业务的，应当按照下列要求实施投资管理 （一）单一客户持有单只基金的市值不得高于该客户委托资产市值的20%，货币市场基金、宽基指数及宽基指数增强基金、养老目标基金、基金中基金产品及中国证监会认可的其他品种除外 （二）单一基金投资顾问机构所有管理型基金投资顾问业务客户持有单只基金份额合计不得超过该基金总份额的50%，持有单只货币市场基金、开放式债券基金份额合计不超过该基金总份额的20% 因证券市场波动、基金规模变动等因素导致不符合上述要求的，基金投资顾问机构应当在3个月内或者最近一次开放时采取措施调整，经中国证监会认定的情形除外 对单一基金投资顾问机构的管理型业务客户持有占比较高的基金，基金管理人应当加强监控监测，做好流动性风险管理。持有货币市场基金、开放式债券基金占比达到15%，或者持有其他基金占比达到45%的，应当在2个工作日内告知基金投资顾问机构，基金投资顾问机构应采取必要措施，配合基金管理人做好流动性风险管理

在投资期限与投资目标匹配方面，《试点通知》第 9 条规定，如果经营机构建议客户投资于封闭运作基金、定期开放基金等流通受限基金的应当制定专门的风险管理制度，向客户特别提示风险。向普通投资者建议投资流通受限基金的，应当事先取得客户同意，且确认流通受限基金的投资期限与客户的目标投资期限不存在冲突。在此基础上，《基金投顾规定》第 13 条沿用了以上思路，规定基金组合策略设置一定锁定期，或者包含定期开放基金等流通受限基金的，基金投资顾问机构应当向客户特别提示风险，取得客户同意。锁定期安排应当与客户投资期限、投资目标等情况相匹配，不得长于客户目标投资期限或者违背客户投资目标。同时，《基金投顾规定》第 16 条进一步明确了经营机构的持续管理义务，应当持续关注客户风险承受能力的变化，及时评估投资规划方案的有效性和基金组合策略风险收益特征的稳健性，监测基金投资顾问服务内容与客户投资目标、风险承受能力的匹配程度，对不匹配的情况予以及时处理。

三、场外衍生品业务投资者适当性的关注要点

（一）场外衍生品业务投资者适当性管理的历史发展

1. 业务起步萌芽、适当性管理简单阶段（2012—2016 年）

中国证券行业场外衍生品业务主要包括场外期权、场外收益互换两类。其中，场外期权是指在证券公司柜台开展的期权交易，收益互换是指在证券公司柜台及协会认可的其他场所开展的互换交易，交易中双方根据有效约定在约定日期交换收益金额，交易其中一方或交易双方支付的金额与标的的表现相关。

2012 年 12 月中国证券业协会颁布《证券公司柜台交易业务规范》，用于明确证券公司开展柜台业务的管理规范，文件规定“证券公司柜台交易的产品包括经国家有关部门或其授权机构批准、备案或认可的在集中交易场所之外发行或销售的基础金融产品和金融衍生产品。”证券行业的场外衍生品业务应运而生。不过在投资者适当性方面，该文件虽然要求参与柜台交易的投资者应当是合格投资者，但未对合格投资者标准予以明确定

义。2013 年 3 月中国证券业协会发布《证券公司金融衍生品柜台交易业务规范》及配套场外衍生品交易 SAC 主协议、补充协议范本，对参与场外衍生品业务的投资者适当性做出要求：“证券公司交易对手方应限于机构，包括专业交易对手方和非专业交易对手方”。

2015 年中国资本市场热度空前，上证指数从 3 200 点一路突破 5 000 点高位。市场上涌现一些机构借用融资型收益互换实现其杠杆投机的目的，部分合约结构可达 5 倍杠杆。当年 11 月监管要求严控融资型收益互换，仅允许交易商从事全额保证金的互换。2016 年 10 月中国证监会发布《关于进一步规范证券基金经营机构参与场外衍生品交易的通知》，通知提出证券公司须了解客户参与场外衍生品交易的真实目的，不得为客户提供融资或变相融资、收取明显超过履约保障需要的保证金、依照客户指令使用保证金、为非标资产规避监管行为提供服务或便利等。

2. 业务迅猛发展、适当性管理逐步完善阶段（2017—2021 年）

2017 年 7 月 1 日，《适当性管理办法》及相关配套文件开始正式实施。根据该办法，场外衍生品业务一般被划分为 R5 最高风险等级产品，须专业（机构）投资者或风险承受能力等级为 C5 的普通（机构）投资者可参与。由于融资类收益互换业务被限制，场外期权业务发展迅速。

由于场外期权业务自带杠杆属性，期权结构多样性和复杂性，为保护参与者利益，2018 年 5 月中国证监会发布《关于进一步加强证券公司场外期权业务监管的通知》，通知明确场外期权业务的交易对手方仅限专业机构投资者，且满足（一）法人参与的，最近一年末净资产不低于 5 000 万元人民币、金融资产不低于 2 000 万元人民币，且具有 3 年以上证券、基金、期货、黄金、外汇等相关投资经验；（二）资产管理机构代表产品参与的，最近一年末管理的金融资产规模不低于 5 亿元人民币，且具备 2 年以上金融产品管理经验；（三）产品参与的，应当为合规设立的非结构化产品，规模不低于 5 000 万元人民币，并符合：（1）穿透后的委托人中，单一投资者在产品中权益超过 20% 的，应当符合《适当性管理办法》中专业投资者的基本标准，且最近一年末金融资产不低于 2 000 万元人民币，具有 3 年以上证券、基金、期货、黄金、外汇等相关投资经验；（2）购买场外期权支付的期权费以及缴纳的初始保证金合计不超过产品规模的 30%。该规定条文亦即当前场外衍生品业内“532”法人户准入标准及“525”产品户准入标准。此外，本次通知还对交易对手交易行为持续监测等内容进行了要求。

2020 年 9 月，中国证券业协会发布了《证券公司场外期权业务管理办法》，在投资者适当性管理方面，延续了 2018 年《关于进一步加强证券公司场外期权业务监管的通知》场外期权客户的准入标准，但将商品类场外期权的客户准入标准降低为专业机构投资者。文件还对交易对手负面清单、交易对手资质复核等机制等方面提出了要求。

雪球结构期权在财富管理端大量发行，私募基金、信托产品、银行理财都大量配置雪球结构期权。由于销售端存在宣传“固定收益”“亏损有限、收益稳定”等不当销售行为，未能充分揭示雪球结构期权的风险，导致市场下跌过程中投资者亏损后出现大量投诉，中国证监会机构部发布防范雪球结构产品的通知，其中投资者适当性相关的内容包括证券公司需要建立参与雪球结构期权的交易对手白名单、要求充分揭示风险、宣传推介材料需要经合规部门审核等，证券业协会也发布了雪球结构期权风险揭示书样本。

同期，收益互换业务发展迅速。2021 年 12 月 3 日，中国证券业协会发布《证券公司收益互换业务管理办法》及配套文件，从交易商管理、投资者适当性管理、交易标的及合约管理、保证金管理、风险控制、禁止行为、数据报送及监测监控、自律管理等多个方面对收益互换业务进行规范。投资者适当性方面，本文件对参与收益互换业务的投资者适当性要求为专业机构投资者。若为产品参与收益互换的，应当为合规设立的非结构化产品，穿透后的委托人中，单一投资者在产品中权益超过 20% 的，应当符合《适当性管理办法》规定的专业投资者标准。至此，场外期权及收益互换均迎来了明确的监管规则，针对两类业务的投资者适当性管理也进行了明确要求。

3. 规范发展、投资者适当性管理日趋成熟阶段（2022 年至今）

2022 年全国人大正式颁布《期货和衍生品法》，场外衍生品业务有了明确的法律地位，同时该法就场外衍生品业务单一协议、净额结算等问题进行明确规定，场外衍生品业务与国际接轨，标志着场外衍生品业务步入规范发展的新阶段，其后中国证监会草拟了《衍生品交易监督管理办法（征求意见稿）》《衍生品交易监督管理办法（二次征求意见稿）》并两次公开征求意见，随着场外衍生品业务立法层次提高，法律制度体系逐步完善，场外衍生品投资者的适当性管理体系也会日臻完善，证券公司在经历了市场下跌和投资者亏损等风险事件后，越来越重视场外衍生品业务的风险揭示，投资者选择、投资者适当性管理工作日趋成熟。

（二）现行场外衍生品业务投资者适当性管理的关注要点

1. 事前管理

2022 年 4 月 20 日全国人大发布《期货和衍生品法》并于 8 月 1 日正式实施，法律针对衍生品交易商应履行的投资者适当性义务提出原则性要求："金融机构开展衍生品交易业务，应当依法经过批准或者核准，履行交易者适当性管理义务，并应当遵守国家有关监督管理规定。"目前证券市场场外衍生品投资者适当性管理标准来自中国证券业协会分别于 2020 年 9 月发布的《证券公司场外期权业务管理办法》及 2021 年 12 月 3 日发布的《证券公司收益互换业务管理办法》。两份文件均把投资者适当性管理单独成章，内容覆盖了衍生品交易的事前、事中和事后环节。

事前管理主要指场外衍生品投资者交易前的适当性管理，主要包括宣传推介和客户准入两方面。

（1）宣传推介方面，场外衍生品作为高风险业务仅限满足一定条件的专业机构投资者参与，证券公司不能通过互联网、自媒体等任何方式向公众宣传，或诱导不合格投资者参与场外衍生品交易。同时，证券公司制作的场外衍生品宣传推介材料和拟向客户提供的其他文件、资料，须经公司的统一审查。

（2）客户准入方面，证券公司须对客户的真实身份、交易目的及资金来源进行核查，实务中一般采取现场尽调、要求客户提供资质证明资料、公开信息检索等工作方式。

首先，须核查客户身份资质是否满足监管规定的场外衍生品客户适当性准入标准，根据客户提供的准入材料分类分层比对适当性匹配情况，如表3－6所示。

表3－6　场外衍生品投资者不同主体的准入资质

业务类型	法人、合伙企业	金融产品	金融机构
场外期权（商品）	《适当性管理办法》专业机构投资者	符合要求	符合要求
场外期权（股票股指类等）	最近1年末净资产不低于5 000万元人民币、金融资产不低于2 000万元人民币，且具有3年以上证券、基金、期货、黄金、外汇等相关投资经验	资产管理机构：最近一年末管理的金融资产规模不低于5亿元人民币，且具备2年以上金融产品管理经验 产品：应当为合规设立的非结构化产品，规模不低于5 000万元人民币且符合以下条件 （1）穿透后的委托人中，单一投资者在产品中权益超过20%的，应当符合《适当性管理办法》专业投资者的基本标准，且最近一年末金融资产不低于2 000万元人民币，具有3年以上证券、基金、期货、黄金、外汇等相关投资经验 （2）购买场外期权支付的期权费以及缴纳的初始保证金合计不超过产品规模的30%	最近1年末净资产不低于5 000万元人民币、金融资产不低于2 000万元人民币，且具有3年以上证券、基金、期货、黄金、外汇等相关投资经验
收益互换	《适当性管理办法》规定的专业机构投资者	非结构化产品；穿透后的委托人中，单一投资者在产品中权益超过20%的，应当符合《适当性管理办法》规定的专业投资者标准	符合要求

其次，核查客户真实的交易目的。外规禁止证券公司违规与上市公司

及其关联方、一致行动人开展以本公司股票为标的的场外期权；严禁为配资公司、荐股平台、P2P 平台、违规互联网金融平台等涉嫌非法金融活动或存在潜在利益冲突的主体提供场外期权服务。可以通过签署承诺函、公开信息检索、比对监管黑名单等形式落实。

最后，反洗钱核查方面，对于金融机构等主体，可以了解其反洗钱义务落实情况；对于法人、金融产品等主体可以主体本身、实际控制人或者受益所有人、产品份额中超过 20% 的委托人等进行黑名单筛查等。

2. 事中管理

事中管理，指客户完成准入审核并与证券公司签订场外衍生品标准主、补协议（如 SAC 主协议、补协议）后，客户正式开展衍生品交易过程中的适当性管理。该阶段证券公司主要对投资者履行持续监测的适当性管理义务。证券公司应当加强对交易对手交易行为持续监测分析，对同一主体控制的机构、产品应当集中统一监测监控。发现交易对手涉嫌存在利用场外期权从事规避监管、初始保证金比例超出产品规模 30% 的，以及涉及违法违规行为的，应当立即停止合作并及时向监管部门报告。

3. 事后管理

事后管理，主要涵盖客户定期回访和负面客户管理机制。根据外规，针对已准入的场外衍生品客户，证券公司应当至少每年对投资者的适当性资质复核一次，并通过定期回访、监测评估等方式确保投资者持续符合适当性管理要求。实务中若定期评估发现客户未能符合适当性标准的，可考虑对客户交易采取相应的控制措施，如重新达到适当性标准前不得新开合约，存量合约存续到期不得继续展期等。此外证券公司还须针对场外衍生品业务建立负面客户管理机制，及时记载展业过程中的违反法律法规、违反自律规则、重大违约等负面客户信息。

四、适当性管理在跨境及创新业务品种中的适用与思考

随着近年来中国内地与国际市场互联互通机制的搭建，国内经营机构开始逐渐融入国际资本市场，内地的投资者无须奔赴海外，在内地市场即

可参与境外品种投资。跨境业务的发展一方面有利于扩大我国资本市场的双向开放，拓宽了境内经营机构的收入来源，提升了自身的竞争力和多元化的业务发展；另一方面，跨境品种的丰富为两地发行人和投资者进入对方市场提供了便利，提升了投资者的资产配置能力。但业务高速扩张的同时，两地交易规则及投资者保护的差异所引发的风险也不容忽视。因此，境内经营机构在开展跨境业务的同时应当额外注意双方市场的差异以及不同资本市场投资者适当性管理规则的要点。本节将在不同业务规则的前提下，主要探讨境内经营机构如何落实适当性管理的问题。

以投资标的区分，满足条件的境内个人投资者可参与：（1）港股及其ETF（港股通）；（2）香港理财产品（跨境理财通）；（3）境外上市公司存托凭证（CDR）；（4）投向境外市场的基金产品（QDII）。此外，满足条件的机构投资者还可参与：（5）香港债券市场（债券通）；（6）香港利率互换衍生品市场（互换通）；（7）境外母基金（QDLP \ QDIE）；（8）境外非上市及非公开发行股权债权、私募基金（QDIE）；（9）境外非金融企业直接投资（ODI）。

（一）主要跨境业务投资者适当性管理的关注要点

1. 沪港通

沪港通是上海证券交易所和香港联合交易所有限公司（以下简称“香港联合交易所”）建立技术连接，使内地和香港投资者可以通过当地证券公司或经纪商买卖规定范围内的对方交易所上市的股票。2014 年 4 月 10 日，国务院总理李克强在博鳌亚洲论坛上宣布，将积极创造条件，建立上海与香港股票市场交易互联互通机制，进一步促进中国内地与香港资本市场双向开放和健康发展，此为市场首次提出“沪港通”概念。2014 年 6 月 13 日，中国证监会发布《沪港股票市场交易互联互通机制试点若干规定》，文件对沪港通业务进行规范。紧接着 9 月 30 日，中国证监会发布《内地与香港股票市场交易互联互通机制若干规定》，将跨境范围拓展至沪港通和深港通。2016 年 9 月 30 日上交所、深交所颁布施行《上海交易所沪港通业务实施办法》《深圳交易所深港通业务实施办法》，港股通业务正式进入正轨。

以沪港通业务为例，自 2014 年业务开展以来，上交所共对业务规则进行了 10 次修订。根据现行业务规则，境内个人投资者参与港股通交易须满足：（1）证券账户及资金账户资产合计不低于 50 万元人民币；（2）不存在严重不良诚信记录；（3）不存在法律、行政法规、部门规章、规范性文件和业务规则规定的禁止或者限制参与港股通交易的情形。同时，实施办法还对会员单位的投资者适当性保障措施、投资者教育、委托协议签署、风险揭示与适当性匹配等方面进行了要求。为充分揭示风险，上海证券交易所制定并发布了《股通交易风险揭示书必备条款》并不时更新。

实务中，港股通业务通常被证券公司评定为 R4——中高风险等级业务，即风险承受能力达到 C4 及以上的普通投资者或专业投资者可参与。为了充分向投资者揭示港股通业务的交易风险，证券经营机构一般采取（1）客户现场办理开通业务须对业务办理过程进行“录音录像”；（2）客户须通过港股通知识水平测试；（3）客户须签订公司标准模板的委托协议和风险揭示书，协议内容涉及名词释义、委托结算方案、佣金信息等内容。

2. 跨境理财通

2019 年 2 月中共中央、国务院印发《粤港澳大湾区发展规划纲要》，纲要提到“扩大香港与内地居民和机构进行跨境投资的空间，稳步扩大两地居民投资对方金融产品的渠道。”同年 9 月 10 日《粤港澳大湾区“跨境理财通”业务试点实施细则》正式发布，文件提出：“跨境理财通”业务是指粤港澳大湾区内地和港澳投资者通过区内银行体系建立的闭环式资金管道，跨境投资对方银行销售的合资格投资产品或理财产品。“跨境理财通”分为“北向通”和“南向通”，“北向通”指港澳投资者在粤港澳大湾区内地代销银行开立个人投资账户，通过闭环式资金管道汇入资金购买内地代销银行销售的投资产品；“南向通”指粤港澳大湾区内地投资者在港澳销售银行开立个人投资账户，通过闭环式资金管道汇出资金购买港澳销售银行销售的投资产品。

根据现行实施细则，仅限内地个人投资者可参与南向通业务，且投资者须满足：（1）具有完全民事行为能力；（2）具有粤港澳大湾区内地9市户籍或在粤港澳大湾区内地9市连续缴纳社保或个人所得税满5年；（3）具有2年以上投资经历，且满足最近3个月家庭金融净资产月末余额不低于100万元人民币，或者最近3个月家庭金融资产月末余额不低于200万元人民币。投资标的方面主要是经香港、澳门银行评定[①]为“低风险”至“中风险”及“非复杂”的理财产品，主要包括：基金、债券及人民币、港币和外币存款等。投资额度须满足单个投资者净汇出额度在100万元人民币以内。

根据香港、澳门金管局颁布的实施细则规定，现行开展北向通的港澳个人投资者须满足：香港合资格投资者为持有香港身份证的香港居民（包括永久性和非永久性居民）及经香港银行评估为不属于弱势社群客户；澳门合资格投资者为持有澳门居民身份证，并经澳门银行认定为具备投资能力的澳门居民（包括永久性和非永久性居民）。以上投资者必须以其个人名义作投资，不接受以联名形式或公司客户作投资。投资标的方面包括：（1）内地理财公司（包括银行理财子公司和外方控股的合资理财公司）按照理财业务相关管理办法发行，并经发行人和内地代销银行评定为“一级”至“三级”风险等级的固定收益类、权益类公募理财产品（现金管理类理财产品除外）；（2）经内地公募基金管理人和内地代销银行评定为“R1”至“R3”风险等级的公开募集证券投资基金。投资额度须满足单个投资者净汇入额度在100万元人民币以内。

第一批南下理财通业务主要由试点银行参与。2022年6月香港金管局及中国证监会表示正与中国人民银行和中国证监会讨论将持牌券商纳入跨境理财通计划内在跨境理财通实施细则2.0中，“代销银行”和“合作银行”的表述已更新为“销售机构”和“合作机构”，2024年8月，媒体报道跨境理财通2.0扩容后，已有10家券商入围，正在进行系统测试。

---

① 评定依据包括：投资产品的性质和风险、市场及行业的风险、经济及政治环境、监管限制以及任何可能会直接或间接影响相关投资的风险回报及投资增长前景的因素等。

3. QDII 产品

2007 年 6 月中国证监会发布《合格境内机构投资者境外证券投资管理试行办法》，文件明确：合格境内机构投资者（QDII）是在境内募集资金，运用所募集的部分或者全部资金以资产组合方式进行境外证券投资管理的境内基金管理公司和证券公司等证券经营机构。QDII 主体包括公募基金、证券公司及其他金融机构：（1）基金管理公司须满足：净资产不少于 2 亿元人民币，经营证券投资基金管理业务达 2 年以上，在最近一个季度末资产管理规模不少于 200 亿元人民币或等值外汇资产；（2）证券公司须满足：各项风险控制指标符合规定标准，净资本不低于 8 亿元人民币，净资本与净资产比例不低于 70%，经营集合资产管理计划（以下简称集合计划）业务达 1 年以上，在最近一个季度末资产管理规模不少于 20 亿元人民币或等值外汇资产。2013 年 8 月国家外汇管理局颁布《合格境内机构投资者境外证券投资外汇管理规定》，将合格境内机构投资者（QDII）主体范围扩展到证券类、银行类、信托类、保险类四大类金融机构。

证券类经营机构参与 QDII 业务（证券公司及公募基金）获批额度约占国家外汇管理局批准总额度的 54%①，其中证券公司及其资管子公司共获批 149.1 亿美元，公募基金管理公司获批 684.5 亿美元。该类 QDII 业务的主要募集方式为券商集合资产管理计划或公开发售基金份额，投资者认购相关产品须符合产品的风险等级匹配要求及相关管理规范。常见的公募型 QDII 产品，基于其投资的底层资产类型②、流动性情况、杠杆情况、结构复杂度、投资方向等因素，其产品风险等级普遍分布在 R3 至 R5 范围（表 3－7 为市场示意性分类结果）。QDII 产品按照其载体（公募基金、资管产品、信托产品等）对应的投资者适当性要求和标准履行适当性义务，

---

① 根据国家外汇管理局官网统计，截至 2023 年 4 月 30 日 QDII 投资总审批额度为 1 627.29 亿美元。

② 中国证监会 2007 年“关于实施《合格境内机构投资者境外证券投资管理试行办法》有关问题的通知”对证券类 QDII 产品投资范围作明确规定，包括存款、债券、股票、存托凭证、公募基金、结构化产品、场内衍生品等，禁止投资房地产、贵金属及实物商品等。未允许投资境外对冲基金等私募产品。

产品投资者须相应满足 C3 及以上的风险承受能力或为专业投资者。

表 3－7　　QDII 各类型基金产品的风险等级

QDII 债券型基金	R3
QDII 商品基金	R4
QDII 房地产信托基金	R4
QDII 混合基金	R4
QDII 股票型基金	R4
QDII 跨境股票 ETF 基金	R4
QDII 跨境股票 ETF 联接基金	R4
QDII 分级子基金	R5
QDII 其他基金	R5

此外，境内私募基金管理人暂无法申请 QDII 管理人资格及投资额度，实际私募往往通过投资 QDII 产品或担任 QDII 产品的境内投资顾问的方式间接实现投资境外市场的目的。对于投资此类产品的投资者，须符合私募合格投资者标准①。

4. 存托凭证（中国存托凭证 CDR、全球存托凭证 GDR）

2018 年 3 月 22 日，国务院办公厅转发中国证监会《关于开展创新企业境内发行股票或存托凭证试点的若干意见》，文件首次提出对于满足条件的创新企业试点在境内交易所上市发行股票或存托凭证。同年 6 月 4 日中国证监会发布配套《存托凭证发行与交易管理办法（试行）》，其中对存托凭证定义为：由存托人签发、以境外证券为基础在中国境内发行、代表境外基础证券权益的证券，该办法明确了存托凭证的上市发行与交易规则。同年 10 月 12 日为了进一步规范与伦敦证券交易所的存托凭证互联互通业务，上交所发布《关于上海证券交易所与伦敦证券交易所互联互通存托凭证业务的监管规定（试行）》，文件在“沪伦通”框架下以互联互通

① 根据 2014 年中国证监会《私募投资基金监督管理暂行办法》，合格投资者投资于单只私募基金的金额不低于 100 万元，且符合：（1）净资产不低于 1 000 万元的单位；（2）金融资产不低于 300 万元或者最近三年个人年均收入不低于 50 万元的个人。

的形式首次允许境内机构在境外交易所上市存托凭证。2022 年 2 月 12 日，为了拓宽境外交易所范围纳入瑞士、德国证券交易所，中国证监会对上述沪伦通监管规范进行修订并更名为《境内外证券交易所互联互通存托凭证业务监管规定》，即“中欧通”。2022 年 3 月 25 日，上交所正式发布《上海证券交易所与境外证券交易所互联互通存托凭证上市交易暂行办法》，明确交易所存托凭证及其互联互通业务的交易上市规范。

根据上述《上海证券交易所与境外证券交易所互联互通存托凭证上市交易暂行办法》，中国存托凭证（CDR）是指符合条件的在境外证券交易所上市的境外基础证券发行人在境内交易所公开发行的存托凭证；全球存托凭证（GDR）是指符合条件的在境内上市的公司在境外交易所发行的存托凭证。境内满足条件的投资者可在上交所、深交所参与中国存托凭证（CDR）的买卖，投资者适当性方面须符合下列条件：若为个人投资者须满足（1）申请权限开通前 20 个交易日证券账户及资金账户内的资产日均不低于人民币 50 万元（不包括该投资者通过融资融券交易融入的资金和证券）；（2）参与证券交易 24 个月以上；（3）不存在严重的不良诚信记录；（4）不存在境内法律、本所业务规则等规定的禁止或者限制参与证券交易的情形。若为机构投资者参与中国存托凭证交易，应当符合境内法律及交易所业务规则的规定。

实务中，目前证券公司普遍将“存托凭证”业务定为 R4——中高风险等级业务，普通投资者风险承受能力达 C4 及以上或专业投资者才可参与。此外，证券公司为投资者开通“存托凭证”交易权限时，还需做到：（1）对投资者的资产状况、知识水平、风险承受能力和诚信状况等进行综合评估；（2）重点评估个人投资者是否了解中国存托凭证交易的业务规则与流程，以及是否充分知晓中国存托凭证投资的风险；（3）动态跟踪和持续了解个人投资者交易情况，至少每两年进行一次风险承受能力的后续评估。为满足上述要求，券商通过风险告知书、业务办理全程录音录像、风险测评与适当性匹配、定期回访与评估等形式构建该业务投资者适当性管理机制。

（二）境内投资者跨境业务梳理（见表3－8）

表3－8　跨境业务梳理

跨境业务	参与角色	投资标的	额度限制	开通时间
QDII 合格境内机构投资者	个人机构	境外股票、结构化产品、公募等；禁止私募	单独批准	2007年
QDII2[①] 合格境内个人投资者	个人	境外证券、保险等产品	5万美元/人	未推行
QDLP[②] 合格境内有限合伙人	机构	境外母基金为主	100亿美元	2012年
QDIE 合格境内投资企业	机构	境外非上市股权债权、非公开发行股债、私募	100亿美元	2014年
ODI 对外投资备案	机构	境外非金融企业	一事一议	2014年
港股通	个人机构	港股及港股ETF	420亿元/日	2014年
中国存托凭证	个人机构	伦敦、德国、瑞士等交易所上市企业存托凭证	无	2018年
跨境理财通	个人	香港银行理财产品	100万元/人	2019年
债券通	机构	香港债券	5 000亿元	2021年
互换通	机构	香港利率互换衍生品	200亿元/日	2023年

跨境业务	监管部门	制度依据
QDII 合格境内机构投资者	中国证监会，外管局	合格境内机构投资者境外证券投资管理试行办法
QDII2 合格境内个人投资者	中国证监会，外管局	未推行
QDLP 合格境内有限合伙人	试点地方金融局，外管局	关于本市开展合格境内有限合伙人试点工作的实施办法
QDIE 合格境内投资企业	深圳金融局，外管局	深圳市开展合格境内投资者境外投资试点工作管理办法

① QDII2相关表述最早可见于中国人民银行2013年度工作会议，会议部署2013年主要工作包括“积极做好合格境内个人投资者（QDII2）试点相关准备工作”。

② QDLP的试点城市包括：北京、上海、青岛、海南、重庆、广东、江苏，此处以上海QDLP为例。

续表

跨境业务	监管部门	制度依据
ODI 对外投资备案	国家发展改革委、商务部、外管局	境外投资管理办法、 企业境外投资管理办法
港股通	中国证监会，外管局	沪港股票市场交易互联互通机制 试点若干规定
中国存托凭证	中国证监会，外管局	关于开展创新企业境内发行股票 或存托凭证试点的若干意见
跨境理财通	广州及深圳：中国人民银行、 原银保监局、证监局，外管局	粤港澳大湾区“跨境理财通” 业务试点实施细则
债券通	中国人民银行，外管局	内地与香港债券市场互联互通 合作管理暂行办法
互换通	中国人民银行，外管局	内地与香港利率互换市场互联互通 合作管理暂行办法

第四章

适当性管理存在的问题与完善路径

第一节　当前适当性管理体系存在的问题

一、宏观层面问题

从本书前几章的梳理来看，当前证券市场的适当性制度规则既有覆盖常规类产品和服务的普适性规定，又有针对特定市场的差异化要求，适当性管理体系正在日趋完善。但由于市场发展的特殊阶段以及市场创新和监管的特点，与适当性管理相关的监管处罚、客户投诉、司法诉讼数量逐年递增，反映出适当性管理水平仍存在较大提升空间。总体而言，目前我国投资者适当性管理体系尚存在以下问题。

（一）适当性义务规则政出多门、概念混乱、标准不一现象明显

1. 分业监管模式带来适当性义务规则差异

长期以来，我国的金融监管采用的是以机构监管为基础的分业监管模式。在分业监管的大背景下，银行、证券、保险等金融机构的适当性义务规则体系均发源于各自监管体系下的部门规章与自律规范，不同监管部门出台的适当性义务规则存在明显差异。随着不同金融机构开始从事资产管理业务，产品与服务进一步交叉融合，混业经营变得日益普遍。适当性义务制度已经明显超越了分业监管的格局限制，此时固守分业监管模式下的众多低位阶规范逐渐失去了其合理性。因此，分属不同行业的金融产品因监管差异，可能会存在套利空间，对于跨行业或跨市场的金融产品，也很可能会使某一行业相应的监管要求失效。虽然《资管新规》的出台在一定程度上统一了同类资产管理产品监管标准，但监管真空与监管重叠这一问题依然存在。比如，中行原油宝产品，虽然被归为中行的理财产品，但就其业务属性，属于挂钩特定资产的衍生金融产品，从业务实质大于形式来看，理应属于期货和衍生品业务。按照《银行业金融机构衍生产品交易业

务管理办法》规定，个人投资者可以参与银行衍生产品交易业务。按照证监体系要求，非本金保障型收益凭证，参照场外期权业务做好投资者适当性管理，投资者适当性标准比较高，且不得向个人投资者销售。另外，原油宝与芝加哥商品交易所 WTI 原油期货挂钩，该原油期货合约每张最低交易单位为 1 000 桶原油，且主要面向机构投资者。而中行的原油宝产品是通过分拆标准期货合约将交易起点降低为 1 桶。从适当性角度来看，虽然不违反银保监会监管规定，却与证监体系的监管规则差距较大。

2. 不同的法规对适当性义务的相关概念、适用范围和基础要素都存在明显差异

首先，当前市场存在将合格投资者制度与适当性义务混淆适用的情形。我国适当性规则在构建之初较多围绕合格投资者制度展开，如创业板业务、融资融券业务、私募基金业务，通过设置一定的资产、投资经验等门槛要求，实现投资者类别的区分。因此，有不少观点将合格投资者制度直接视为适当性制度。事实上，两者的监管逻辑与现实目的完全不同①。合格投资者制度侧重于事前监管，是一种刚性的监管措施，本身仅面向那些被证明足以自我保护的投资者提供服务。而适当性制度侧重于过程监管，是一种柔性的监管措施，更多的是提示投资者自身的状况与潜在的风险，提供专业的投资建议，最终的决策由投资者自行作出。

其次，在适用范围方面，不同的监管规则受限于出台背景与特定的监管权限，未能实现范围上的统一。《证券公司监督管理条例》第 29 条在规定证券公司的适当性义务时，仅明确适用于证券资产管理业务、融资融券业务以及销售证券类金融产品业务。《资管新规》虽然统一了银行、信托、证券、基金、期货、保险等多类资产管理产品的适用依据与投资规范，但具有相似管理逻辑的私募证券投资基金优先适用私募投资基金专门法律、行政法规，仅在部分要求上参照适用《资管新规》。直至 2024 年 8 月 1 日《私募证券投资基金运作指引》正式实施，相关规则才进一步向《资管新

① 中国证券投资基金业协会：《欧美投资者适当性制度发展及借鉴》，载《声音》2016 年第 4 期。

规》靠拢。《证券经纪业务管理办法》全面规范了证券公司开展经纪业务的主要环节，也明确了投资者的配合义务，但仅提及了办法在经纪业务方面的作用与意义，对于其他类别的业务效力有限。当然，本书并不认为适当性义务在各个行业与各个业务板块应当设置相同的规范与标准，不同类别的产品或服务理应通过差异化的管理措施凸显其特征。但是，对于有着相似特征或管理逻辑的产品或服务可以通过统一其监管规定实现立法统一的目标，减少投资者的认知成本。

（二）适当性义务不断向“卖者全责”理念挤压的现实困境

适当性的发展进程从总体指导原则看，经历了从民法“买者自负”到金融法上“卖者尽责”的逐渐演变。在适当性义务引入我国之前，民商事关系遵循“契约自由”的基本原则，“买者自负”作为上述原则在金融领域的延伸，长期成为处理金融交易纠纷的基本原则。[①] 双方作为资本市场理性经济人享有私法意义上完全的意思自治，独立自主进行判断和交易，并为自身交易行为负责。但随着金融市场的发展，实践中出现诸多投资者权益受损的情况，主要原因为金融机构滥用市场支配地位和信息优势，在此情况下，为保护投资者合法权益，遏制金融机构滥用市场优势地位、信息优势导致投资者权益受损的情况，金融监管部门出台相应法律规范，对金融机构课以适当性义务，重新调整双方权利义务关系，以改善双方失衡局面，赋予特殊市场主体以优先保护地位，保障投资者知情权、自主选择权、公平交易权等权益。司法裁判出于保护投资者尤其是中小投资者权益的考虑，也倾向于作出有利于投资者的裁判。但从实践来看，对经营机构过度强调“卖者尽责”，甚至有向“卖者全责”演化的趋势，容易导致矫枉过正。即使金融机构按照监管要求严格履行适当性义务，只要投资者发生亏损，投资者（尤其是个人投资者为甚）依然会频繁进行投诉、信访和诉讼，造成很大的公共资源浪费和经营机构工作压力。而且相对于司法诉讼，鉴于金融机构持牌经营，属于国家特殊监管行业，投资者更倾向于选

① 刘青哲：《论金融产品卖方机构适当性义务及责任承担》，载《北方金融》2020 年第 12 期。

择向监管部门、自律组织进行投诉、信访，以造成金融机构的监管压力，促使事件向有利于投资者的方向解决。而出于“息事宁人”的目的，金融机构也普遍倾向于与投资者进行和解。

上述情况，一方面，“卖者全责”与“买者自负”的基本理念背道而驰，长此以往，投资者将更加依赖金融机构，进而丧失独立思考、理性分析、自主决策的能力，最终希望达到“刚性兑付”的目的，这与国家打破刚兑的基本要求和资本市场发展规律相背离。另一方面，过度苛以适当性义务可能会促使适当性管理向家长式管理演进，金融机构只能通过设置更为烦琐的流程和更为冗长的条款以最大限度上减轻自身压力。同时，家长式管理由金融机构代投资者进行相应选择和判断，会束缚投资者自主选择权，也会弱化投资者风险素质和金融素养。①“卖者全责”理念传达到资本市场，将造成整个资本市场丧失活力，资本市场的倒退。客观上说，在金融消费风险与收益对等、金融市场瞬息万变的情景下，要求金融机构承担适当性义务，并以金融消费者是否受到损失作为评判金融机构是否履行了适当性义务（采取结果主义标准），实际上会抑制金融机构供给金融产品（特别是高收益产品）的意愿，从而减少金融消费者获益的可能，导致社会福利受到损害。②

卖者尽责是对买者自负的制约，而非全盘否定，因此，在已经履行适当性义务的情况下，过度强调“卖者尽责”，对金融机构施以严苛的适当性义务并不利于资本市场的长期健康发展。当然，这样也并不意味着要由“卖者尽责”向“买者自负”回归，走历史的倒班车。“卖者尽责”与“买者自负”的理念同样重要，两者是一个有机整体，需要全面和准确理解。在金融监管和实践中坚持双重理念并重的理念，有效平衡金融交易双方的利益，针对金融交易的内在特点，分配双方的权利（收益）和义务（风险），方能指导资本市场的长期健康发展。

---

① 参见刘乃梁、韩玥：《金融机构适当性义务：发展源流与进路澄清》，载《金融与经济》2022年第11期。

② 参见应飞虎：《消费者立法中的信息工具》，载《现代法学》2019年第2期。

（三）市场各方主体显现出重视规则、忽视原则的倾向

在当前的监管环境下，存在着一种重视各类规则、忽视一般原则的现象。监管机构将大量的时间与精力投入在适当性管理的流程、标准、操作指引等细节性内容，试图穷尽展业过程中的各类“允许”或“禁止”事项。不可否认的是，规则监管的优势在于“确定性”与“可预期性”①，经营机构无须过多进行内部的价值判断，从规则的解读者转变为执行者，按照监管机构预先设定好的“边界”，简单进行参照适用。但是我们身处一个急剧变化的时代，产品的创新、业务模式的更迭以及政策环境的变化都需要监管规则在创设时能够与时俱进，并且具有一定的前瞻性。监管机构在“发现问题—研讨问题—修订规范”的过程中不断循环往复，但有时却摆脱不了作为一个“追赶者”的角色。新的规则刚刚推出，市场的形势却又发生新的变化。而对经营机构而言，需要不断地在极其庞杂的监管规则体系中学习、研讨，然后对内部的制度、系统、流程进行修订。当众多的规则体系出现重复规定或矛盾适用的时候，简单依据“从严管理”或重复执行不同标准的规范，缺乏对规则修订背后原因的判断，通过烦琐的业务流程与身份信息的重复识别，最终由投资者承担规则频繁修订的代价。

为了能够适应层出不穷的业务变化以及规则监管的束缚，市场亟须从众多的业务规则中提炼出背后的原则，以此保障规则适用的灵活性与市场的创新性。原则监管的优势一方面在于避免经营机构机械地执行法条，忽视规则背后所希望达到的效果。另一方面，当规则出现矛盾或不再适用于当前的监管环境下，能够及时填补规则的空缺，指引经营机构维护市场秩序的稳定，避免损害投资者的合法权益。当然，此处所指的原则不仅包括《证券法》中提及的“公开、公平、公正”这类宏观性原则，以及众多法规中提及的投资者利益优先或公平对待投资者等抽象性原则，更重要的是在众多规则出现适用冲突时具有方向性和指引意义的原则。当然，我们并

① 郑彧：《新证券法下“投资者适当性义务”的实现路径——从“规则监管”到“原则监管”的转变》，载《证券法律与监管》2021 年 3 月。

不否认近些年监管机构在部门规章以及自律规则方面所做的努力与达成的效果，构建起了我国适当性制度体系的整体框架。因此，当规则监管与原则监管相融合时可以使市场利益最大化，既能保证监管对象“有规可循”，又能保证规则在适用中“不唯书、不唯上、只为实”。

（四）司法裁判与行政监管标准尚待统一

随着打破刚兑大环境的改变和投资者权利意识的觉醒，司法诉讼作为解决适当性纠纷的重要手段正在不断得到重视且司法裁判对金融机构的要求正在不断趋于严格，但司法裁判与行政监管就适当性具体标准并不完全一致。例如，证券公司对投资者风险承受能力评估主要以《风险承受能力测评问卷》的方式开展，问卷内容及评分标准大多参照中证协《证券适当性管理指引》及《实施指引（征求意见稿）》提供的参考模板制定。现行评估标准基于风险测评问卷的最终分值确定投资者风险承受能力等级，并以此作为适当性匹配的基础，在销售和匹配过程中不再单独关注问卷中体现投资者的风险偏好、可承受损失、投资目标等某一问题的具体答案。在实践中，可能会出现投资者的风险承受能力与产品或服务的风险等级相匹配，但与测评问卷中反映出的投资者风险偏好相矛盾的情况。此类情况不直接违反适当性监管法规，但在近年司法裁判中倾向于金融机构需承担相应责任。在“建行—王某财产损害赔偿纠纷案（2018）京 0108 民初 21776 号”的司法判例中。首先，在该案中，法院否定了监管层面的金融产品风险评级规则关于金融产品风险等级划分主体的规定，认为基金募集机构自身对金融产品风险的评级缺乏客观性；其次，在对金融产品风险等级进行司法认定时，法院并非采取监管规范中的综合认定方法，根据各项因素的分值和权重，对金融产品的风险等级进行认定，而是直接以招募说明书中“较高风险”的表述，将金融产品风险等级定性为原中国银监会颁发的《商业银行个人理财业务风险管理指引》第 23 条规定的“市场风险较大的投资产品”。再次，法院认为风险承受能力和投资意愿是两个不同的问题，投资者的“投资意愿”代表了投资者愿意投资何种风险程度的产品或愿意接受何种风险程度的服务。从风险测评问卷来看，法院认为投资者的“投资意愿”是由其风险偏好所决定的。法院认为涉诉基金的招募说明书中载明“不保证基金一定盈利”“不保证最低收益”、该基金为“较高风险”品种，该基金的上述特点与王某在风险评估问卷中表明的投资目的、投资态度等风险偏好明显不符（王某填写的《个人客户风险评估问卷》中，“以下哪项最能说明您的投资经验”项下王某的选项为“大部分投资于存款、国债等，较少投资于股票基金等风险产品”；“以下哪项最符合您的投资态度”项下王某的选项为“保守投资，不希望本金损失，愿意承担一定幅度的收益波动”；“您的投资目的”项下王某的选项为“资产稳健增长”；“您的投资出现何种程度的波动时，您会呈现明显的焦虑”项下王某的选项为“本金 10% 以内的损失”）。法院认为，证券基金经营机构应当从风险承受能力与投资意愿（及风险偏好）两重维度去把握投资者的风险承受能力，按照“实质大于形式”原则，判断投资者风险承受能力情况。综合以上情形，法院认定金融机构向王某推荐的产品应属于不适宜王某购买的理财产品，法院裁定金融机构未全面履行适当性义务，需承担相应民事赔偿责任。通过上述对比，可以看出目前司法审判中对于金融产品风险等级和投资者风险承受能力的认定，采取的是与行政监管层面截然不同的做法。

另外，如前文所述，基于金融机构属于特殊监管行业，在产生相应纠纷时，投资者往往先向监管部门投诉，监管部门会适时开展监管检查。行业实践中对于监管部门检查未发现违反相应监管法律法规的违规情形，但在司法裁判中，法院未采纳监管部门意见、与监管部门意见矛盾的情况也时有发生。如在“王某案”中，北京市银监局认为建行恩济支行将“中风险”的金融产品匹配给“稳健型”的投资者，并未违反适当匹配的要求。而法院并未参照北京市银监局的调查结果，而是穿透式地直接对投资者的风险承受能力以及金融产品的风险等级进行认定。司法裁判与行政监管标准的差异性在很大程度上会影响金融行业行为规范。一个阶段的金融审判数据可以成为某区域、某方面识别风险的“晴雨表”。上述司法案例因与行业实践和监管要求不一致，经舆论发酵后，引发了金融行业的大讨论。建议司法机关充分考虑金融行业监管要求，依法审慎作出裁判。

二、实操层面问题

（一）适当性行政处罚类问题分析

除了上述制度体系与理念方面的总体性问题以外，适当性义务还有很多实操层面的具体问题，比如经营机构可能存在对规则理解不到位、执行标准有偏差等。尤其对于本书的定位来讲，实操层面反映出的问题更具讨论与研究意义。通过对近十年（2013 年至 2023 年）证监体系的公开信息统计，与投资者适当性管理相关的监管处罚案例数量共计 784 例。早期个别监管案例存在“重结果”“轻说理”的现象，对案例的描述仅概括为适当性管理方面存在问题，无法确认其分类归属，故有 17 例未纳入此次分析。另外，部分案例就同一问题分别对经营机构及相关责任人员出具监管处罚，整合之后的案例共计 767 例，作为此次分析的基础。

1. 行政监管时间

以行政监管时间为维度，在本书检索的 767 个案例中，分布情况为：2017 年及以前 60 例，2018 年 69 例，2019 年 89 例，2020 年 117 例，2021 年 146 例，2022 年 78 例，2023 年 208 例（见图 4－1）。从时间分布来看，自 2017 年开始，投资者适当性行政监管案例整体呈递增趋势，到 2023 年达到峰值。2017 年以前，监管案例主要集中在了解客户方面；从 2018 年开始，监管机构对适当性管理各个环节的重视程度均在提升。

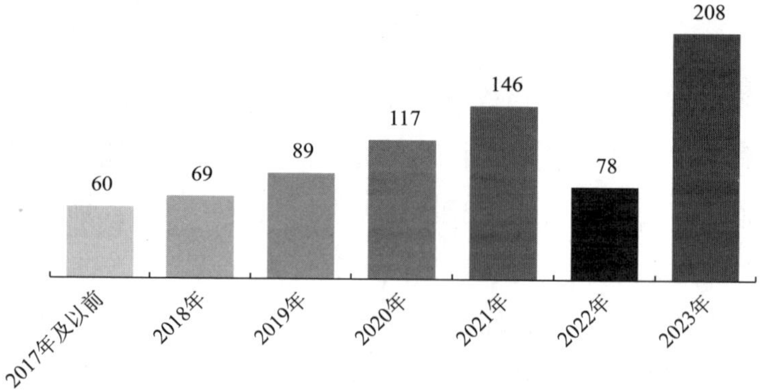

图 4－1　时间监管维度

2. 行政监管对象

以行政监管对象为维度，监管机构重点关注的机构类型包括私募投资基金、证券公司、期货公司、投资咨询公司、基金销售公司、商业银行、其他经营机构以及个人参与者。其中，最受关注的是私募投资基金，共计486例，占比63%；接下来依次是证券公司89例，期货公司24例，投资咨询公司94例，基金销售公司29例，银行34例，其他经营机构及个人11例，占比分别是12%、3%、12%、4%、4%、2%（见图4－2）。

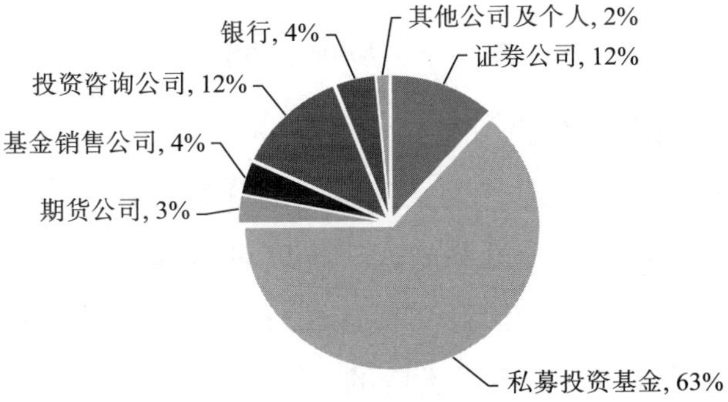

图4－2　行政监管对象

3. 违规业务类别

以业务类别为维度，在本书检索的案例中，主要包括金融产品销售、投资咨询、证券经纪以及其他业务类别（见图4－3）。首先，银行、证券、基金、保险、信托等持牌金融机构均涉及资产管理业务，同时又可以自销或代销其他金融机构的产品，因此与银行理财、私募基金、私募资管、公募基金等产品销售相关的监管案例占比最高（共计542例）。其次，证券公司与投资咨询公司均持有投资咨询业务牌照，与其相关的案例共计99例，排名次之。接下来，证券经纪业务包含了证券账户开立、融资融券业务、衍生品业务以及各类权限开通，共计69例。最后，其他业务包含了期货、银行、场外衍生品等相关业务，与其相关的案例共计56例。

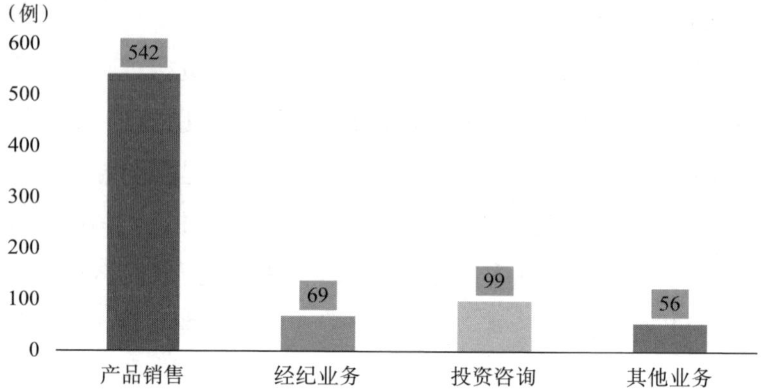

图 4－3　违规业务类型

4. 适当性义务要素分类

按照前述对适当性管理“四义务说”的分类，分别从了解客户、了解产品、适当性匹配以及保障性措施四个维度对案例进行划分。考虑到部分监管案例在同一函件中可能涉及多项违规行为，故各项指标加总后的比例大于 100%。在了解客户方面，涵盖的案例类型包含未能全面了解投资者信息、未对投资者进行评级、未实质审查评估投资者信息、投资者信息与实际情况不符或前后矛盾以及不符合准入要求 5 类事项。在了解产品方面，涵盖未进行产品评级、产品评级方法不审慎、未告知产品评级方法 3 类事项。在适当性匹配方面，涵盖不适当推介、未进行适当性匹配、不适当销售（区别于推介）、对主动购买高于其风险等级的投资者未特别风险警示以及持续管理 5 类事项。在保障性措施方面，涵盖未进行风险揭示或风险揭示不到位、员工执业行为、营销宣传、客户回访、档案管理、制度建设、录音录像、适当性自查等 8 类事项。具体数据分别为：458 起案例涉及了解客户，147 起案例涉及了解产品，161 起案例涉及适当性匹配，607 起案例涉及保障性措施（见图 4－4）。从图 4－4 的分布能清晰看出，了解客户与保障性措施是适当性管理首尾两个核心的环节，案例的占比最为凸显。

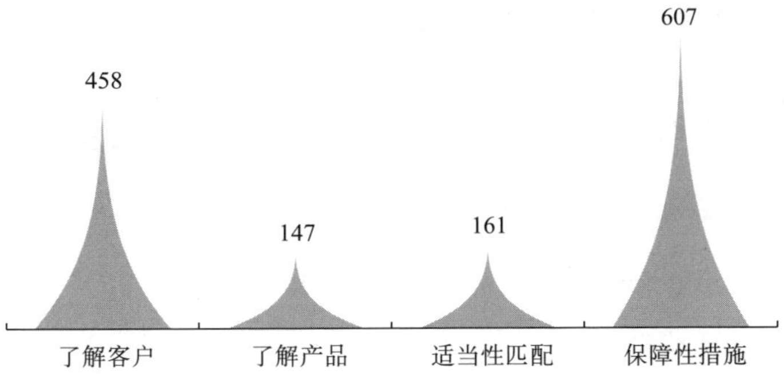

图4－4　违规要素环节

具体来看，在了解客户方面，经营机构未对投资者进行评级和允许不符合准入要求的投资者参与业务或购买产品是监管处罚的重灾区，分别占比41%、25%（见图4－5）。值得注意的是，早些年的监管案例更多关注经营机构落实适当性义务的外观，集中于是否对客户进行评级、是否全面了解客户的信息、是否符合准入要求等事项。而近些年监管机构除关注形式审查外，同时关注经营机构是否通过规定动作实质性履行了适当性义务，如是否对投资者进行实质审查评估、投资者的信息与实际情况是否一致等方面。

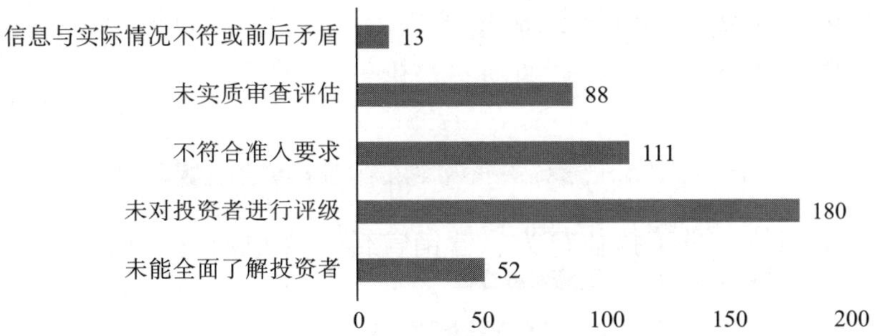

图4－5　了解客户

在了解产品方面，经营机构未对产品进行评级共有119例，占比89%（见图4－6）。从2018年开始，监管机构开始关注经营机构对产品评级方法的合理性，是否制定科学合理的评级流程，是否综合考虑产品的流动性、到期时限、杠杆情况、投资范围等一般因素，以及特别考虑本金损失可能性、流动变现能力等高风险因素。

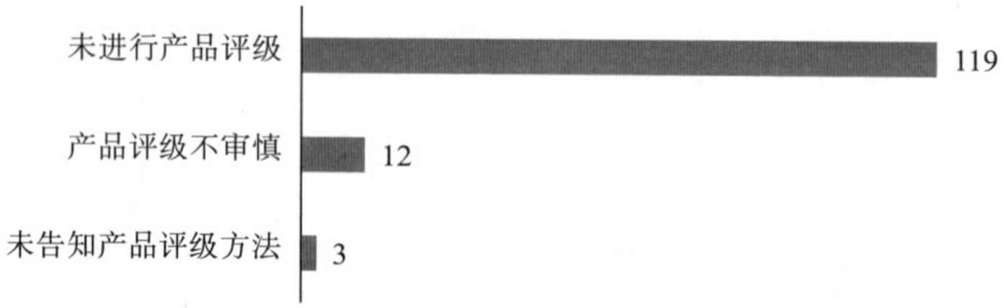

图4－6　了解产品

在适当性匹配方面，与不适当推介相关的案例主要体现在未充分了解投资者的风险偏好与产品等级或明知投资者风险等级与产品等级不匹配仍然进行推介，共计47例（见图4－7）。数量与之相近的是未进行适当性匹配44例，反映了经营机构没有从基础环节重视适当性管理的落实。不适当销售的案例区别于不适当推介，主要关注2018年资管新规出台之后，私募资管产品的等级应当与投资者的风险等级施行“强匹配”，与之对应的19起案例均是对产品销售领域的处罚。同时，在“弱匹配”的业务场景下，投资者拟参与高于其风险等级的产品或服务时，经营机构应当对其进行特别的风险警示，因疏于履行特别警示义务的案例共计8起。最后，经营机构因未建立持续管理机制的案例共计14起，反映了经营机构未有效关注投资者信息与产品信息的动态变化。

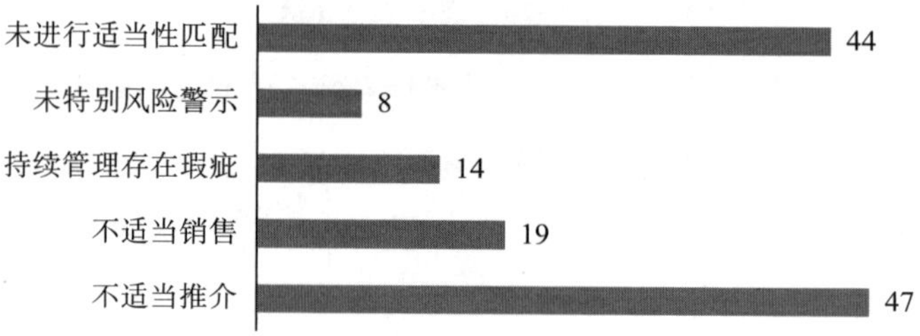

图4－7　适当性匹配

保障性措施是落实“将合适的产品销售给合适的投资者”的核心环节，对该环节的重视程度直接影响适当性义务的有效性。在本书检索的案例中分别包括风险揭示、营销宣传、执业行为、客户回访、档案管理、制度建设、录音录像、适当性自查8个方面（见图4-8）。首先，与员工执业行为相关的案例最为集中，共计195例，占保障性措施环节的1/3。自2013年以来，员工执业行为一直是监管机构关注的重点问题，因展业过程具有一定的不确定性与隐蔽性。其次，与营销宣传相关的案例共计147例，主要是经营机构对投资者进行虚假、夸大、不切实际的宣传。最后，排名次之的依次是档案管理、风险揭示不到位、客户回访、制度建设、录音录像以及适当性自查。

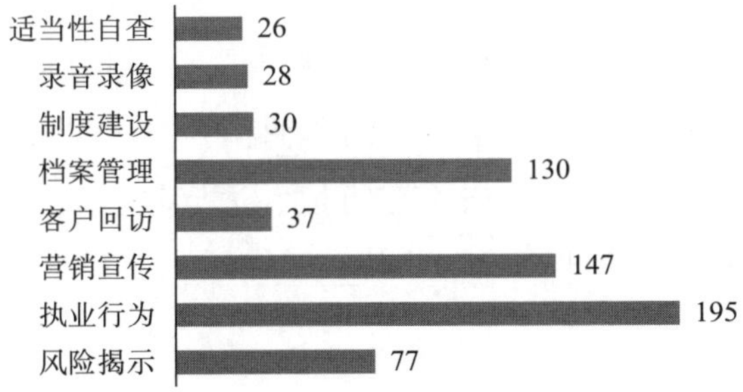

图4-8 保障性措施

（二）行政处罚类问题的共性特征

1. 适当性制度执行效果不佳，形式化特征明显

从适当性监管处罚的整体分布来看，适当性制度的执行效果未达预期，部分经营机构尚未建立适当性管理机制，未履行必要的投资者分类、产品评级、适当性匹配等基础工作。部分已建立适当性制度体系的经营机构，仅基于监管法律法规要求履行最低限度的适当性义务，机械地执行监管部门的指令和要求，其目的限于免责，形式化特征明显。长期以来，我国金融监管法治建设的理念在整体上偏重于形式法治的价值取向。形式法治与实质法治是两种有所联系但又存在重要差别的法治观念，各有其相应的规则体系。从监管案例的大类来看，可以将其分为形式问题与实质问题两大类。对于形式问题，主要是考察经营机构在落实适当性义务的外观上是否与监管要求及自律规则一致，具体体现在信息采集是否完整、产品等级是否评估、投资者是否书面确认风险揭示书的内容等要件。而对于实质

问题，更多的是进一步核实投资者信息与客观实际是否一致、是否具有真实的意思表示、投资目标与产品或服务是否一致。其中，以了解客户为例，经营机构存在的形式问题共计343例，主要涵盖了经营机构是否对客户进行评级（180例）、是否全面了解客户的信息（52例）、是否符合特定的准入要求（111例）等事项；实质问题共计101例，主要关注经营机构是否通过规定动作实质性地履行了适当性义务，如是否对投资者的客观信息进行实质审查评估（88例）、投资者的信息与实际情况是否一致（13例）等方面。从图4－9可以发现，早些年的监管案例主要关注经营机构落实适当性义务的外观。从2018年开始，监管机构除关注形式要件外，越发重视经营机构适当性管理落实的有效性。除了了解客户方面的问题以外，实践中还存在产品评级方法不够审慎、适当性匹配未考虑投资者的综合目标以及风险揭示针对性不强等问题。

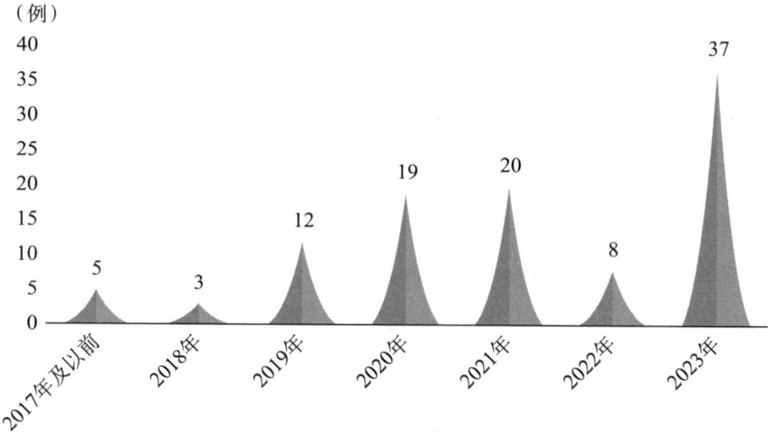

图4－9　实质性审查客户信息监管时间维度

2. 经营机构尚未建立科学合理的持续管理机制

《适当性管理办法》要求经营机构应当根据投资者和产品或者服务的信息变化情况，主动调整投资者分类、产品或者服务分级以及适当性匹配意见，并告知投资者上述情况。《经纪业务管理办法》在此基础上进一步完善，要求证券公司应当持续关注投资者基本信息，跟踪了解投资者相关账户的使用情况，履行账户使用实名制、适当性管理、资金监控、异常交易管理等职责，建立监测、核查机制，核实投资者账户使用是否实名、适当性是否匹配、资金划转与交易行为是否正常。由此可见，适当性管理体系的搭建不是一项一劳永逸的工作，而是一个动态、持续的过程。通过对监管案例的汇总，与持续管理直接相关的案例虽然仅有 14 例，但主要发生在 2018 年以后，反映了监管机构开始愈发重视经营机构的持续管理义务，关注投资者在信息发生变化后是否与已参与的业务持续匹配。除了监管案例反映的问题之外，证券业协会在 2019 年对 103 家证券公司的风险测评情况进行了调研，数据显示（见图 4－10），参与调研的仅有 18 家证券公司的投资者风险测评过期数量占其投资者总数比例在 10% 以下，约一半公司的投资者风险测评过期数量占比在 50% 以上。风险测评过期的主要原因在于投资者缺乏主动更新的意愿，同时经营机构尚未建立持续管理机制。另外，上交所在 2023 年第 1 期《会员管理动态》中也同样指出，个别经营机构存在风险承受能力持续评估存在缺陷，对于重新测评后风险承受能力不匹配的投资者，未能采取提醒客户确认等有效的留痕措施。

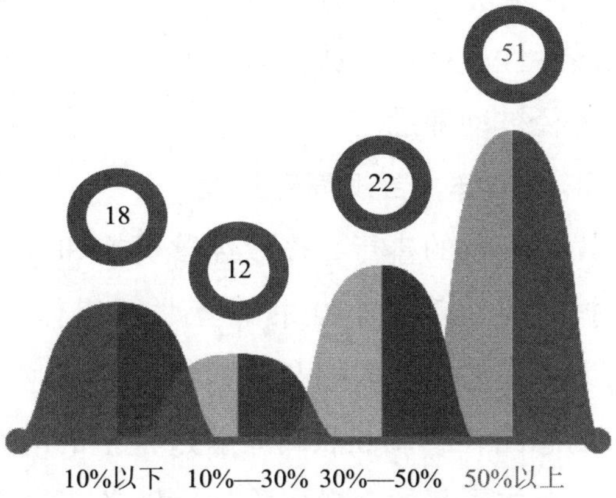

图4－10　风险测评过期占比区间公司数量分布

资料来源：证券业协会《2019 年度证券公司投资者服务与保护情况调研》。

3. 员工合规意识淡薄，执业行为不规范

金融从业人员是经营机构与投资者业务交互的重要纽带，其执业行为的规范性直接影响投资者的切身利益。证券市场发展初期，监管机构为维

护市场的公平秩序，保障投资者的合法权益，针对不同的违规行为，分别制定了相应的法律法规。整体来看，法律法规约束的禁止事项较为分散，包括不得代理买卖或承销法律规定不得买卖或承销的证券；不得违规向客户提供资金或有价证券；不得侵占挪用客户资产或擅自变更委托投资范围；不得在经纪业务中接受客户的全权委托；不得编造、传播虚假信息或者误导投资者的信息以及不得违规向客户作出投资不受损失或保证最低收益的承诺等事项。虽然员工执业行为约束的事项并非均与适当性管理相关，但在特定的领域方面如虚假宣传与违规承诺收益方面，两者关注的要点与实现目的一致，均是保护投资者的合法权益不受侵害。从监管案例的分布来看，与员工执业行为相关的事项包括不适当推介、执业行为不规范、营销宣传具有误导性等问题。尤其在执业行为与营销宣传方面，相关的监管案例共计 342 例，占保障性措施环节的比例超过一半，一方面反映了员工执业行为本身管控难度的确较大，从业人员在利益的驱使下往往抱有侥幸心理，通过对过往业绩和服务能力进行虚假、不实、误导性的营销宣传，诱导投资者购买服务；另一方面也反映了经营机构在员工执业行为监督管控方面存在滞后性，往往无法有效监测员工的违规行为，大多通过客户投诉、举报等途径被动知悉。

4. 新媒体展业形态多样，合规隐患频发

随着各类社交媒体平台的盛行，多数经营机构和从业人员开始把微信公众号、视频号、抖音、快手、小红书等互联网媒体作为主要的展业工具。个别经营机构为了谋求短期内的开户数量和经营业绩，简单根据“别人能做我也能做”的思路，忽视互联网展业过程中的潜在风险，甚至主动降低合规审核标准，形成了新的金融风险传播链条，进而侵害投资者合法权益。从监管案例的分布来看，借助互联网违规展业的领域主要集中在开户引流、产品销售和证券投资咨询业务，与其相关的监管案例共计 60 例。在开户引流方面，经营机构自身的“私域流量”资源有限，越来越多地开始寻求与互联网“大 V”或主流“公域流量”平台开展合作。经营机构在与互联网“大 V”合作中，主要依赖其在特定领域的影响力，借助其投放的开户链接，诱导投资者点击开户链接的方式进行开户操作。引流开户本身是一种客户招揽行为，属于证券经纪业务的一个环节，互联网“大V”不属于专职从事证券经纪业务的证券经纪人，因此经营机构存在违规委托其他个人进行客户招揽、客户服务、产品销售活动的行为。经营机构在与第三方平台合作当中，当前允许的主流合作形式是经营机构租用第三方网络平台开展证券业务活动，即证券公司将承载证券服务功能的网络页面以“浮动窗口”等方式链接至第三方网络平台，后台系统部署在证券公司端。但在实际合作中，经营机构存在未能有效遵循业务独立、技术安全、数据保密的原则。个别经营机构借助合作中的业务场景，忽视或放任第三方平台变相介入投资者招揽、投资者适当性管理、接收交易指令等证券业务活动的环节。在产品销售方面，经营机构未充分认识到互联网展业本身具有的风险扩散和隐蔽的特点，把具有私募性质的产品向不特定投资者进行公开宣传。同时，在未充分了解投资者的前提下即向不特定群体进行不适当推介。在证券投资咨询业务方面，当前互联网平台直播已成为主流展业形式，部分经营机构对于新的业务形式未能充分进行评估，缺少对投顾人员日常管理、信息发布、观点表述、服务签约、风险揭示等环节的约束，导致不适当推介以及虚假宣传问题频发。

第二节 完善适当性义务的具体路径

一、着力提升执行效果，防止适当性义务流于形式

适当性义务的两种执行理念体现了市场在商事效率和交易公平、形式正义与实质正义的冲突与选择，其各有利弊。就形式标准而言，经营机构将现行的监管规则进行提炼，形成一套标准化的工作流程，提升了服务客户的效率。司法机关在审理相关纠纷时，可以通过形式外观快速审查经营

机构适当性义务的履行效果。但过度地重视形式内容，忽视了投资者千人千面的特点，容易让适当性义务的履行流于形式。同时，这也与《九民纪要》第 76 条的内容并不相符。对于告知说明义务的履行应当综合理性人能够理解的客观标准和金融消费者能够理解的主观标准来确定。在实质标准方面，经营机构如能充分考虑每个投资者的实际情况、投资目标及后续信息的变化进而提供更加精准的服务，能够从源头上保护投资者的合法权益，减少欺诈、违规承诺带来的纠纷。而且，经营机构适当性义务履行的实质标准是通过“实质重于形式”的裁判路径矫正信息不对称的现状，契合倾斜保护投资者的诉求。然而，这种标准也存在一定弊端，对经营机构提出了更高的要求，加重了与投资者的沟通成本，可能不利于促进市场的效率。

针对经营机构在实践中应当坚持形式标准还是实质标准，司法裁判中的审查标准为我们提供了另一种解决思路。在适当性管理相关规则出台前，法院在司法裁判中大多尊重双方的意思自治，“买者自负”的理念占据主导。在 2017 年以后，投资者屡遭侵权的案件受到市场关注，司法裁判的立场也随之发生了改变。同时，近些年司法政策持续强调要透过现象看本质，关注案件背后的真意。正如《九民纪要》在“引言”中也明确要求“通过穿透式审判思维，查明当事人的真实意思，探求真实法律关系”。通过对近些年司法裁判案例的参考①（最后检索时间更新至 2022 年 7 月 31 日），实践中呈现了三种不同的审查标准（见表 4－1）。从历史的裁判结果来看，虽然形式标准的审查占据主导，但实质标准与综合标准在近些年开始被重视，案件的比重在进一步上升。

表 4－1　　司法裁判对适当性义务的裁判标准

履行标准	形式标准	实质标准	综合标准
案件数（件）	521	125	187
占比（%）	62.47	14.99	22.42

① 李游：《金融机构适当性义务的履行判断和责任承担——基于 834 份裁判文书的分析》，载《政治与法律》2022 年第 11 期。

就综合标准而言，其本质是将形式标准与实质标准进行有机结合，首先关注经营机构履行适当性义务过程中的标准化问题，在触发一定条件后，转而关注影响投资者作出决策的关键因素。申言之，在司法裁判中首先关注经营机构履行适当性义务的外观，是否充分地了解客户基本信息，是否对客户及产品进行分类评级，客户的等级与产品的等级是否相匹配，客户是否签署了必要的协议。如果经营机构在外观上出现了瑕疵，则可以直接判定其违反了适当性义务，无须进入实质审查的阶段。只有当经营机构在形式上符合适当性管理的要求，且投资者认为经营机构未对其审慎评估、风险揭示不到位或投资目标不匹配，则应当采取实质审查的标准。

由此对经营机构带来的启发是，形式化的外观是履行适当性义务的基础，尤其在规则构建之初发挥着重要的引导功能，有助于市场效率的提升。但随着业务发展的多样化以及投资者类别的丰富，单一的标准可能仅对那些有着共同投资目标或者特征的群体有效，并不适用于每一类投资者或每一类业务场景。适当性制度应当具有包容性和差异化，其具体要求与标准应视客户的特征、专业程度以及金融产品的复杂程度而变化。因此，经营机构落实适当性义务本身是一个“求同存异”的过程。“求同”是在同类客户、同类产品以及同类业务模式中寻求一致性，以标准化的形式进行呈现。而“存异”是在统一性中包容多样性，尊重投资者的不同利益诉求、投资类别以及投资理念等。前文在归纳总结现行制度体系中已重点提及经营机构的标准化工作流程，如统一的风险测评问卷、客户信息表单、产品评级标准等，下文将主要从实质标准的角度进一步规范经营机构的义务。

（一）投资者信息采集互斥校验

针对监管案例反映的投资者信息与实际不符或前后矛盾的问题，经营机构不能简单照搬自律机构发布的风险测评问卷模板以及信息采集模板，应当根据实际情况进行个性化的设计。在实践中，投资者出现信息前后不一致的场景时可以分为绝对互斥与相对互斥。其中，绝对互斥主要指投资者填写的信息与客观实际不符，比如当前的风险测评问卷模板中设有关于投资者年龄的调查事项。如果不对客户的信息进行交叉校验，任由投资者随意填写，可能导致客户的填写内容与提供的证件信息内容存在差异。

举例："您是属于下面哪个年龄段：

A. 18—30 岁

B. 31—50 岁

C. 51—60 岁

D. 61—79 岁

E. 不满 18 岁或 80 岁以上"

相对互斥主要指投资者在一定时间内容填写的信息前后不一致，比如风险测评问卷中设有关于债务与投资回报用途的选项。

举例："您的债务（包括但不限于银行贷款、信用卡欠款、民间借贷、白条、花呗及其他金融负债等）情况：

A. 没有债务

B. 债务占总资产 10% 以下

C. 债务占总资产 10%—50%

D. 债务占总资产 50%—100%

E. 债务占总资产超过 100%

您打算将自己的投资回报主要用于：

A. 改善生活

B. 个体生产经营或证券投资以外的投资行为

C. 履行扶养、抚养或赡养义务

D. 本人养老或医疗

E. 偿还债务"

其中，前一题中的"A"选项与后一题中的"E"选项存在互斥，如不加以控制，同样会出现相对互斥的情况。而出现这种情况后，经营机构显然存在没有实质复核投资者基本情况的情形。如厦门证监局 2020 年曾向某证券营业部采取责令改正监管措施，其中一项原因是"营业部在 2016 年向某投资者销售证券公司集合资产管理计划过程中存在：该投资者风险承受能力调查问卷填写的学历、投资经验等内容与实际不符，其开立账户的风险测评结果与同日购买资管计划的风险测评结果存在较大差异，该证券营业部未及时予以关注和处理。”营业部违反了《证券公司客户资产管理业务管理办法》（中国证监会令第93号）第三十七条第一款规定“在签订资产管理合同之前，证券公司、推广机构应当了解客户的资产与收入状况、风险承受能力以及投资偏好等基本情况，客户应当如实提供相关信息。证券公司、推广机构应当根据所了解的客户情况推荐适当的资产管理计划。”综上所述，在出现上述互斥情形时，经营机构应当及时通过弹窗提醒、选项置灰或电话回访的方式向投资者进行确认，以此保证信息的一致性。

（二）通过有效手段核验信息的真实性

投资者除了填写标准化的信息以外，在权限开通、合格投资者认定或专业投资者申请过程中还需额外提供必要的资产证明文件、收入证明、投资经历证明等材料。经营机构实质履行适当性义务的另外一项工作是要对投资者信息进行实质的审查评估。在具体的监管案例中反映出的问题主要包括经营机构未合理审慎地审查投资者是否符合合格投资者标准、投资者提供的材料无法证实其真实性、对于投资者填写的异常信息未进一步核实等情形。因此，经营机构对投资提供的信息不能照单全收，应通过必要的手段和途径进行核验。比如，在审核投资者的收入证明材料时，经营机构不能简单依赖投资者的承诺，可以通过以下几种方式进行核验：其一，允许投资者提供加盖银行公章的个人工资流水，收入证明应当在有效的时间范围之内。其二，允许投资者提供加盖税务公章的个人完税证明，经营机构能够通过扫描二维码的方式进行复核。其三，允许投资者提供加盖所在企业单位公章出具的收入证明，但一般会对企业的资质有一定的要求（如仅认可实缴资本在一定规模以上单位出具的证明）。同时，经营机构可以通过企查查、爱企查等第三方平台确认该企业是否正常存续，是否存在已注销或违法经营等情形。另外，投资者提供的收入证明应当与投资者在风险测评中填写的区间范围相一致，如不一致，经营机构则应当进一步核实确认。

除了收入证明以外，经营机构还需进一步明确金融资产、投资经历的证明标准及核验方式。对于投资者提供的外部资产证明，包括银行存款、股票、债券、基金份额、资管计划、期货等同类产品，均需加盖相应机构的公章或业务专用章，或通过网络、App等形式能够实时进行校验。当投资者提供多份证明存在重复计算的可能性时，应当要求其提供辅助材料，证明无重复计算或扣减重复计算部分仍满足要求。同时，应当对外部的资产证明设置一定的有效期，如自证明开具之日起1个月内有效。对于投资经历原则上同样应当通过所在机构出具的公章或业务专用章进行证明。

二、持续构建动态跟踪体系，关注全周期管理

（一）持续了解投资者信息变化

现阶段，经营机构了解投资者的主要途径包括基本信息表、风险测评问卷、客户回访、现场或非现场的沟通等方式。其中，风险测评问卷涉及投资者的客观要素与主观意愿，是了解其风险承受能力的重要手段。2010年中国证监会《关于加强证券经纪业务管理规定》要求经营机构对客户进行初次风险承受能力评估后，以后至少每两年根据客户证券投资情况等进行一次后续评估。在风险测评有效期的管控过程中，从管控的强度及压降数量成效来看，可以将持续管理措施按照由弱到强的排序分为提示类、限制类以及强制类。

第一类是提示类措施。投资者在风险测评临近到期时，经营机构提前通过短信、系统提示、电话回访等方式向投资者进行提醒。在风险测评过期后，投资者在每次登录交易客户端时均收到系统提示。该类措施的优势在于是一种相对柔性、较为灵活的方式，不会对投资者参与业务或购买产品造成实质性障碍。但是，该类措施仅能依靠投资者自觉完成更新，无法对其强制，在压降过期数量效果方面转化率较低。

第二类是限制类措施。在投资者开通新业务权限或申（认）购新产品时，系统自动对投资者的风险测评有效期进行校验。如风险测评已过期，系统就会限制投资者办理上述业务，直接跳转至风险测评更新界面。当投

资者重新进行风险测评后，方可继续办理后续业务。除了对新业务及新产品限制以外，个别经营机构对于账户类业务采取了类似的措施，如限制客户资金转出、禁止撤销指定等。上述措施的优势在压降过期数量效果方面较提示类措施大幅提升，尤其是投资者在每次申（认）购新产品时，强制其对信息进行更新，同时不会对投资者交易的时效性产生影响。但不足之处在于，部分长期仅参与特定交易品种的投资者，无法通过预设的交互场景督促其更新风险测评。

第三类是强制类措施。投资者在登录交易客户端后（可进一步区分交易时间与非交易时间），无论是浏览业务还是委托申报，系统均强行对风险测评的有效期进行校验。对于风险测评过期的客户，系统强制对其拦截，限制一切业务的办理。显而易见，相较于前两类措施，强制类措施在压降数量成效方面最为显著。但是，强制类措施对投资者造成的影响最为直接，极端情形下可能会引发投资者错过最佳的委托时间。从行业的调研情况来看，采取强制类措施的经营机构仍是少数，主要受限于没有明确的政策依据，容易引起客户的投诉。

除了上述直接的管控措施以外，部分经营机构通过采取激励性措施，引导投资者主动进行信息更新。个别经营机构借助营销体系中的积分兑换功能，对主动完善信息的投资者给予一定的积分奖励，增加其主动转化的动力。整体而言，上述的管控措施在压降数量方面与投资者体验相互影响。经营机构应当在满足外规的前提下结合自身实际，定期对信息进行维护。

（二）合理管控风险测评的频率

当前证券市场对部分产品与业务的风险等级统一设置了“强匹配”的管控要求，投资者须满足风险等级与业务或者产品风险等级匹配的前提后才能参与。在“强匹配”业务场景的管控下，部分投资者通过频繁进行风险测评临时调高风险等级，致使个别选项与投资者的实际情况严重不符，给经营机构带来审核压力。浙江证监局 2019 年对某证券营业部负责人采取监管谈话的监督管理措施，指出其在开展证券公司集合资产管理计划销售业务过程中存在未关注个别投资者短时间内多次风险承受能力测评结果不一致的情况，违反了《证券公司客户资产管理业务管理办法》第3条第2款的要求："证券公司从事客户资产管理业务，应当充分了解客户，对客户进行分类，遵循风险匹配原则，向客户推荐适当的产品或服务，禁止误导客户购买与其风险承受能力不相符合的产品或服务。"因此，经营机构对风险测评的次数应当进行合理管控，不能放任投资者"闯关式"的填写策略。通过调研，实践中经营机构对风险测评设置的频次从每日到每季度不等，有的允许投资者每天测评1次，有的允许每季度最多测评3次。同时，个别经营机构为了防止投资者频繁进行风险测评的目的在于购买产品或服务，对测评结果设置了T+N的生效规则，引导投资者重视测评结果的严肃性。另外，为了防范营销人员诱导投资者临时调高风险测评结果，通过系统预警实时监测投资者的异常测试结果，及时向投资者核实营销人员的销售行为以及真实投资意愿。

（三）定期跟踪投资者分类的有效期

普通投资者申请成为专业投资者需要以书面形式向经营机构提出申请并提供相关证明材料，而专业投资者不再符合相应的资质时，经营机构也应当及时对其分类作出调整。《适当性管理办法》在持续评估的时效性上仅作出了原则性规定，各家经营机构多根据实际情况自行设置后续评估周期。上交所在《债券市场投资者适当性管理办法》（2022年修订）中对此问题首次进行明确，规定"证券经营机构应当动态跟踪和持续了解专业投资者条件，至少每两年对投资者进行一次后续资格评估"。因此，经营机构应当结合专业投资者的分类，建立有针对性的管理措施。对于专业Ⅰ类投资者，主要包括经有关金融监管部门批准设立的金融机构及其产品，在持续管理过程中应当重点关注其业务资质、负面信息以及产品存续期的变更。上述信息在市场中大多为公开信息，经营机构无须投资者主动提供即可查询到信息的变化。通过核查，对于后续没有信息变化的投资者在评估后可主动延长其有效期并进行告知；对于过期之后不再符合特定要求的投资者应主动对其分类进行调整。对于专业Ⅱ类和专业Ⅲ类投资者，本身主要考察其盈利能力、财务状况以及投资经验等信息。在后续管理中，投资者无须重复提供申请时的全部资料，可仅提供后续可能影响投资者分类的有关信息，如财务状况、个人收入等。如果投资者届时无法提供或提供的信息不再符合准入要求，经营机构应当及时对其分类进行调整。

此外，合格投资者与专业投资者的认定标准虽然并不一致，但在认定逻辑上具有相似性，都是通过特定的身份、投资经验以及资产状况来筛选有足够能力面对特定市场风险的投资者。因此，按照相似的管理逻辑，经营机构对合格投资者的时效性有待进一步统一。

（四）持续评估金融产品或服务等级变化

根据本书第二章对产品或服务评级标准的梳理，经营机构大多通过因子加权的量化打分方式确定产品或服务的风险评级，主要因子包括发行人信用状况、流动性及期限、投资方向、投资范围、杠杆情况、募集方式、复杂程度、透明度、同类产品过往业绩等因素。在众多因子当中，如发行人信用状况、流动性及期限、市场政策、信用状况等，可能随着市场环境或运作情况的变化导致个别因子与产品成立之初的预期发生调整，进而影响风险等级。经营机构需要根据特定因子的变化及时启动内部风险评级复评工作，评估可能导致风险等级上调的情形。

经营机构在对产品或服务复评后，如发生风险等级上调情形，应当对投资者进行针对性的风险提示，引导投资者在充分了解业务特性的基础上审慎参与交易。以创业板业务为例，为了推进业务改革并试点注册制，强化经营机构对投资者适当性管理职责，在中国证监会的统一部署下，深交所于2020年对业务规则进行修订。修订后的制度与原有业务规则相比，提出了细致明确的要求，包括增设创业板个人投资者准入门槛、投资者风险评估、适当性匹配、特定情况下经营机构应拒绝提供服务等内容。风险等级的上调将直接影响投资者的切身利益，经营机构需要明确规则调整前已开通权限的投资者是否可以继续参与该业务。如果不允许存量投资者继续参与相关服务，应及时关闭权限。对买入已成交或申购已成功的，及时限制其买入和申购权限，并督促其卖出相关股票或存托凭证。如果允许存量普通投资者可以继续参与相关交易权限，需要重新签署新版的业务风险揭示书，提醒其充分知悉和了解业务变化带来的风险事项、法律法规和业务规则，客观评估自身的风险认知和承受能力，审慎决定是否继续参与交易。

（五）主动告知投资者适当性匹配变化

投资者在重新进行风险测评后，或者服务或产品的风险等级发生变化以后，投资者的风险承受能力等级与投资目标与已开通业务或已购买产品之间的匹配关系将受到影响。此时，系统需要实时梳理出客户风险等级与存量产品或服务风险等级匹配的变化情况，如存在不匹配的情况，应当及时向客户通过短信、消息推送、电话回访等方式对其进行不适当风险警示，提示投资者可以自行取消权限，在产品开放期内赎回相关产品，如果投资者拟继续接受相关服务或者持有相关产品的，应当要求客户签署不适当警示确认书。对于开通定投类的产品，建议在每次定投执行前进行适当性匹配的校验，如果出现不匹配情况的，按照该流程对客户进行特别提示。对于在持续服务或者持有产品期间，可能发生的投资者不再符合相关要求的情形，经营机构需要在协议里与投资者提前进行约定，明确后续因不适当需要提示、限制、暂停、终止提供证券服务的情形。

三、提升员工意识，加强过程监督

（一）事前管理

1. 执业资格管理

一直以来，证券行业实行从业人员资格管理制度，由中国证券业协会在中国证监会指导监督下对证券业从业人员实施资格管理。证券公司、基金管理公司、基金托管机构、基金销售机构、证券投资咨询机构、证券资信评估机构及中国证监会认定的其他从事证券业务的机构中从事证券业务的专业人员，必须在取得从业资格的基础上取得执业证书，从事相应的证券活动。为了有效防范员工无资格展业以及“先执业、后注册”等问题，经营机构应当建立营销展业与执业资格注册的“强匹配”关系。首先，经营机构在为员工开通企业微信、CRM 等营销权限时，应当以员工取得执业资格为前提，并在个人的名片信息中清晰地展示员工岗位、执业范围、执业资格、所在机构、执业编号等必要信息。其次，对于员工开发的客户及销售的产品或服务，经营机构应当通过有效手段核验资格取得时间与服务挂接提成时间的先后顺序。如存在违规展业的行为，应当及时进行纠正。再次，根据员工取得的特定业务资格，开放其对应的业务权限。如员工取得基金从业资格，可开放其对在售产品的查看与推介权限。最后，对于离职的员工，经营机构应及时注销其业务资格并进行公示，对其名下的客户进行告知并为其安排其他的服务人员。

2. 合规培训

为提升员工的合规意识与业务水平，经营机构应当建立科学的员工培训机制，确保营销人员具备与岗位要求相适应的职业操守和专业胜任能力。在综合素质提升方面，经营机构应当以着力强化员工“守土守则”的思想意识，提升员工敬畏市场自律意识。同时，经营机构可以通过编制《员工合规管理工作手册》，补齐员工业务知识盲点和管理缝隙，明确员工执业行为的合规底线，加强员工执业行为管控，牢固树立“红线意识”，让合规习惯转换成职业自觉，着力将稳健的企业文化打造成面向未来的核心能力。在具体的营销展业过程中，营销人员应当充分了解产品的具体要素与各项业务风险，从而向投资者进行有效传递与充分揭示。在当前的私募类产品销售前，经营机构通常会对销售人员开展相关培训与考试，测试销售人员是否充分知悉该产品的风险属性、收益特征、适合的投资群体等关键要素。只有销售人员通过特定的考试后，方可允许其开展后续的营销行为。参照产品销售的管理逻辑，经营机构在开展其他高风险产品或服务时，均可对营销人员的专业能力与综合素质进行评估，确保将合适的产品销售给合适的投资者。

（二）事中管理

1. 营销平台管理

经营机构在制定业务制度和流程时，应同时制定员工展业规范，不能只规定禁止性条款，要制定标准化动作，实现合规的过程化管理，提升制度可执行性，对员工展业情况了如指掌，进行标准化留痕、可视化监控和过程化干预。尤其当营销人员通过互联网、电话等平台开展营销活动时，经营机构应当强化对业务推广、协议签订、服务提供、客户投诉等环节的留痕，通过专门的技术系统加强统一管理。在营销平台管控方面，当前多数经营机构已开始引入企业微信，引导员工通过企业微信与客户交流。为了加强对营销过程的风险防范，经营机构可以通过设置敏感词库，对部分违规话术，如“保证本金安全”“承诺收益”“无风险”“肯定盈利”等进行屏蔽或拦截，并同步向投资者提示特定业务风险与员工禁止事项，引导投资者对员工的营销行为进行监督。同时，经营机构可以考虑将企业微信与客户管理系统打通，营销人员在对特定客户进行服务时，能够实时查看客户的基本信息、风险等级、投资目标等要素，向客户发送具体产品的宣传推介资料时，需校验客户的风险等级是否与产品的风险等级相匹配，从而为其推介适当的产品或服务，从源头规避不适当推介行为的发生。

2. 展业过程监控

除了对营销平台进行统一管理外，经营机构还应当强化对员工展业的过程进行人员监测与系统监测。在人员监测方面，主要依靠特定机构的合规管理人员实施主动监测。如营销人员通过建立群组进行客户服务时，应当建立必要的群组审核与报备机制，在群组创建时由合规人员审核并加入。对于营销人员在群组内发布的各类产品信息、投资咨询以及市场观点等内容均需进行必要的事前审核。同时，对于营销人员与客户进行的单独对话，合规人员应当对其营销记录进行定期核查。除了依靠合规人员的监测以外，更重要的是要搭建员工展业异常行为的系统监控。监控指标需要全面及时地反映员工可能存在诱导客户交易、代客理财、不适当推介等违规行为，通过设置差异化指标，实现对员工异常行为风险的动态预警和人工复核。

（三）事后管理

1. 绩效考核

经营机构应当坚持以投资者利益为核心和合规展业的销售理念，将员工销售行为管理纳入总部、分支机构及其员工的绩效考核，从绩效考核方面防范分支机构员工销售动作变形，不得采取鼓励不适当销售的考核激励措施，确保从业人员切实履行适当性义务。在具体的考核指标设定方面，经营机构不得将业务收入作为主要考核指标，应当将了解客户、适当性匹配、客户投诉处理以及系统预警处理情况等纳入考核指标评价体系。具体来看，在了解客户方面，考核指标应当重点关注员工名下客户信息的真实性与完整性。对于风险测评过期或信息状态异常的客户，营销人员应及时督促客户进行更新。如果员工名下客户信息整体过期率或异常比例较高，则扣减相应的绩效分数。在适当性匹配方面，考核指标应当重点关注员工名下的客户一段时期的不匹配率。如果名下客户在购买产品或服务时不匹配率偏高，则说明员工及分支机构存在短期激励或过度激励的可能，如与客户核查确认属实，则扣减相应产品或服务的业绩提成。在投诉处理方面，如同一客户或同一分支机构累积达到一定次数，则应整体对其当月绩效进行递延发放，经核实确认后再采取进一步措施。

2. 监督问责

近年来，监管机构持续释放“强监管、防风险、促发展”的监管理念，坚决贯彻“长牙带刺”、有棱有角的执法观念，充分发挥“有责必问、有问必究”的导向作用。从每年递增的处罚案例中，能够充分体现监管机构维护市场秩序、保护投资者合法权益的决心。在强监管的环境下，经营机构应当坚持教育与处分相结合、问责与管理效果相挂钩、惩罚与造成后果和损失程度相适配的原则，进一步完善已有的内部约束和责任追究机制，加强整体问责力度。对于内部检查与定期监测中发现的违规问题，经营机构应当明确“该不该问责、该问谁的责、如何问责、问到哪一层级”的问题，不仅要处理事件直接责任人和不严格执行规章制度的相关人员，还要严格追究主管部门的管理责任。对重大违规行为要严格问责，从严从重处理，保持违规惩处的高压态势，使其“不敢违规”。

四、深入合作场景，充分评估风险

在互联网金融监管方面，监管机构始终坚持“审慎、严谨”的态度，提倡“看不清，不展业”的原则，加强顶层设计，推进制度建设，不断细化对网络营销、第三方平台合作的具体要求。自2020年以来，监管机构贯彻“鼓励创新、防范风险、趋利避害、健康发展”的思路，相继发布两部专门规范网络营销方面的征求意见稿，分别是《证券公司租用第三方网络平台开展证券业务活动管理规定》和《金融产品网络营销管理办法》，旨在厘清持牌金融机构与三方网络平台的合作边界，明确监管底线，将相关的合作纳入日常监管。经过多年的酝酿，中国证监会最终在《证券经纪业务管理办法》中对双方合作的边界及原则进行确认，即：“证券公司从事证券经纪业务，可以选择新闻媒体、互联网信息平台等第三方载体投放广告。投资者招揽、接收交易指令等证券业务的任一环节，应当由证券公司独立完成，第三方载体不得介入。”

（一）开户引流

中国证监会机构司在2022年发布的《机构监管通报（第86期）——证券公司应规范开展与大V合作活动》中强调，当前证券公司与“大V”合作主要有两种模式：一是委托“大V”投放开户链接，该模式因属于违规委托不具备资质的第三方个人开户已被明令禁止。二是以投资者教育的形式进行直播，介绍金融知识，宣传公司品牌等。在该模式下，经营机构应当加强内部管理，事前对第三方人员的资质、授课内容、会议材料等信息进行充分尽调与审核，做好事前管理工作。同时，证券公司应当充分揭示与被聘请的第三方人员的关系，并向该人员详细揭示不得以证券公司名义发表评论或对外展业。

与委托第三方个人相比，经营机构与第三方平台的合作模式更加多样。相应地，每种合作模式下的特定业务风险也更为隐蔽。因此，经营机构需要了解每种合作模式的业务形态，厘清合作边界，制定更为针对性的风险防范措施。

1. SDK与H5模式

在SDK（Software Development Kit，“软件开发工具包”，此处可以通俗易懂地简单理解为“软件中的基础构件”，具体指在软件A中嵌入另一个通用构件 B，以此来实现软件 A 的某些基础功能，比如在书店 App 开发时直接嵌入百度地图功能）的业务合作模式下，证券公司与第三方平台签署全面合作框架协议，约定双方合作的范围。协议的内容一般会涵盖平台引流、资讯互通等细节。较为有代表性的案例为工商银行与东方财富证券在 2017 年底的一次合作。合作仅一个月，因涉嫌违规向第三方提供交易入口被监管叫停。此后，在银证导流方面的合作均相继被按下暂停键。App 业务嵌入模式涉嫌违规的主要依据是《证券基金经营机构信息技术管理办法》第四十三条和《证券账户非现场开户实施暂行办法》第三条的规定。开户与交易系统是券商的重要信息系统，应当始终确保该系统处于券商自身控制范围之内。同时，开户代理机构不得直接通过第三方网站办理网上开户业务，仅允许开户代理机构通过第三方网站设置链接，跳转进入其网上开户系统。

另外，行业内还普遍存在通过 H5（Html5，第五代 HTML，一种构建和呈现互联网页面内容的程序语言）的技术来实现业务场景交互的模式。对于投资者来讲，无须下载指定的 App，仅需根据 H5 页面的提示进行操作即可完成开户。但是，以 H5 的方式进行展业在技术上依然存有安全隐患，存在没有评估技术安全、数据隔离等方面的标准，一直游离于监管政策的边缘。对于经营机构来讲，技术本身可能并不违规，主要是业内目前没有一套标准来评估该模式在信息保护、数据安全等方面的风险。因此，在该种合作模式下，当前行业亟须配套规则的出台进行引导。

2. 网络金融平台合作模式

证券市场已经成为财富配置的重要渠道，更多潜在投资者愿意花时间去学习金融知识。各类的金融学习平台、投资学堂适时推出了各类的理财课程。针对投资者自身的知识背景，有关初阶、中阶、高阶的课程更能精准定位投资者的实际需求。课程的内容不仅涵盖理论知识层面，更强调理论与实践相结合。对于证券公司来讲，“商学院”“投资学堂”等金融平台的出现，为其省去客户筛选的过程，通过平台沉淀下来的客户恰好是其渴望的目标群体。以某主流“商学院”平台为例，App 的主界面主要是以金融知识、市场观点、理财课程为主。投资者如果想要在线学习理财课程，首先需要报班，在平台为其分配的“班主任”邀请下进行课程学习。课程前期以入门知识为主，主要是为了投资者需求的进阶打下基础。在课程中后期，会逐步开始理论与实践的结合，越来越多的投资者有了证券开户的需求。此时，平台的“班主任”会以“VIP 账户”“低佣金”为名推荐其合作的证券账户。开户成功后，班主任会再通过“客户裂变”的形式让学员的朋友及亲属参与开户。甚至，如果学员自己开户或者没有点击营销人员推送的开户链接，会被要求重开。而“班主任”已经从直播卖课的销售人员摇身一变成了“理财规划师”。虽然经营机构与金融平台对开户引流进行了深层次的包装，但回归到业务的实质，仍属于违规委托不具备资质的第三方机构或个人进行客户招揽。对于经营机构而言，不能对第三方机构的违规行为视而不见，应当注意规范第三方合作平台的职责范围，由经营机构自行联系投资者办理开户手续，履行投资者适当性管理、反洗钱等法定义务。

3. 搜索引擎及广告推广

区别于前述两种合作模式，经营机构借助新闻媒体、互联网信息平台等第三方载体投放广告进行品牌宣传是当前监管允许的业务形态。但在该合作模式下，依然存在第三方网络平台通过虚假或误导性宣传等方式，混淆双方业务合作边界的情形。因此，经营机构与第三方网络平台合作过程中，应当审慎选择诚实守信、经营稳健、信誉良好的第三方机构开展合作。在事前审查方面，经营机构应当审慎评估自身业务实际和风险控制水平，确保与第三方机构合作符合公司发展战略、风险管理策略及整体规划，并制订完备、清晰的业务方案，保障公司业务独立、技术安全、数据保密。在协议约定方面，应当明确第三方网络平台仅限于为经营机构提供网络空间经营场所等技术支持及品牌推广服务，不得介入客户招揽及适当性管理的实质业务环节。第三方机构不得利用流量优势地位不公平对待所有合作机构，不得通过排名、竞价等方式影响市场秩序，损害投资者的合法权益。同时，第三方机构不得以开户送礼或变相返佣等方式诱导投资者参与证券市场业务或从事超出其风险承受能力的投资活动。在事中管理方面，经营机构应当自主生成、全程管理在网络平台上发布的相关内容，包括品牌宣传的广告、功能介绍等相关内容，持续关注第三方平台是否存在通过虚假或误导性宣传等方式，混淆券商与平台的展业边界。在退出机制方面，经营机构如果发现第三方机构违反协议约定的，应当要求第三方机构及时整改。第三方机构拒不整改、存在重大信息安全隐患、从事违法违规活动或者为其提供便利的，经营机构应当立即停止租用第三方网络平台开展证券业务活动，并做好存量客户迁移工作。

（二）金融产品销售

个别经营机构在产品宣传过程中，将具有私募性质的产品向不特定投资者进行公开宣传，其中一个重要原因在于未深入评估第三方平台的内部属性。在特定的业务功能和场景下，第三方平台可能同时具有私域与公域双重传播属性。以微信平台为例，其内部的主要功能还包括了朋友圈（含视频号、链接）、微信群以及好友对话。首先，朋友圈在一定程度上属于个人的私域，但通过监管处罚案例的表述来看，将未设置特定对象的朋友圈也认定为公开场合。尤其是通过视频号途径，其本身可能接触到的信息群体并非以成为好友为前提，任何不特定社会公众都有可能观看到特定经营机构或从业人员发布的宣传推介信息。所以在当前的交互场景中，未设置特定对象的朋友圈与视频号属于公开的途径。其次，微信群本身也具有公域与私域双重属性。营销人员如果对微信群进行严格管控，提前采集了投资者的各类信息，知悉其风险承受能力与投资目标并进行了合格投资者的认定，相关的微信群则设置了特定对象并履行了相应的适当性管理，可以在外规允许的范围内开展宣传推介。如果微信群的成员是各类民间组织、老乡会、校友会等社团，其成员之间存在不特定的关系，应当认定为公开传播的场景。最后，微信好友对话本身也同样具有公域与私域的特点。如果营销人员已对投资者进行合格投资者认定，后续的一对一营销具有封闭特性，不会被认定为是公开宣传。但如果营销人员借助微信群的便利，不分类别地对不特定投资者进行好友添加并营销推介，也应当认定为向不特定公众进行不适当推介。

总的来说，传播媒介种类可能形式多样，其内部场景与功能也并非一成不变。监管机构对于公开与非公开的界定本身是有意区分其实质，并非仅以特定的途径及名称一概而论。因此，在实际认定公开与非公开场景的过程中应当以是否设置了特定对象与履行了适当性义务的过滤流程为前提。

（三）投资咨询业务

为了进一步规范证券投资顾问和证券分析师通过各类社交媒体进行网络直播，应当充分对网络直播的关键业务节点进行分析，建立针对性的管控措施，避免合规风险扩散。在事前审查阶段，参与直播的人员应当具有证券投资咨询执业资格，并在中国证券业协会注册登记为证券投资顾问或证券分析师。对于每次直播的内容，应当提前履行必要的合规报备与审查，不得作出买入、卖出或者持有具体证券的投资建议。在事中监控阶段，应当做好分类分级管理，严格履行适当性管理职责，加强相关风险提示，例如全程滚动播放“请投资者选择符合风险承受能力、投资目标的客户”“股市有风险，投资须谨慎”等内容。为了防止直播人员出现诱导、虚假宣传等违规话术，可以对直播画面设定时间延迟，方便对突发状况的风险控制。同时，直播过程中应当配备必要的合规审核人员，负责跟踪直播过程处理的异常情况。如有投资者在直播互动中主动寻求个股投资建议，应当及时对展业边界进行提示。在事后管理方面，应当对直播内容进行统一存档，以备后续不定期抽查。

通过对上述合作形式梳理不难发现，经营机构与第三方平台合作的终极目标是实现流量的转化。证券公司租用第三方网络平台开展证券业务活动有利于提高获客能力和服务效率，但也显现出一些新风险、新挑战。互联网仅是展业的手段，业务的实质并没有发生变化，不能因为互联网的创新性而减轻业务的合规管理和投资者适当性管理工作。互联网金融的监管形势复杂、任务艰巨，面对稳中求进的大环境，应围绕创新强化预防性举措，着力加强平台合规管理，始终把回归主业、守住底线摆在突出位置，不断提升网络监管现代化水平，推动平台经济规范、健康、可持续发展。

第五章

金融科技赋能适当性管理实践

第一节　金融科技背景下适当性管理体系的整体设计

一、金融科技在当前时代背景下的重要意义

金融科技（FinTech）已成为引领金融机构创新发展的新引擎，其本质是借助科技领域中的人工智能、大数据、云计算、区块链等前沿技术为业务场景、展业模式、投资者服务提供便利，但并未改变金融本身的内涵与外延。在当前时代背景下，金融科技已上升到宏观政策与发展规划层面，为金融科技的发展提供了政策指引。正如《中共中央关于制定国民经济和社会发展第十四个五年规划和二〇三五年远景目标的建议》提出，要加强金融科技的运用，提升发展水平，为金融的普惠性提供便利。中国人民银行也在2022年1月发布了《金融科技发展规划（2022—2025年）》，明确了金融科技发展的指导思想、基本原则、发展目标、重点任务和保障措施，可见其重视程度。在证券市场方面，金融科技在以下几个方面所带来的变化尤其重要。

第一，金融科技推动证券市场服务的转型升级。经营机构利用现代金融科技的成果，不断优化业务形态，深化合作分工。原本需要由经营机构承担的技术开发、流程设计、客户回访等环节，通过借助金融科技与金融服务的深度融合，将非金融业务的部分外包给有专业能力的第三方企业。经营机构在经营模式与业务投入方面持续优化，在主营业务方面精准发力，提升其综合服务能力，打造其核心竞争优势。

第二，金融科技丰富证券市场产品的多样性。经营机构借助数字化转型、机器学习、量化交易等技术，能够有效丰富和拓宽金融产品的供给范围，助力供给侧结构性改革。通过将现代的概率学、统计学、金融工程等学科内容与量化策略相结合，从海量的历史数据中找寻超额收益的机会，

然后进行反复验证并加以固化，最终通过程序化的交易进行操作，减少人为情绪带来的非理性决策，以追求相对稳定、持续的投资目标。经营机构可以将上述整个过程包装成产品，拓宽投资者选择的范围。

第三，金融科技助力证券市场的提质增效。经营机构利用大数据、人工智能、云计算等技术帮助其控制成本，缩减业务办理流程。通过数字化、线上化、智能化和无纸化减少对投资者身份信息重复采集与识别的成本，实时记录其信息的变化，为资源合理配置提供科学依据。运用视频见证、人脸识别、活体检测、CA 认证等技术，打造了全程无接触、足不出户的服务体验。通过远程信息交互与身份识别，降低了投资者每次临柜的成本，使经营机构更好地洞察客户和服务客户。

第四，金融科技防范证券市场的潜在风险。经营机构在享受金融科技提质增效的同时，也应当有效识别潜在风险事件。在金融科技的背景下，风险事件具有跨时间、跨空间、速度快、波及广等特点，在极端情况下可能引发市场的震荡甚至导致系统性风险。通过建立风险事件预警平台并设置风险监控指标，能够有效甄别潜在风险事件，及时发现异常迹象，将管理模式从事后处置向事前预防和事中监测方向前移，提升金融风险的化解能力。

二、构建适当性管理与金融科技相融合的应用体系

受制于监管政策、投入成本、行业共识等方面的制约，证券公司在适当性管理方面的技术发展起步较晚，大多是在《适当性管理办法》发布以后才开始重视投入。经过近些年行业的发展，适当性管理在与技术相融合方面依然面临以下难题。

（一）前期投入尚未转化为业务优势，以满足监管基本要求为主

在传统的认知层面，经营机构对于适当性管理方面的投入一般很难直接转化成经济效益，更多是为了满足不同层级的监管要求。经营机构打造的投资者评估数据库主要被赋予信息存储或档案管理的功能，尚未真正嵌入客户服务、精准营销等环节。经营机构在此种认识下缺乏主动优化、完

善系统的内在动力，在实践中往往以满足监管的最低要求为目标，对于适当性管理要求的履行重在“形式符合”。监管机构调整适当性规则时，经营机构需要重复进行系统投入，加大信息系统方面的支出。

（二）系统缺乏整体设计，不同业务之间相互独立

经营机构在系统建设初期，对于复杂的业务流程受限于专业能力和技术障碍，往往采取外包的形式委托第三方机构负责开发。对于简单的业务流程，经营机构也尝试自行开发设计。随着近几年业务种类的多元化与业务流程的复杂化，加之不同的系统开发商标准不一以及技术壁垒的存在，使经营机构各个系统之间相互独立，缺乏统一的标准。数据分散、重复加大了系统分析的难度，无法为投资者的后续服务提供有效支持。

（三）信息重复采集，前后矛盾现象明显

由于系统之间相互独立，投资者在参与不同服务或购买不同产品时，往往需要重复进行身份识别。一方面，投资者短时间内参与不同业务需要重复进行信息采集，业务办理时间与流程冗长；另一方面，投资者在不同的系统之间所留存的信息前后矛盾，系统无法进行有效的数据抓取与诊断。大部分的数据长久以来留存在经营机构系统内部，为日后投资者服务纠纷留下隐患。

（四）技术障碍无法跨越，业务发展受限

如今的投资者在参与证券市场服务时，线上化与智能化已成为主流形式。在线下向线上转换的过程中，身份识别、实名认证、智能审核、数据加密是经营机构无法绕开的技术问题。如果相关技术无法达到线上与线下办理相一致的标准，经营机构将被迫增加服务边际成本，缩减服务半径。

基于适当性管理在当前时代背景下迫切需要解决的难题以及金融科技重要的现实意义和长远规划，经营机构应当深刻认识到以人工智能、大数据、云计算、区块链等为代表的数字技术在适当性管理方面的重要影响。经营机构需要推进投资者全生命周期的流程优化，打造营销、服务、风险、合规、运营等环节的全覆盖，从长远视角做好顶层设计。对此，本书

根据实践经验与未来行业发展规划设想了适当性管理与金融科技相融合的整体方案。从图 5－1 中可以看出，适当性管理本质是对投资者数据和产品数据的管理，将各类数据进行归集与整理，构筑数据采集、数据分析、数据使用为基础的统一平台，借助金融科技的支持，最终对适当性管理各个环节起到支持、助力、提升的作用。

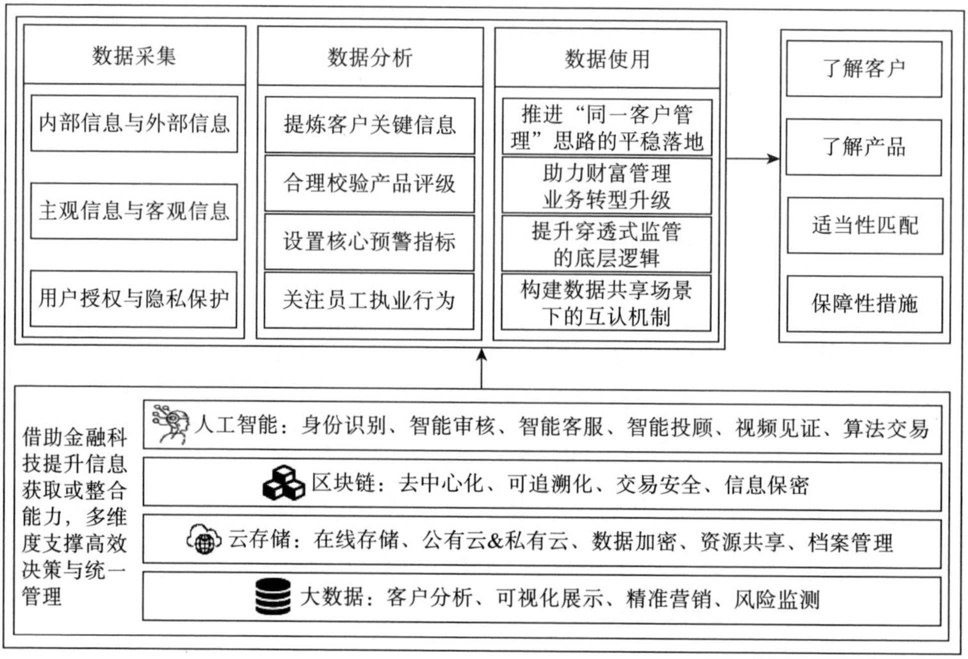

图 5－1　金融科技助力适当性管理提升架构

第二节　数据采集

一、经营机构内部信息的分类与整合

（一）内部数据的采集要求与系统配置

从数据来源角度，投资者信息可以划分为内部信息与外部信息。其中，内部信息作为投资者后续评估的主要依据，用以记录其基本状况及投资目标；而外部信息作为信息核验的辅助手段，旨在提升投资者信息评估准确性与全面性。2022 年 11 月，中国证监会发布了《证券经营机构投资者适当性管理 投资者评估数据要求》，为行业投资者评估数据规范的落地起到了重要参考。根据该文件的指引，经营机构内部数据应包含投资者在证券经营机构留存的全部信息字段，涵盖投资者基本信息表、风险测评问卷、金融产品及服务信息、各类证券账户交易等信息。

1. 投资者基本信息表

适当性管理初期，行业内缺乏统一的信息采集标准，各家经营机构凭借自身管理经验制定了投资者信息采集表，这直接导致在落实适当性管理工作中信息采集要素不统一、评估维度有差异。2017 年，中国证券业协会发布了《证券适当性管理指引》，其附件对投资者的基本信息表的格式及字段进行了统一规范，为后续行业标准的统一与监管信息的报送提供了重要参考。随着近些年智能审核、OCR 识别技术、一柜通等技术的广泛应用，经营机构与投资者之间的信息交互模式再度升级。经营机构可以提前在系统中设置相应的字段，投资者后续仅需上传相应附件即可实现智能读取、智能办理以及智能审核。业务办理模式的升级可以有效缩减投资者业务办理时间，减少信息重复录入，增加经营机构客户服务半径。

为了对投资者填写的信息进行初始过滤，经营机构应当对关键信息字段配置必要的校验逻辑。首先，系统设置应当保证信息的唯一性与客观性。以录入身份证件类信息为例，投资者姓名、性别、国籍、身份证件号码、年龄均具有唯一性，信息一旦录入，将不允许再次修改。其次，不同信息字段前后之间应建立合理的联动性。实践中，个别信息字段之间看似毫无关联，实则相互影响。以填写工作单位与职业类型为例，当投资者职业类别为农民、个体工商户、无业或离退休状态时，可能并无固定工作单位，原本必须填写的字段此时应转变为非必填字段才更具合理性。而在投资者年龄与教育程度方面，如投资者年龄不满 20 岁，经营机构应当合理怀疑投资者填写“博士”“硕士”“本科”等以上学历的真实性。除了信息采集表本身字段的联动以外，还应当关注表单与外部系统之间的关联。如采集投资者收入、资产、投资经验、诚信记录等信息时，需要校验系统是否留存投资者提交的外部证明资料或外部系统的核验结果。如有，应当优先以留存或校验结果为主，无须投资者再次填写。最后，对于重复采集的信息应便利投资者录入方式，缩减信息采集时间。如采集投资者联系地址时，可以开启与投资者证件地址联动，减少重复录入。又如投资者的实际受益人或实质控制人为本人时，可以智能隐藏后续非本人补充填写的其他信息，提升用户体验。

2. 风险测评问卷

风险测评问卷与基本信息表互为补充，共同刻画了投资者的初始画像。风险测评本身的功能旨在了解投资者基本信息之外更进一步了解其投资目标与主观意愿，将非标准化的信息以标准化的形式进行固化，综合评估投资者的风险承受能力。在系统配置方面，首先应当针对不同类型的投资者设置对应的问卷类型，如个人、机构和产品投资者。同时，对于风险测评问卷应实施版本管理。当风险测评问卷因实际管理需要发生变化时，系统能够记录已采集的信息字段，并建立版本变更前后投资者选项的变化与对应关系，处理好存量问卷与新启用问卷风险等级的平移工作。另外，对于风险测评的时间线应当设置关键节点，区分有效期、临近期和已过期的时间界限，为持续管理提供重要的时间抓手（见表 5 - 1）。

表 5 - 1　　风险测评问卷相关字段

相关字段	系统配置逻辑
问卷类型	个人投资者/机构投资者（产品）
问卷版本	内部设定
问卷问题	题号、内容、关键字段
问卷回答	对应问题内容
测评得分	系统自动计算分值
测评等级	系统自动对应等级
测评日期	生效日期

续表

相关字段	系统配置逻辑
临近过期	1——是 2——否 主要功能：提示投资者提前对信息进行更新
已过期	1——是 2——否 主要功能：如已过期，提示投资者更新；新增认购产品或者开通新的账户权限时，提示投资者需完成风险测评方可继续
测评冷静期	1——是 2——否 主要功能：如无特殊情况，禁止投资者在一定时期反复测评

从具体的应用实践来看，当投资者登录交易客户端时，需要预先进行账户信息规范，核验其信息的完整性与时效性（见图5－2）。第一步，账户信息规范后，系统自动将已留存的年龄、学历、证券投资经验等信息同步至风险测评问卷，无须投资者重复填写，保证信息前后一致。第二步，需要对经营机构历史上没有填报过风险测评的存量投资者或休眠账户进行规范。如系统无法查询到测评记录，则直接跳转至风险测评界面。第三步，需要结合经营机构对风险测评逾期管控的具体措施，根据不同管理策略设置对应的系统逻辑。如经营机构采取的是强制类措施，投资者在非交易时段登录交易客户端时强制校验风险测评的有效期。当投资者风险测评已过期，系统强制对其进行测评。当投资者测评结果尚在有效期内，但临近到期（假设2个月内到期），此时系统需提示投资者主动更新并告知风险测评到期后的影响。

3. 产品或服务信息

产品或服务信息涵盖经纪业务、产品代销、融资融券、投行业务、衍生品业务以及投资咨询业务等各项产品或服务。经营机构可通过基本属性、金融产品以及金融服务的分类，提炼关键信息字段，全方位展示产品或服务的要素（见表5－2）。值得注意的是，经营机构在完成初始要素的配置后，应当设置专门的信息字段指向初始要素的变化状态。如果产品或服务的基础要素在后续发生变化，经营机构应当动态进行适当性匹配的再

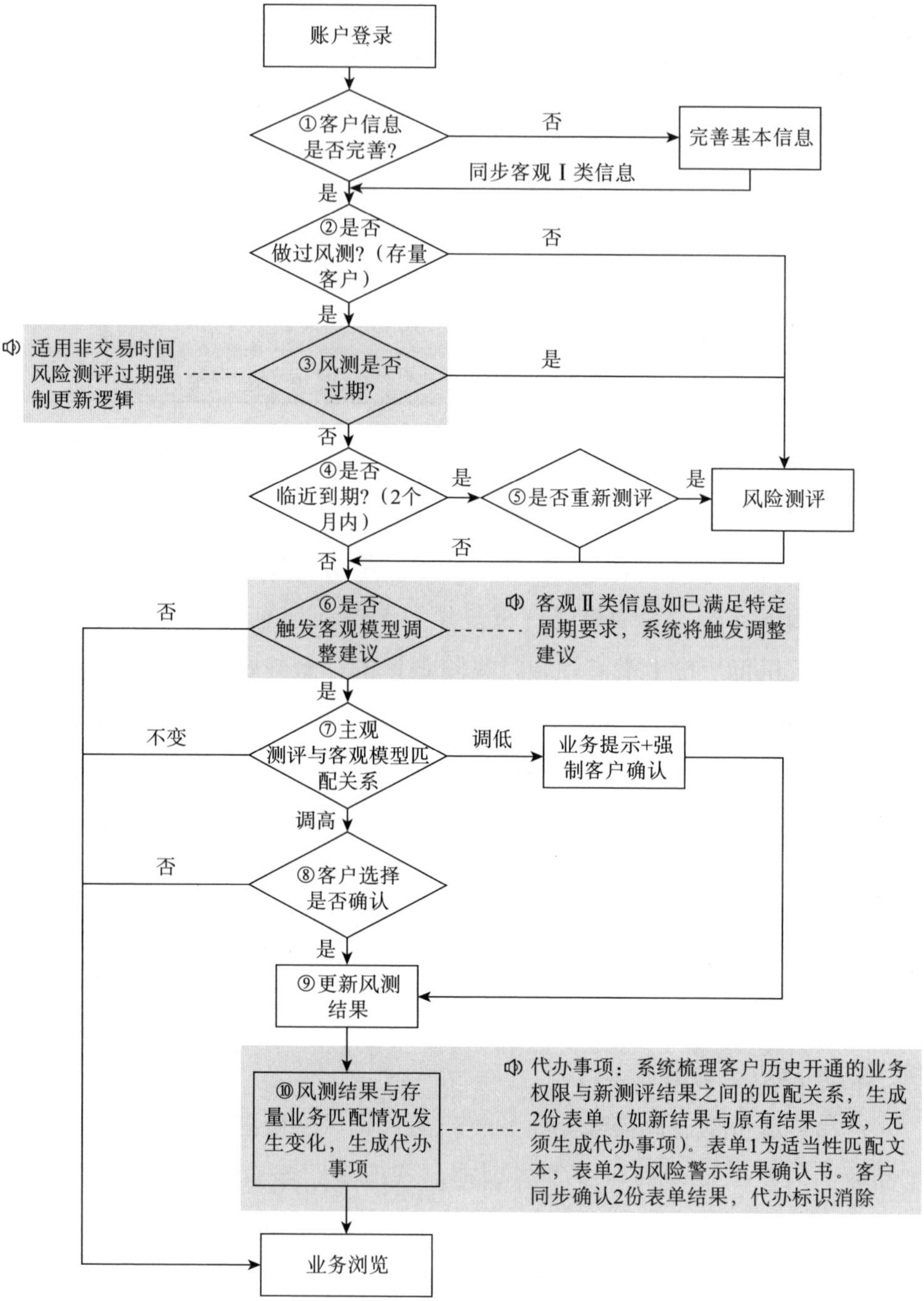

图 5－2　风险测评持续管理流程

校验，及时告知投资者要素变化对投资者已参与业务或已购买产品的影响。

表 5－2 产品或服务信息字段与系统配置表

类别	字段名称	系统配置逻辑
基本属性	产品或服务名称	可根据具体经营范围配置
	产品或服务代码	根据内部要求配置
	类别	股票/债券/基金/存托凭证/其他
金融服务	所属市场	根据具体市场填写
	准入要求	包括但不限于资产、交易经验、知识测评等，可根据具体要求配置参数
	风险评级	R1—R5
	投资期限	1——短期；2——中期；3——长期；4——无固定期限（支持按照年份配置）
	投资品种	1——固定收益类；2——权益类；3——商品及金融衍生品类；4——混合类产品 主要功能：与第三章适当性匹配环节中的投资品种相对应
	收益风险	1——本金安全；2——本金最大亏损；3——超越本金亏损 主要功能：与第三章适当性匹配环节中的预期收益相对应
	客户回访	1——是；2——否
	要素后续变化	1——是；2——否
金融产品	所属市场	根据具体市场填写
	基金账户	校验是否开通对应市场
	合格投资者	1——是；2——否
	风险评级	R1—R5
	投资期限	1——短期；2——中期；3——长期；4——无固定期限（支持年份配置）
	投资品种	1——固定收益类；2——权益类；3——商品及金融衍生品类；4——混合类产品 主要功能：与第三章适当性匹配环节中的投资品种相对应

续表

类别	字段名称	系统配置逻辑
金融产品	收益风险	1——本金安全；2——本金最大亏损；3——超越本金亏损 主要功能：与第三章适当性匹配环节中的预期收益相对应
	冷静期回访	1——是；2——否
	要素后续变化	1——是；2——否

4. 各类账户信息

投资者在经营机构可能开立多个不同类别的账户，包括但不限于证券交易账户、信用账户、衍生品合约账户、期权账户、场外柜台交易账户等。但受限于业务条线的隔离要求以及系统的独立性建设，经营机构尚未完全实现对上述账户的统一管理，仅能够单独地记录投资者的持仓情况、交易信息、转账流水以及资产负债等情况。各类账户的交易信息相较于投资者主动填写的信息，能够更加真实、客观地反映投资者的实际投资情况。因此，在投资者持续管理环节中，上述信息具有更高的参考价值。在系统建设方面，经营机构应当将投资者零散在不同市场的证券资产资金变动情况、交易量、交易品种、持仓情况、换手率、负债情况等信息进行汇总整理，与投资者主观填报的信息进行校验，作为经营机构后续主动管理模型中的重要援引数据。

（二）主观与客观信息的分类及应用

投资者的同一信息字段在适当性管理系统应用中可能出现在多个业务场景。例如，字段“投资经验”在投资者首次业务办理时需要进行采集；在风险测评环节被用作风险等级的组成要素之一；在后续业务权限开通环节被作为准入门槛进行校验。投资者信息除了内部与外部数据的划分维度以外，主观信息与客观信息的分类也具有重要的实践意义。因此，经营机构需要对投资者的信息字段设置不同的标签，方便后续不同业务场景的调用与分析。

投资者的主观信息与客观信息在采集标准、后续维护以及系统校验环节均存在较大差异，因此有必要对其进行分类管控。主观信息如投资目标、预期收益、投资策略、投资知识等，是投资者某个时点对投资的一种主观状态，较难通过其他的线索对其进行验证。同时，投资者可能受周围环境的影响，其投资态度会随之发生变化。对经营机构而言，主观信息无论是首次采集还是持续管理只能根据投资者自行申报并主动更新，经营机构无法主动知悉其主观意志的变化。表 5 – 3 对部分主观信息的字段进行了列示，经营机构虽然无法实时捕捉信息的变化，但是在适当性匹配环节主观意愿是经营机构重要的评估要素。而客观信息是投资者真实状态的写照，在某个特定的阶段具有唯一性，如年龄、学历、职业等信息，且能根据投资者提供的信息与外部平台查询到的信息进行核验。因此，客观信息是经营机构日常维护与持续管理的核心抓手。根据投资者参与业务的阶段与时间的不同，客观信息可以进一步细分为“客观Ⅰ类信息”与“客观Ⅱ类信息”。其中，“客观Ⅰ类信息”主要包括投资者年龄、学历、职业、收入、诚信等信息，经营机构首次以投资者填报为主，保证各个系统之间的信息相一致。而随着投资者交易信息、投资经历逐渐丰富，系统留存的“客观Ⅱ类信息”所反映出的客户画像也逐渐清晰，经营机构可利用系统留存的数据作为后续主动评估的重要依据

表 5 – 3　　主观信息与客观信息分类与系统管理逻辑表

信息类别	字段名称	系统管理逻辑
主观信息	投资期限	首次与后续均已以投资者主动填报为准，投资期限、预期收益、风险厌恶程度可用作评估投资者“多匹配”管理的参考因素
	预期收益	
	预期投资比例	
	预期投资数额	
	风险厌恶程度	
	投资回报用途	

续表

信息类别	字段名称		系统管理逻辑
客观信息	客观Ⅰ类信息	年龄	自动读取客户证件信息
		职业类型	首次以客户填报为准，自动同步至风险测评问卷
		教育程度	
		家庭状况	
		收入情况	
		诚信情况	首次需校验内外部诚信记录平台
		投资经验	股票交易经验可从中登进行校验
	客观Ⅱ类信息	投资品种	系统汇总客户的各类投资信息，用于系统评估模型的基础数据，对投资者主动填报信息进行校验
		证券交易记录	
		产品购买记录	
		负债	
		违约记录	
		换手率	
		收入情况	如客户办理业务时提供收入证明，系统可用于后续评估的基础数据
		诚信情况	后续评估可再次查询内外部诚信记录平台
		投资经验	后续评估可根据投资的生命周期与首次填写进行校验

二、外部数据的采集原则与范围

（一）外部数据的采集原则

经营机构在投资者外部信息采集与使用过程中，应当重点关注信息网络安全与个人信息保护的落实。随着近些年《网络安全法》《数据安全法》《个人信息保护法》《关键信息基础设施安全保护条例》等法律法规的发布，证券经营机构对网络信息安全的重视程度大幅提升，组织框架和制度体系进一步完善，个人信息的重视程度逐渐显现。在与上位法的衔接方面，中国证监会于2023年5月1日实施了《证券期货业网络和信息安全管理办法》，从建设、运维、使用网络及信息系统，到识别、监测、防范、处置风险等方面，构建了完整的网络和信息安全监管框架，对行业机构提出了全方位的管理要求。其中，在个人信息保护方面，经营机构应当遵循合法、正当、必要和诚信原则，合法收集投资者个人信息，规范信息的使用范围，切实加强对投资者信息保护的重视程度。

1. 合法性原则

根据《个人信息保护法》第10条的规定，任何组织、个人不得非法收集、使用、加工、传输他人个人信息，不得非法买卖、提供或者公开他人个人信息；不得从事危害国家安全、公共利益的个人信息处理活动。对于合法性原则，经营机构在处理个人信息时应当遵守法律法规的明确规定，包括依据合法、方式合法和结果合法。其中，处理个人信息最重要的前提是经营机构应当取得“个人同意”。经营机构不仅要告知投资者信息收集方的资质、信息使用范围，还应当单独同意经营机构利用其个人信息处理目的、处理方式、保存期限、保存措施等与信息处理流程有关的事项，这样才符合合法性的形式要件。

2. 正当性原则

正当性原则要求经营机构在处理个人信息时，应当具有特定、明确、合理的目的。经营机构不应当为了追求自身商业利益而降低执行标准，甚至不惜以侵害投资者个人信息权益为代价，通过非正当、含糊的方式向投资者展示信息采集的标准及用途。同时，经营机构在处理个人信息时应当加强对数据的脱敏及加密工作，不应在未对投资者身份信息进行脱敏的情况下，直接或间接地将外部评估数据向经营机构外部或未获得外部数据使用权限的内部部门传输，更不应将外部评估数据进行其他商业用途。

3. 必要性原则

《个人信息保护法》第6条要求，经营机构在收集个人信息时，应当限于实现处理目的的最小范围，不得过度收集个人信息，不得超范围收集和使用个人信息，不得收集非必要的个人信息。必要性原则本身带有一定的主观标准，因此在实践中需要就信息采集的范围、标准、期限等因素进一步明确。具体来看，必要性原则应当注意以下几点要求。一是经营机构收集的个人信息应当具有合理、明确、具体的目的，不应与其他业务或产品进行捆绑，要求投资者提供与特定业务申请不相关的信息。二是个人信息的采集应当控制在实现目的的最小范围，是为了实现产品或服务购买目的的必需。最小范围应当包括收集个人信息的类型、频率、数量、字段等内容。三是个人信息应当采取对个人权益影响最小的方式。在实现合规管理的前提下，采用对个人信息主体权益最小的方式，若处理一般信息即可实现处理目的的，不得处理敏感信息。

4. 诚信原则

诚信原则是民法领域中的帝王条款，因此当然适用于信息保护的范围。诚信原则要求经营机构与投资者进行业务往来活动时，应当在双方权利、义务、承担责任时都应当坚守诚实、善意、信守承诺的原则。诚信原则本身对金融市场的发展、秩序规范、投资者保护具有重要的实践意义。体现在信息保护层面，经营机构应当按照与投资者约定的目的、范围、期限处理个人信息，不得故意隐瞒信息处理的用途或者在未取得投资者同意的前提下将信息向其他机构提供。

（二）外部数据的采集范围

如前文所述，外部信息的引入有助于经营机构搭建统一客户管理平台，促进下文将要提到的“同一客户管理”思路的落地。在数据治理方面，有助于信息去伪留真，起到数据筛查与过滤的目的，更加精准地为客户提供后续服务。但在众多的外部信息平台中，信息来源并未统一，同一信息可能在不同的平台中存在互斥、矛盾的情形。因此，经营机构在选择外部信息接入时应当以官方的渠道为主，如政府部门网站中的公开数据、公安机关身份核验数据、中国人民银行征信数据等。本部分将借鉴《证券经营机构投资者适当性管理 投资者评估数据要求》中外部评估数据的大类，在此基础上进一步拓宽每类信息的接入来源与应用场景，使外部信息更好地与经营机构内部信息融合。

根据投资者外部信息的应用场景，可将其按照身份信息、诚信信息、风险承受能力信息的类别进行划分（见表5－4）。身份信息验证主要包括投资者的身份证件、手机号码、银行开户信息以及机构属性等方面的验证，经营机构后续开展的账户实名制、反洗钱、实际控制人、实际受益人等信息的核验均需要以此为基础。在诚信信息方面，投资者参与证券市场或接受相关服务的前提是不得存在与金融市场相关的不良记录。经营机构需要通过司法机关、监管机构、自律组织的平台进一步核查投资者是否存在禁止进入证券市场或参与特定业务的要求。对于风险承受能力信息主要涉及投资者的投资经验、投资经历、资产情况、收入情况等与其投资能力高度关联的信息。经营机构应当通过第三方平台或投资者主动提供的方式，记录其客观信息，辅助作为风险承受能力测评的依据。

表 5-4 外部数据评估内容及应用场景

类别	评估信息	验证平台	应用场景
身份信息	身份信息	公安机关	核验投资者身份信息的真实性
	手机号码	通信运营商	核验投资者实名制的要求，是否存在委托他人代理开户或账户出借等行为
	第三方存管银行	商业银行	核验投资者资金来源、转账频率、转账地址等信息，辅助判断投资者是否存在场外配资、洗钱等违规行为
	机构资质	企查查、天眼查等	核验投资者提供的信息与公示的信息是否一致
	金融产品资质	基金业协会	核验投资者提供的信息与公示的信息是否一致
	私募基金管理人备案资质	基金业协会	核验投资者提供的信息与公示的信息是否一致
诚信信息	证券市场处罚信息	证券期货市场失信记录查询平台	核验投资者是否存在市场禁入（永久性或阶段性），是否存在限制参与某项特定业务等要求
	司法诉讼处罚信息	中国执行信息公开网	核验投资者是否被列入司法纠纷或被执行人黑名单，是否需要限制其参与证券市场或服务
	账户实名制	中国结算	核验投资者是否存在账户出借、代客理财等违规行为，是否需要对其进行重点关注
	自律机构处罚信息	自律机构名单	核验投资者是否存在市场禁入（永久性或阶段性），是否存在限制参与某项特定业务等要求
	证券交易所黑名单	交易所公示名单	应用场景同上
	经营异常名录	市场监督管理局	核验投资者经营状态及违法信息记录，是否存在需要限制参与证券市场或服务的情形

续表

类别	评估信息	验证平台	应用场景
诚信信息	重大涉税违法记录	税务平台	核验投资者是否存在重大涉税违法记录，是否存在需要限制参与证券市场或服务的情形
	失信记录	中国人民银行	核验投资者征信报告履约情况，是否存在征信方面的不良记录，是否应当限制相关权限开通及融资类业务办理等场景
风险承受能力信息	投资经验	自律机构	现阶段可对接中登核查投资者证券开户时间，后续可根据行业数据的建设增加基金、期货、融资类等业务的开户信息
	收入证明	商业银行	可根据投资者提供的银行流水信息，将相关内容同步至风险测评及其他业务场景
	纳税信息	税务平台	辅助证明投资者收入证明信息，应用场景同上
	投资经历	自律机构	现阶段以投资者提供的购买记录为主，采集以后信息可同步至风险测评及后续业务办理
	资产证明（个人）	商业银行	以投资者主动提供为主（如合格投资者认定），采集以后信息可同步至风险测评及后续业务办理
	资产证明（家庭）	商业银行	应用场景同上
	学历	学历网站	核验投资者最高学历信息，同步至风险测评问卷及基本信息
	投资知识	授权机构	以投资者主动提供为主，需官方授权机构颁发的相应资格证明；个别情形可查询对应的资质管理平台，如基金从业资格
	上一年度经审计的财务报表	纸质材料	根据财报中提供的净资本、营业收入、利润或亏损等情况同步至风险测评问卷及后续业务办理
	上市公司财务报表	企业官网	应用场景同上

第三节　数据分析

数据分析是指通过创新的工具手段、量化模型以及专业的分析方法对已采集的基础数据进行探索、分析，从中找出因果关系、内部规律和业务特点，从而发现有用的信息、告知结论和为后续数据使用场景提供决策支持。体现在适当性管理方面，数据分析是对已收集的客户信息进行整体串联，通过多维度的视角进行可视化展示，设定分析指令并转化成具体结论，最终应用于客户分类、产品分级、适当性匹配以及服务提升等环节。

一、提炼客户关键信息，去伪留真

从数据分析实现的目的来看，理想的业务场景是系统能够实现数据的单点录入、多点调用，从而精准地为数据使用提供支持。但是在整个数据筛选的过程中，可能存在以下难点：第一，部分业务系统相互独立，缺少与其他业务系统的逻辑交互，投资者如通过多个入口申报个人信息，可能存在就同一信息留存在不同业务系统的数据相互矛盾，无法进行数据提炼。第二，投资者在单个系统申报的信息（如特定业务的投资经验）具有一定的局限性，相关信息字段未能从宏观角度综合评价其投资行为。第三，经营机构通过特定数据分析模型分析出的客户投资行为与投资者主动申报的信息可能并不一致，经营机构在不同的信息口径下面临抉择困难。因此，针对上述问题，经营机构应当明确具体的处理规则，设定对应的系统处理逻辑。

其一，数据分析的核心功能是筛选有价值的信息，起到信息核验、去伪留真的目的。当投资者通过多个场景申报个人信息时，应当明确信息筛选的基本规则，设定优先采纳信息的顺序。从信息来源角度来看，如果投资者的信息通过外部平台核验获取，如投资者的诚信状况、投资经验、收入水平等内容应当优先于投资者的主动申报。即投资者出现外部信息与内部信息口径不一致时，应当优先采纳外部平台核验的结果。从信息采集的时效性来看，当同类信息分别出现在不同业务系统时，应当以特定业务系统最新一次获取的信息为准，同时同步更新投资者先前采集的信息，保证信息前后的一致性。

其二，经营机构通过数据分析模型提炼共性信息时，应当以所有业务系统汇总的数据为分析口径，不能仅局限于特定的维度。以风险测评问卷个别题目为例，如："投资者在过去一年时间内购买过不同金融产品的数量是多少：

A. 5 个以下

B. 6—10 个

C. 11—15 个

D. 16 个以上"。

面对该问题，投资者很难准确回答实际购买过的产品数量，尤其当投资者分别通过证券账户、OTC 账户、衍生品账户等多个系统同时购买金融产品时，往往无法准确进行填写。

又如："在以下列举的金融产品中，投资者具有两年以上投资经验的是：

A. 银行存款

B. 债券、货币市场基金、债券型基金或其他固定收益类产品

C. 股票、混合型基金、偏股型基金、股票型基金等权益类投资品种

D. 期货、融资融券

E. 复杂金融产品或其他产品"。

投资者在填写该问题时，可能并未勾选与其实际情况相一致的选项。经营机构在数据分析过程中，不能仅凭投资者填写的口径，应当分别校验投资者在各业务系统留存的数据，确认首次交易时间，客观记录投资者信息。另外，实践中还可能存在投资者的投资记录分散于不同的金融机构，特定经营机构无法有效获取其完整的投资画像。因此，经营机构在投资

者填写相关问卷时，可在问卷一旁展示其系统留存的数据供投资者参考，经营机构可以根据内部的管理逻辑明确是否接受超出系统记录的其他申报。

其三，数据分析环节应当化被动为主动，从提炼出的共性信息中进一步生成投资依据和评估建议，服务于投资者的全生命周期。例如，经营机构可通过建立客观信息评估模型与投资者已填报信息进行校验，以保障后续的投资决策建立在客观、真实的基础之上。投资者在首次进行信息填报时，与投资行为相关的绝大多数信息主要依赖投资者主动填报，经营机构缺乏核验信息真实性的有效途径。但随着投资者后续参与业务、购买产品经历逐渐丰富，系统已能够有效记录其投资品种、投资策略、投资频率等关键信息。因此，客观信息评估模型实际是将投资者的资产状况、投资品种、投资频率等字段进行有效记录，与投资者主动申报的信息建立对应关系，校验两者是否具有一致性。在评估的具体周期方面，经营机构可设置半年或一年为一次评估周期，以此保障评估结果更具客观性。当客观信息模型与投资者已填报信息进行校验时，系统会触发以下三种核验结果：第一种，系统的评估结果高于投资者的测评结果，说明投资者的风险承受能力客观上高于自己的填报或主观风险承受意愿较低，此时投资者可以自主选择是否接受评估模型的调整建议。如接受，系统将调高对应的风险承受能力；如不接受，系统将尊重投资者的问卷测评结果。第二种，系统的评估结果低于投资者的测评结果，说明投资者的客观信息并不符合实际或者主观夸大了风险承受意愿。根据《证券经纪业务管理办法》的最新要求，经营机构发现投资者不适合继续参与相关交易的，应当及时采取相应的管理措施，必要时根据相关规定及证券交易委托代理协议的约定限制、暂停、终止提供证券交易服务。从保护投资者的角度，经营机构需要根据客观实际调低其风险承受能力，并向投资者进行充分风险提示。在此场景下，投资者原则上不得拒绝经营机构的调整建议。第三种，系统的评估结果与投资者的测评结果一致，此时说明投资者申报的信息与实际的投资行为相一致，无须投资者对评估结果进行人为干预。从整个信息评估的过程来看，经营机构通过数据分析模型将客观信息进行提炼，有效提升了数据采集环节的准确性。

二、合理校验产品评级，定期回检

在本书第二章第二节了解产品的叙述中，主要介绍了当前行业内产品或服务的评级标准与现状。整体来看，产品评级工作的问题主要集中在评级标准尚未统一、基础资产与母产品等级“倒挂”、评级缺乏持续跟踪机制与回检机制等。针对上述问题，数据分析环节能够有效提升产品评级的合理性，根据具体要素的变化及时调整整体产品的评级，持续关注投资者与产品要素的匹配状态。

（一）系统对初始评级合理性的分析

在各业务基础资产评级方面，初始评级侧重于事前评估，经营机构根据业务本身属性、流动性、最大亏损情况、行业评级参考等因素综合评定其风险等级。经营机构无论采取何种方式确定业务等级，都需要最终将评定结果配置于系统，从而完成业务与投资者风险等级的匹配工作。与此同时，基础资产等级是产品等级评定的基础，产品的大类风险等级原则上应当与基础资产的等级近似。当基础资产等级与对应产品等级差异过大时，数据分析环节能够及时提醒经营机构审慎对待评级的差异。

在产品评级方面，经营机构首先应当充分考虑投资方向、投资范围、投资比例、杠杆情况、流动性、历史业绩等因素进行分类，故风险等级大类的划分建立在产品分类的基础上。在确定大类风险之后，充分考虑同类产品历史业绩、基金规模、违规情况等作为辅助调整因素，通过对每项要素设定具体的权重，最终确定产品的初始评级。以某股票型证券投资基金为例，其投资范围主要包括国内依法发行、上市的股票（含存托凭证）、债券、权证、资产支持证券、货币市场工具及法律法规或中国证监会允许基金投资的其他金融工具；同时，该基金可以投资在创业板、科创板市场发行、上市的股票（含存托凭证）及债券。如按照基金类别的风险等级划分，该基金属于股票型基金，其风险等级应划分为

R3。考虑到该基金股票资产占基金资产的比例可以达到80%—95%，故该基金存在大部分投资于创业板或科创板市场的可能。鉴于创业板、科创板市场的基础评级一般在R4，故将该基金调整为R4等级更具合理性。在确定该基金的大类风险等级以后，系统根据模型预设的辅助因素权重，分别对其进行量化打分。如辅助因子触发等级调整，系统对应调整该基金的风险等级。

（二）后续评级的动态维护

随着金融产品的样态及政策环境不断变化，个别基础资产的风险等级也随之发生变化。如全面注册制的放开，投资者参与创业板市场的准入门槛与涨跌幅限制发生调整，其相应的业务风险等级随之改变。因基础资产风险等级上调，对应的基金类别应当同步进行调整。在系统层面，经营机构应当及时向已开通特定业务或持有特定产品的投资者进行风险等级变动提醒，充分揭示业务风险并确认投资者已充分知悉。

与初始评级相比，产品的后续评级整体逻辑较为相似，都是采用定量与定性评估相结合的方式。但是在具体的评估要素方面，两者有较大区别，这主要是因为后续评估是以产品成立之后的一段特定周期为基准，重点考虑产品的持仓比例、净值波动、管理人风险等因素。表5-5以公募基金评级标准为例，列举了初始评级与后续评级的主要参考要素。对于表5-5中具体的评估要素与指标权重仅作为举例参考，实践中经营机构可根据实际情况自行设置。从系统角度出发，后续评级对系统的时效性与依赖性要远远高于初始评级。具体到实操层面，后续评级要求系统能够发起定期调整与不定期调整。定期调整的要素主要包括基金仓位、净值波动等内容，经营机构可以通过评估模型自动读取管理人定期披露的运作报告。风险等级的重新评估有助于投资者阶段性了解基金的整体管理水平与风险的变化。不定期调整要素主要针对管理人更换、基金违规记录、底层资产违约等事件的发生，相较于定期调整要素，对投资者切身利益的影响更为直接，因此需要系统及时发起后续评估。

表 5－5　　公募基金风险评级规则与系统配置逻辑举例

<table>
<tr><th>类别</th><th>评级指标</th><th>权重</th><th>评分规则</th><th>系统配置</th></tr>
<tr><td rowspan="8">初始评级</td><td>基金类别</td><td>70</td><td>基于基金分类确定基金的基准风险等级</td><td>基金分类提前配置于系统</td></tr>
<tr><td>历史业绩</td><td rowspan="6">30</td><td>根据历史业绩波动设定分段区间，进而确定每个区间对应的分数</td><td rowspan="5">根据招募说明书、基金合同中、协会信息公示等途径，系统读取相关内容，生成风险等级</td></tr>
<tr><td>违规记录</td><td>根据管理人发行的历史基金情况，确认是否存在违规情况，根据出现频次，相应扣减分数</td></tr>
<tr><td>基金规模</td><td>根据基金规模设定分段区间，进而确定每个区间对应的分数</td></tr>
<tr><td>杠杆比例</td><td>基金总资产/基金净资产，杠杆越大风险越大，分数可依次递减</td></tr>
<tr><td>跨境因素</td><td>根据投资境外资产的比例，确定相应的得分</td></tr>
<tr><td>定性因素</td><td>根据管理人评级、基础资产评级、发行方式、申购费率等综合评定</td><td>手动调整、系统校验</td></tr>
<tr><td>其他</td><td>—</td><td>外规要求基金风险等级需要直接调整的情形</td><td>手动调整、系统校验</td></tr>
<tr><td rowspan="9">后续评级</td><td>初始基金评级</td><td>70</td><td>基于基金初始评级作为基金后续评级的基础</td><td>系统存储评级的历史记录</td></tr>
<tr><td>基金仓位</td><td rowspan="7">30</td><td>评级时点根据基金仓位的变动，设定具体仓位对应的分数</td><td rowspan="2">定期调整：根据基金定期披露的报告，系统自动读取相关数据，重新发起系统评估</td></tr>
<tr><td>净值波动</td><td>根据基金阶段性业绩波动的幅度，进而确定每个区间对应的分数</td></tr>
<tr><td>违规记录</td><td>根据特定的评估周期，确认该基金是否存在违规情况，根据出现频次，相应扣减分数</td><td rowspan="5">不定期调整：如上述评估要素发生变化，系统重新发起等级评估</td></tr>
<tr><td>基金经理</td><td>特定周期内，基金经理是否出现更换，相应进行分数调整</td></tr>
<tr><td>流动性</td><td>产品流动性受限或出现巨额赎回风险，相应扣减分数</td></tr>
<tr><td>对手方违约</td><td>投资标的出现重大违约，产品需要计提，根据投资比例相应扣减分数</td></tr>
<tr><td>定性因素</td><td>特定周期内，管理人是否出现评级调整，基础资产是否出现等级变更，投资范围是否出现重大调整等情形</td></tr>
<tr><td>其他</td><td>—</td><td>外规要求基金风险等级需要直接调整的情形</td><td>手动调整、系统校验</td></tr>
</table>

（三）评级回检机制

从上述的评级模型可以看出，无论是第三方评级机构还是经营机构自主创建的评估方法，评估的过程自由空间较大、主观性较强。理论中所创设的评估模型不一定与实践能够完美契合。因此，经营机构应当定期回溯评级方法的合理性，并及时对评级模型进行调整。实践中，经营机构可以在系统中提前设定部分指标，如相同风险等级产品亏损比例、波动率、投资者投诉与纠纷反馈等指标，作为评级方法调整的依据。如相同风险等级产品亏损比例过高，说明该产品相较于相同风险等级的其他产品风险较大，原始评级可能低估了某些要素指标，需要及时做出调整。又如个别产品存在投资者投诉或民事纠纷，投资者反馈与其自身风险等级不匹配，经营机构也需要同步评估特定品种的复杂程度，确认是否已充分反映在风险等级之中。综上所述，通过对产品要素与风险等级主动进行合理性分析，能够最大限度保持产品或服务本身与投资者的投资目标相匹配。

三、设置核心预警指标，及时处理

一直以来，证券行业存在“重发展、轻管控”的管理现状，如何有效地利用大数据资源以及如何根据已有的数据提前预测风险隐患，是经营机构能否驾驭金融科技的关键。而数据分析的另外一项重要功能就是助力于监控体系的搭建，不仅可以提高经营机构的工作效率，改善客户服务质量，还可以提前预知风险隐患，保障合规稳健地发展。在适当性管理方面，经营机构通过有效的数据分析模型建立风险预警监控体系（以下简称“监控体系”），科学、合理、全面地设置预警指标与处理逻辑，及时向经营机构发出预警信号并提供解决方案，实现对关键业务环节及风险事件的掌控。

经营机构建立监控体系的方法可能不尽相同，但是有效的数据分析模型存在以下共性：第一，监控体系设计的目的是帮助经营机构全面覆盖风险点，贯穿事前拦截、事中提示和事后监测的全工作流程。第二，监控体系不是一个静态的画面，需要根据业务的发展从简单到复杂、从延迟到灵敏反复进行验证与测试。第三，监控体系需要定性与定量指标相结合，在实践中摸索创新，不断修正指标设置。第四，监控体系不能仅局限于内部管理，应当同步关注重点风险监控领域与特定行业指标，综合分析宏观与微观层面的风险。接下来，分别从了解客户、了解产品、适当性匹配、主动管理和保障性措施环节探讨预警指标的合理设置。

首先，在了解客户方面，困扰经营机构的主要问题包括投资者信息更新不及时、前后不一致、与实际情况不符或未能有效进行风险提示工作。在预警指标设置方面，经营机构根据投资者的信息与投资行为变化，通过设置专门的指标阈值，提醒经营机构向投资者充分履行信息披露与风险揭示（见表5－6）。例如，投资者日均资产较为平稳，在特定的期间内突然发生大额资金转入或转出的情形。此时，投资者可能存在参与配资或垫资开通特定业务权限的行为，经营机构应当进一步分析投资者的其他行为，提示资金异动风险。在了解产品方面，根据产品要素的变化与风险事件的出现，提醒经营机构适时发起重新评估，及时向投资者充分披露产品的变化。在适当性匹配方面，根据适当性匹配逻辑的设定，提醒投资者购买与自身风险等级相匹配的产品或服务，审慎作出业务决策。在持续管理方面，根据经营机构内部留存的信息与投资者主动填报的信息定期发起一致性校验，为投资者展示更加客观、真实的画像。

表5－6　　投资者适当性管理监控指标

类别	预警项名称	预警逻辑	设置目的
了解客户	特殊群体（如高龄投资者、未成年人等）业务受理监控	特殊群体开立证券账户或购买相关产品或服务，根据具体的业务场景设置提醒	针对特殊群体的业务申请，对应设置专门的后续工作流程，进行针对性风险揭示与投资者教育工作
	投资者基本信息与风险测评不一致监控	监控投资者基本信息与风险测评重合部分是否同步（如年龄、学历等），如信息不一致，提示投资者再次确认	监控投资者信息前后一致性，避免散落在不同模块的存量信息前后矛盾

续表

类别	预警项名称	预警逻辑	设置目的
了解客户	投资者基本信息与外部信息核验不一致监控	监控投资者自行填报信息与外部平台核验的信息是否一致，如不一致，提示投资者以官方渠道查询到的信息为准	核实投资者自行填报的信息与真实情况一致性，避免投资者出现瞒报、漏报等情形
	大额资金转入监控	监控T日新开通特定业务权限的投资者在特定区间（如T－20日至T－1日）是否存在大额资金转入情况。（仅限开通权限时触发预警）	核查投资者大额资金来源，是否存在垫资开通权限的情形
	特定业务权限开通后大额资金转出监控	监控特定业务权限开通后N个交易日内有大额资金转出，且最新日终资产小于特定值的情况，大额资金转出金额达到阈值则预警	通过回访等形式提示投资者特定业务风险，参与特定业务应当与投资目标、资金实力相匹配
	投资者列入重点监控账户名单监控	监控投资者全生命周期中是否存在违规交易行为。如出现，系统进行预警	及时对被纳入重点监控账户名单的投资者进行风险提示或采取限制措施，如限制投资者开通新业务权限或购买产品
	投资者列入证券期货市场失信记录平台监控	监控投资者全生命周期中是否存在失信或参与证券市场违法违规行为。如出现，系统进行预警	及时对被列入证券期货市场失信记录平台的客户进行事件分析，针对其违规情形采取限制措施
	投资者融资类业务违约记录	监控客户在经营机构内部是否存在违约、被强制平仓等行为。如出现，系统进行记录	便于不同业务条线实时掌握客户在已参与的业务板块发生的违约行为，作为投资者后续评估的准入参考
	信息不完整投资者开通特定业务权限或购买产品监控	监控当日信息不完整客户（包括：姓名、证件类型、证件号码、职业、手机号、风险等级等缺失）或账户规范性不合格客户新开通特定业务权限或购买产品的情况，超过阈值则预警	账户规范为投资者业务受理事先校验事项，防止系统前端未能有效拦截，后端再次校验

续表

类别	预警项名称	预警逻辑	设置目的
了解客户	专业投资者有效期监控	专业投资者有效期临近过期或已过期，触发系统预警，及时提醒投资者更新相关信息	持续关注专业投资者有效期的管理，到期及时调整对应的业务权限
	特定业务合格投资者有效期监控	合格投资者有效期临近过期或已过期，触发系统预警，及时提醒投资者更新相关信息	持续关注合格投资者的有效期管理，到期后及时调整对应的业务权限
	频繁风险测评监控	实时监控达到指定风险等级的客户在当天的测评次数，测评次数超过阈值则进行预警	核实投资者风险测评信息的客观性与真实意愿，防止为了参与高风险业务隐瞒、夸大真实情况
	投资者风险等级调整监控	实时监控当日投资者风险等级调整流水（剔除当日新开户的客户记录），发生次数达到阈值则进行预警	同上
	客户风险等级跨级监控	实时监控当日投资者风险等级相较于前日是否提高，提高级别超过阈值则进行预警	同上
	投资者风险测评问卷不同回答相互矛盾	监控投资者在填写风险测评问卷时，不同题型之间出现结果互斥。如出现，系统进行预警	核实投资者填写的信息的真实意愿，为后续的信息调用提供准确依据
	不符账户权限开通监控	实时监控日均资产、交易经验等条件不符合相关业务开通要求的投资者账户权限（协议）开通，发生则预警	防止系统前端未能有效拦截或柜台受理端人工操作误差，为不符合准入条件的投资者开通了相关权限
	无权限交易监控	实时监控投资者无权限或进行申购或者买入的操作，发生则预警	防止系统前端未能有效拦截，发生错误报送或委托
	风险测评到期监控	实施监控投资者风险测评临近过期或已过期，提醒其及时更新测评	持续了解投资者信息，提醒投资者主动完成更新

续表

类别	预警项名称	预警逻辑	设置目的
了解产品	产品风险等级调整	监控当日产品风险等级调整，如出现变化，系统对持有该产品的投资者及时提醒	提醒经营机构及时向投资者提示信息变动提醒，传递风险变化
	产品对应基金类别基准等级调整	监控产品类别对应的基准风险等级发生调整，如出现，提示重新发起产品评级	提醒经营机构基准等级的变更影响产品最终的等级评定，同步向投资者进行变更后提醒
	产品风险等级低于管理人评级	监控产品风险等级低于管理人评级的情况，发生次数超过阈值则进行预警	销售机构对产品的风险等级评定结果不得低于管理人的评级
	管理人出现违规记录监控	监控管理人因投资中的违规行为被监管机构出具各类监管处罚情形	提醒经营机构及时启动内部评级工作流程，同时提醒投资者全面了解产品信息的披露情况，在充分知悉的情况下作出投资决策
	基金经理更换监控	监控基金经理履职情况，如出现更换，实时进行提醒	同上
	产品巨额赎回监控	监控产品因特定业务风险出现的巨额赎回情况，发生特定规模超过阈值则进行预警	同上
	产品重仓资产违约监控	监控产品超过一定投资比例的资产出现违约情况或流动性受限情况，发生规模超过阈值则进行预警	同上
	产品投资范围出现变更	产品投资的范围未按照约定的范围执行，发生则预警	提示投资者知悉产品的运行情况，如不符合自身投资目标可及时赎回
	产品合同发生变更	产品合同出现重大要素变更，发生则预警	同上
适当性匹配	业务或产品“匹配”监控	在“强匹配”业务逻辑下，监控新开通业务权限或购买产品的投资者，风险等级不达标的情况，发生则预警	控制投资者风险等级与业务等级相匹配，不适当情形下不能参与

续表

类别	预警项名称	预警逻辑	设置目的
适当性匹配	“弱匹配”监控	投资年限、投资目标为“弱匹配”，监控投资者开通权限或购买产品不匹配达到一定阈值则发生预警	提醒投资者参与的业务或购买的产品流动性、风险收益可能不符合投资者的预期
	未签署风险揭示书等补充协议监控	业务规则发生变化，需要投资者重新签署风险揭示书，投资者未在规定时间内签署，则发生预警	提醒投资者及时了解最新业务规则的变化，确认已知悉相关风险
	高龄投资者参与高风险业务或产品监控	监控高龄投资者参与高风险业务或购买高风险产品的情况，发生则预警	确认投资者是否知悉产品或业务的风险，是否是投资者真实的意愿，对其进行特别提醒
主动管理	系统测评等级与问卷等级不一致监控	系统定期（如每半年）根据投资者的交易信息与主观信息评定出风险等级，与投资者问卷等级对比，如不一致，则发生预警	增加主动管理措施，保证投资者主观填写信息与客观实际相一致
	投资者盈亏状况与测评预期不一致监控	系统定期（如每半年）汇总投资者的整体盈亏状况与测评预期是否一致。如不一致，则发生预警	提醒投资者审慎参与交易，如实际情况与预期收益差距过大，及时调整投资策略
	投资者投资资产水平与测评问题不一致监控	系统定期（如每半年）汇总投资者的日均资产状况与测评预期是否一致。如不一致，则发生预警	提醒投资者客观情况与测评问题不一致，后期可能影响整体测评结果
	投资者投资品种与测评问题不一致监控	系统定期（如每半年）汇总投资者参与的投资品种与测评预期是否一致。如不一致，则发生预警	同上
保障性措施	新开户投资者回访监控	监控投资者证券账户开立前是否已完成回访，如未完成，系统提示业务办理人员	有效执行《证券经纪业务管理办法》第 31 条的要求，在开通证券账户前完成客户回访
	新增权限投资者回访监控	监控投资者在相关权限开通后三十日内是否完成回访，如临近到期，系统提醒相关工作进度	有效执行《证券经纪业务管理办法》第 31 条的要求，在开通相应交易权限后三十日内完成回访

续表

类别	预警项名称	预警逻辑	设置目的
保障性措施	账户异常回访监控	监控投资者账户使用、资金划转、证券交易等异常情形，如出现异常，系统进行提醒	有效执行《证券经纪业务管理办法》第31条的要求，对账户使用、资金划转、证券交易等存在异常情形的投资者，在两个交易日内进行回访

四、关注员工执业行为，提质增效

经营机构除了分析与客户和产品相关的要素以外，还可以重点分析员工的执业行为质量，从侧面了解客户服务的合规性与有效性，进而找准服务短板，提升服务质量。从员工与客户的联系来看，有以下几个环节值得经营机构重点关注。

一是员工信息与客户信息的关联性。员工入职时一般会将个人的关键信息如联系地址、联系电话、MAC地址、手机IEMI码、硬盘序列号等信息进行申报，并统一纳入内部监控平台系统。当员工信息与客户信息发生重合时，系统应当重点分析员工是否存在代客理财、员工炒股等违规行为。如通过进一步核查确认员工存在违规情况，应当及时采取应急处置工作，保障投资者的合法权益不受侵害。二是员工名下客户的适当性管理情况。不同员工名下客户的信息规范程度、风险等级分布、产品或服务匹配率、风险测评过期率等指标可能存在一定差异。通过对上述指标在不同员工之间进行横向对比，能够有效识别员工适当性义务的履行情况。如员工名下客户风险等级的分布整体高于平均值，可能存在员工诱导客户刻意调高风险测评等级的可能。如员工名下客户购买产品的不匹配情况频繁发生，可能存在员工向客户进行不适当推介。此时，经营机构应当对其名下客户信息的真实性与投资意愿进一步核查，同时提醒投资者购买符合其投资目标的产品或服务。三是员工服务客户的满意度与时效性。经营机构除了向客户进行主动营销或产品推介外，还可以建立与客户互动的双向机制，邀请其对客户经理或服务人员的满意度进行打分。通过收集客户的意见建议，针对薄弱环节，改进服务方式，提升客户满意度。另外，针对员工的展业平台，可以对员工接受咨询的服务时长、服务质量以及解决问题的能力进行综合排名，对排名靠前的员工予以奖励，对排名靠后的员工进行督促、提醒。

第四节　数据使用

数据使用是基于多维度的指标分析系统，重新对服务场景进行设定，通过个性化的指令输出客户画像，为管理层提供一站式的决策支持。在传统的观念当中，经营机构对投资者数据的使用局限于信息存储与服务留痕，缺少与营销展业、客户服务等场景的交互。投资者评估数据库的形式意义大于其实质意义，在提质增效、深度合作方面的价值尚未被发掘使用。在当前的背景下，深度探究数据使用场景能够帮助经营机构整合客户、产品、渠道、服务等环节的割裂式发展，实现各个环节合作共享，为客户提供多元化、专业化、智能化的服务。本节将进一步探讨数据使用在统筹“同一客户管理”、助力财富管理业务转型、提升监管效率以及建立行业互认机制等场景中的具体应用。

一、推进“同一客户管理”思路的平稳落地

（一）“同一客户管理”思路的必要性与实践意义

信息采集的分类与整理仅是实现“同一客户管理”的初始环节，在此基础之上，经营机构下一步需要解决的是如何打通彼此独立的信息系统以及统一客户的管理标准。“同一客户管理”思路的应用是经营机构客户服务体系建设的合规保障与运营支持，是经营机构实现信息共享、流程统一、标准一致的重要保障。

在业务层面，经营机构推进“同一客户管理”工作可以有效整合内部集中运营体系与技术资源，提升工作效率。各业务条线均使用以投资者评估数据库为基础的统一客户管理平台（以下简称“统一平台”）来进行客户信息管理、适当性管理和档案管理。统一平台承担标准化的客户管理动作能够减轻各业务部门的系统开发和客户管理工作负担，推进以客户为单位的交易数据、业务信息和服务信息的整合，为业务协同、资源共享、交叉销售和数字营销提供助力。

在合规层面，经营机构打造“同一客户管理”体系有助于统一落实适当性管理、反洗钱、反配资、反外挂、实名制、异常交易等各项要求，建立客户管理的“中央控制室”，助力经营机构真正实现对客户信息、客户行为、客户风险的透视管理，强化对客户的全方位监测。同时，有助于持续优化业务流程设计，借助信息系统进行业务流程管控，用数据规则替代人工分析、判断，实现业务实时自检、风险实时预警。

在技术层面，经营机构构建“同一客户管理”系统平台有利于系统统一规划、需求统一制定、功能统一实现。在数字化转型的大背景下，统一平台将与经营机构内部产品平台、员工平台、监测平台、预警平台共同形成“系统架构矩阵”。客户数据可以实现单点录入、多点调用，在源头解决数据质量问题，实现数据质量的一致性、完整性、交互性、准确性以及唯一性。此外，通过客户数据、交易数据、产品数据的积累、整合、共享、分析、应用，最终形成集约化、标准化的数据资产，助力数据分析和使用。

（二）构建统一平台的具体措施

经营机构在构建统一平台的过程中，首先需要对客户管理的共性环节进行分类与提炼。一是在业务办理层面，统一平台应当覆盖证券账户、信用账户、场外柜台交易账户、衍生品合约账户、期权账户等。对于共性的信息采集、客户分类、风险测评、业务准入、适当性匹配等环节系统支持多点调用，全景展示客户的各类信息。同时，统一平台能够自动汇总以同一客户为维度的各类投资经验、交易信息、产品购买信息、资产与负债信息等内容，便于经营机构充分进行客户分析。二是在合规管理层面，统一平台应当支持经营机构同时开展适当性管理、反洗钱、反配资、反外挂、实名制、异常交易等多项管理要求。上述要求在实践中可能面临就客户同一信息反复采集或就同一事项反复核查，经营机构需要对共性的内容进行提取，将个性化的要求按照合理的流程进行规划。三是在保障性措施方面，共性的环节主要包括合同签署、风险揭示、业务留痕、档案管理等事项。经营机构对于上述各个环节的落地可以统一进行系统开发与日常运营，无须以业务条线为单位进行反复投入。四是在客户服务方面，经营机构将客户咨询、客户回访、客户投诉嵌入在统一平台之中。经营机构在受理内部各类客户的电话、互联网咨询时，一般需要按照业务条线进行分配，借助统一平台可以实现各业务部门间的实时联动，第一时间解答客户的疑问。在客户回访过程中，可以按照新开户回访、存量回访、重要客户回访、风险预警回访等类型进行处理，提高回访的针对性与效率。客户投诉环节，经营机构可以按照内部投诉与12386转办的投诉类型进行划分，统一监控投诉的实时动态与完成情况。

另外，经营机构应当从组织架构与制度建设方面为统一平台的建设扫清障碍。现阶段，由于各业务条线之间存在独立性与制衡性原则，构建公司级的运营中心可以有效打破部门之间的界限。在具体构建过程中，经营机构应当明确公司级运营中心与其他部门的业务关系、内部的职责与分工，形成统一管理制度并进行固化。在职能划定方面，应当细化至具体团队、具体岗位，同时应明确各团队内部、团队间的业务流程、衔接机制、工作标准、考核方式等，这样才能提升公司整体的经营管理能力。

（三）统一平台进行客户管理的具体案例

为了对统一平台开展“同一客户管理”有更加直观的认识，接下来以投资者新开证券账户为例，展示各业务系统、各功能板块之间的场景交互。首先，经营机构在受理客户申请时，应当统筹考虑适当性管理、反洗钱、反配资、实名制、异常交易等各项要求。在流程校验的顺序上，如果受限于合规管理要求不支持线上办理或无法办理，经营机构应当直接拒绝客户申请，无须校验其他事项。在图5－3中，经营机构第一步需要校验客户是否属于重点监控账户、非实名制账户或失信账户。重点监控账户，是指因发生严重异常交易行为或者频繁发生异常交易行为，被交易所列入重点监控账户名单的证券账户。根据交易所的要求，重点监控账户持有人申请新开证券账户或资金账户的，应当临柜办理。经营机构对客户申请开展审慎评估并留存评估结果，认为可以开立账户的，其合规负责人应当以电子或书面方式确认，并要求客户向其书面承诺合规交易。对非实名制账户或有不良诚信记录的账户均应当参照上述办理逻辑，提示客户进行临柜办理并审慎评估其资质。第二步需要考虑反洗钱的要求，如果客户反洗钱等级过高，经营机构需要进一步核查其资金来源、职业信息、投资目的等信息。第三步开始进入适当性管理的范畴，依次对客户分类、准入门槛以及适当性匹配等环节进行校验（前述章节已有详细的介绍，此处不再赘述）。客户在对业务合同、风险揭示书、适当性匹配表单统一确认并归档以后，经营机构的事前审查工作告一段落。

在事中监控方面，经营机构应当以客户为中心，将可能触发的监控情况统一进行部署与管理。一是反洗钱监控，监控大额交易、可疑交易并履行相关内外部的审批报告义务。二是反配资监控，针对客户疑似分账户、子账户的场外配资行为进行监控和处置。三是非实名制监控，针对中国结算发布的疑似非实名的证券账户进行监控、处置和监管报送。四是反外挂监控，针对疑似违规外部接入的程序化交易信息系统进行监控和处置。五是异常交易监控，针对交易所规定的自成交、对敲、大额报单等异常交易情形进行监控、处置和监管对接。对于上述各类监控，统一平台需要设定具体的处理标准，如已阅、批注或发起工作流。同时，系统应当支持对发起时间、处理时效有明确的进度提醒。

在事后服务方面，统一平台能够实时查阅到客户回访的时间、留存信息的有效期、产品或服务的购买记录以及与投诉有关的事项。在客户进行咨询、投诉有关事项时，经营机构能够全面掌握其各类信息，便于第一时间解决客户的疑虑，提升运营管理的效率与客户满意度。

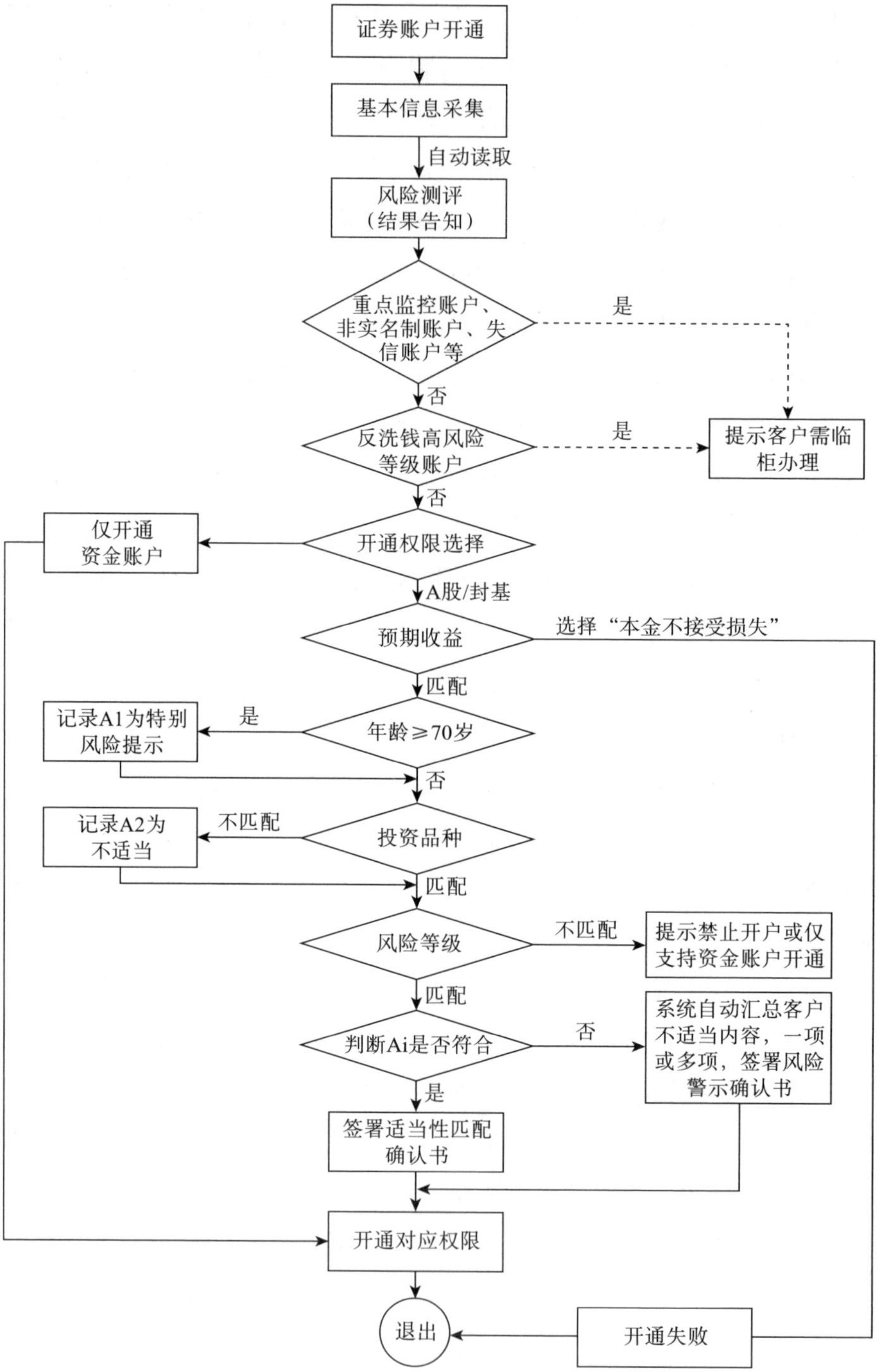

图5-3 “同一客户管理”思路流程校验

二、助力财富管理业务的转型升级

近些年，我国财富管理的发展在服务模式变革、线上线下融合、用户需求分析、产品结构改善等方面取得了长远进步，但仍未摆脱以传统代理买卖为主线的营销模式。财富管理转型需要坚持以客户利益为核心，以数据资源为抓手，以人工智能、区块链、云计算、算法交易等技术为手段，不断拓宽服务类型，丰富产品结构，提升交易性能，便利交互方式。

在服务类型方面，投资者的需求从最初的传统经纪业务逐步向融资融券、产品销售、投资咨询、资产管理等综合性服务延伸。经营机构可以根据投资者的类型与投资行为，为其匹配适当的服务类型，丰富财富管理的手段。对于个人投资者，经营机构应当充分发挥专业的投研能力、大类资产的配置能力以及分散风险的洞察能力，打造专业的投资顾问团队，为客户提供专业的投顾服务，实现投资者资产的保值增值。尤其在公募基金投顾业务试点的基础上，根据投资者在数据采集与数据分析环节留存的投资目标与主观意愿提供专业的资产配置方案和投资建议，并定期分析投资方案与投资目标的匹配性，不断优化投资管理方案。对于机构投资者，充分调动转融通、线下打新、现金管理、股票质押等个性化服务，实现股东盘活余券、风险管理、增厚收益、提升流动性的需求。对于产品投资者，以客户多元化需求为出发点，聚焦于产品交易的全生命周期，并以交易为核心持续开拓与联结产品发展生态链，为产品类投资者量身打造集风险对冲、做市报价、交易结算、研究咨询、资产托管等服务为一体的一站式服务，全方位满足客户的服务需求。

在产品配置方面，产品的多样化、专业化以及适配性是满足客户需求的重要基础。当前国际顶流的财富管理机构均建立了较为完备的产品销售体系，从产品研究—产品引进—产品销售—产品运营有着流畅的闭环管理机制。在先进经验的基础上，经营机构还要不断完善产品的体系化建设，坚持深化产品供给侧改革，进一步丰富产品货架，打造“产品 + 多元化”的服务模式，为投资者提供全链条的产品类型。同时，经营机构应当不断丰富产品销售渠道，积极探索“线上＋线下”的方式，便利投资者的购买途径。另外，充分发挥经营机构的专业特性，借助资源禀赋和协同效能，提供投融资一体化的全方位综合金融服务解决方案。最后，要充分依靠数字化手段，以科技赋能业务模式转型升级，加快财富管理全业务、全流程数字化转型，构建客户与产品深度绑定的数字化运营体系。

在交易系统方面，投资者对提高交易执行效率、降低交易成本、减少市场冲击、优化交易速度等方面有着迫切的现实需求，因此经营机构应当以低延迟、高性能、多功能的综合性智能交易终端为目标。从当前行业实践来看，已有多家经营机构推出一站式的系统服务终端，覆盖现货、“两融”、期货、期权、衍生品在内的全业务类型。在系统管控方面，通过建立程序化交易监测监控机制，及时发现达到交易所报告要求的客户，并督促其履行报告义务，协助做好客户管控工作。

在便利交互方式方面，经营机构可以深度挖掘当前交易软件、客户端、公众号等媒体的信息推送服务。智能推送是基于数据分析和机器学习技术，通过了解客户的浏览偏好、交易行为、业务互动等数据，分析客户对各项服务的停留时间和投资偏好，从而实现对客户场景感知，精准推送个性化信息。与传统的广告式推送相比，智能推送可以有效减少客户在海量信息中的搜索时间和精力，提升客户满意度。同时，根据推送的内容，定期收集客户的反馈和行为数据，不断优化推送策略，提供更加贴合用户需求的内容，从而提升用户的使用体验。

三、提升穿透式监管的底层逻辑

数据使用环节除了能够提升经营机构管理效率、匹配客户需求以外，同样可以助力于监管方式的转变。金融科技在证券行业快速发展的同时，金融监管正面临前所未有的挑战。在以往的实践中，监管机构面临的主要挑战是如何全面地掌握、收集各家经营机构的管理状态及各项指标，而如今需要解决的是，在海量的各类数据面前，如何及时、有效地甄别出有价值的信息，发现潜在的风险事件，从而做到“早识别、早预警、早发现、早解决”。经营机构投资者评估数据库可以为后续的监管科技起到底层数据支撑的作用。监管机构借助区块链、应用程序接口（API）、智能算法、云存储等技术，及时获取经营机构的风险动态，提高数据的获取效率并实施针对性的管控。同时，监管机构可以站在行业视角，俯瞰存在重点风险的领域，及时提出优化建议。

（一）区块链技术

区块链技术是基于密码学方法和互联网通信技术所产生的分布式信息处理和传输的新工具，对当前的金融发展有着重要的促进作用①考虑到目前的证券市场普遍存在信息不对称、交互流程烦琐、获取成本高、信息易篡改、无法追溯等特点，区块链技术本身在去中心化、无法篡改、信息实时获取方面具有广阔的应用前景。在金融监管方面，监管部门应当与时俱进，充分利用技术的红利提升监管效率、优化监管方式。

首先，区块链技术在去中心化方面可以有效知悉信息的来源与应用场景，缓解金融监管的压力。监管机构仅需成为区块链技术中的一个节点，就能知悉链条另一端经营机构的各类信息。区块链中的跨链互访技术使得各方信息同步，有效降低了信息的不对称。其次，非对称加密和授权技术使得链条中的信息是公开的，但是账户身份是加密的，只有在授权的前提下才能访问，有效保证了各方数据信息的真实性，不易被篡改，提高了信息交互的效率，降低因信息不透明带来的监管成本。最后，监管机构能够在成为区块链系统的节点后，实时掌握投资者评估数据库中公开的各类信息，及时识别潜在的金融风险，起到事中监测的作用。

（二）应用程序接口（API）

应用程序接口是软件系统不同功能模块之间衔接的约定，是实现信息开放与数据互联互通的重要方式②在机构方面，投资者评估数据库可以根据监管的指引，利用其内部的算法逻辑与数据处理能力，封装标准化数据

① 张倩：《区块链金融：创新、法律与监管》，载《金融科技时代》2022 年第 12 期。
② 任亚飞、罗桂林、张勇：《应用程序接口概论》，载《数字技术与应用》2020 年第 4 期。

的API接口。在监管方面，监管机构可以自行研发或设立监管科技公司，提供API技术服务，构建监管机构与经营机构的交互平台。

对监管机构而言，借助API技术可以替代当前的行业调研问卷，及时了解经营机构的经营数据、客户数据、流动性指标、风险监控指标等数据。通过不同经营机构之间的纵向对比，及时知悉特定机构存在重点风险领域的业务或对客户有重大影响的事件，如投资者风险等级整体分布情况、产品的不匹配购买情况、投诉纠纷数量等。同时，根据经营机构提供的数据指标，监管机构可以参考行业整体的水平向经营机构反馈重点指标评价报告，指导经营机构规避风险事件的发生。对经营机构而言，通过监管机构开放的API接口，能够实时访问投资者的行业数据，如投资者的诚信情况、投资经验、信用业务违约情况等内容，辅助经营机构全面了解投资者的信息，提供更加精准的服务。对于经营机构在不同途径获取的矛盾信息，能够起到真实性校验的作用。因此，行业借助API技术能够促进监管机构与经营机构信息系统的交互，促进监管与发展的和谐共处，在提高监管机构管理能力的同时降低了经营机构的合规成本。

（三）智能算法

为了维护金融市场的稳定与公平，监管机构需要根据市场的变化与宏观政策的影响适时对业务规则进行修订与完善。在具体的调整过程中，规则的变化不仅可能引发市场的不确定性增加，导致股票、债券、期货等市场出现剧烈波动，而且可能影响产品或服务供求关系的平衡，进而增加系统性风险的可能。根据以往的政策经验，监管机构在调整相关风险控制指标、限制杠杆操作或提高保证金比例等措施时，一般会提前征求各经营机构、市场参与主体的意见建议，或率先在小范围内推行试点工作。值得肯定的是，上述操作在缓解市场冲击、促进政策平稳落地方面有着积极的意义。但是，意见征求阶段往往持续时间较久，需要经过多轮次的不断修正，政策最终出台与意见征求时的市场环境往往又发生新的变化。与此同时，被调研的主体可能代表着不同群体的利益，有时个别主体并不能代表市场绝大多数主体的利益。因此，监管机构根据前述已掌握的行业数据，在智能算法的加持下，通过调整个别关键信息与指标，能够提前预知政策调整后对市场的影响，减少主观判断带来的误差。

以调整“两融”保证金比例为例，2023 年 9 月，中国证监会推出调降融资保证金比例等多项活跃资本市场的政策，将投资者融资买入证券时的融资保证金最低比例由 100% 降低至 80%。如果按本次融资保证金比例最低标准 80% 计算，融资交易最大杠杆倍数由 1 倍增加到 1.25 倍，这意味着当融资保证金比例为 100% 时，100 万元的保证金投资者最多可以融资 100 万元买入证券。调整后的新政策保证金比例降低至 80%，客户最多融资 125 万元，市场增量资金多了 25 万元。而在提振市场活跃度的背后，监管机构同样应当充分评估保证金变化在极端行情下的影响。假设监管机构在行业数据库的模拟算法中调降“两融”保证金比例，可以提前了解到数据调整后对“两融”市场余额、维持担保比例、平仓线、预警线等一系列相关指标的影响，客观评估在极值情况下市场的承受能力，进而能够提前做好分析研判。

四、构建数据共享场景下的互认机制

从前述数据采集与数据分析环节中不难看出，各经营机构“信息孤岛”现象较为凸显，普遍存在了解客户信息手段有限，无法有效核实采集信息的真实性等问题。而构建统一的行业信息数据库难度大、周期长，一个项目的落地往往需要多部门共同商讨。对于行业信息的所有权、管理权和使用权以及信息共享的责任主体、信息安全等问题，缺乏制度的明确规定。而且，行业信息共享尚未形成统一的平台和标准体系，对数据格式、质量标准、数据可读性、互操作性等均未作出明确要求。因此，从短期来看，经营机构相互之间建立数据共享互认机制更符合当前现状，能够有效实现信息互通，促进合作创新，提高信息的利用率和价值发现。

（一）内部互认

内部互认主要针对经营机构内部的违约信息、诚信记录、业务准入、适当性匹配等信息进行同步认证，无须重复履行识别工作。在诚信管理方面，如投资者在参与“两融”业务中出现强制平仓情况，会同步影响其在期权、期货、衍生品等信用类业务中的开仓数额。在业务准入方面，当前各业务的准入要求主要围绕资产规模、投资经验、知识储备等要素，而投资者在开通多项权限时往往需要重复进行信息校验。而在内部的互认逻辑下，如果投资者在规定的有效期内已开通准入标准较高的业务，在开通准入标准较低的业务时，可以豁免进行重复校验。以开通科创板业务为例，当前的准入要求为投资者近20个交易日的证券资产不低于50万元且具有2年以上证券投资经验，而投资者在一定时限内申请开通港股通业务时（仅校验投资者证券资产不低于50万元），在其签署相应的资料后即可为其开通权限。

（二）外部互认

外部互认主要针对不同经营机构对投资者身份、业务权限、重点关注客户名单、诚信记录等信息进行同步认证，提升信息的交叉验证与数据共享。对于各业务准入标准而言，各经营机构在受理投资者申请时需要重复校验投资者在一定时期的日均资产状态。实践中可能存在投资者在转销户过程后，还需要等待特定的时间周期，才能再次达到准入要求。而权限标识共享可以实现投资者的业务权限在不同经营机构之间相互传递，保障投资者交易的可持续性。对于重点客户管理方面，当前交易所将滥用资金、持股、信息、技术等优势，实施严重异常交易行为或明显涉嫌市场操纵的投资者列入重点监控账户名单，并限制其一定的账户权限和业务申请。与此同时，个别经营机构同样建立了内部的重点监控客户名单管理机制，将暂未纳入行业重点监控账户名单但在该机构内部发生严重异常交易行为或者频繁发生异常交易行为的客户进行重点管理。各经营机构通过同步重点关注客户的名单，可以有效维护市场交易秩序，保护投资者合法权益，促进资本市场健康稳定长远发展。

第六章

适当性义务的司法实践与风险应对

第一节　适当性纠纷的法律基础与裁判实践

一、以《民法典》与《九民纪要》为基础的“金融消费者”适当性义务

《民法典》奠定了金融消费者保护的原则性规范。《民法典》是民事领域的基础性、综合性法律，它调整民事主体之间的人身关系和财产关系，涉及社会和经济生活的方方面面。虽然《民法典》未设置专章专节就金融消费者保护、适当性义务等问题加以特别规定，但《民法典》对于先合同义务、缔约过失责任、重大误解与欺诈、格式条款、损失赔偿、个人信息保护的规定实际上均已涉及金融消费者保护。可以说，《民法典》为包括《证券法》《证券投资基金法》《适当性管理办法》《证券经纪业务管理办法》《商业银行理财业务监督管理办法》《中国人民银行金融消费者权益保护实施办法》《银行保险机构消费者权益保护管理办法》在内的有关金融消费者保护及适当性义务的具体规定，提供了更为基础的原则性依据。在相关法律法规、监管规定中找不到更为准确、具体的请求权基础及法律关系的认定依据，在难以确定相关当事人的责任范围及责任承担方式时，可以进一步寻求《民法典》的支持。

《九民纪要》为司法审判及金融机构履行适当性义务提供明确指引。虽然最高人民法院多次强调法官会议纪要仅具有参考价值并不具备强制效力，不得作为裁判依据进行援引。但《九民纪要》作为最高人民法院印发的旨在统一裁判思路、规范自由裁量权的规范性文件，法院判决可在裁判理由部分根据其规定具体分析法律适用问题，对司法审判有着重要影响。《九民纪要》设置专章对关于金融消费者权益保护纠纷案件的审理加以系统性规范，力图改变以往多数法院坚持的合同自由、买者风险自担的裁判

思路，强调对于投资者的倾斜性保护。《九民纪要》明确了金融产品发行人、销售者以及金融服务提供者所必须履行的适当性义务的具体内容，统一了确定卖方机构适当性义务内容时的审理原则和法律适用规则，明确了适当性义务的责任主体以及举证责任的分配原则，并就卖方机构的告知说明义务、金融消费者损失赔偿数额的确定及卖方机构的免责事由进行了细化规定。

《九民纪要》的专章规定既为司法机关审理金融消费者权益保护纠纷提供了较为明确的司法政策指引，同时也让各类金融机构能够充分地了解司法机关对于适当性义务以及与之相关的金融消费者纠纷的审理态度，为各类金融机构更为准确地理解适当性义务的内容、义务履行的具体尺度及可能的法律后果提供了指引。在此意义上，可以认为《九民纪要》是金融消费者纠纷处置和金融机构适当性义务领域的基础性规范和实操指引。无论是司法机关的审判工作还是金融机构的履职行为都绕不开《九民纪要》关于适当性义务的专章规定。

二、司法逻辑与监管逻辑的差异与趋同

监管机构对于金融消费者范围认定存在差异，司法机关有力地扩张了金融消费者的范围。如《中国人民银行金融消费者权益保护实施办法》第二条第三款规定“本办法所称金融消费者是指购买、使用银行、支付机构提供的金融产品或者服务的自然人。”该条将金融消费者的范围进行双重限定，一是将领域限定为银行、支付机构提供的金融产品和服务；二是将金融消费者限定为自然人，不包括法人等机构类客户。《适当性管理办法》并未使用金融消费者的概念，而是将适当性管理的对象确定为“投资者”，并在第二条第二款中明确“投资者”包括《证券法》规定的投资者、《证券投资基金法》规定的投资人、基金份额持有人，以及《期货和衍生品法》规定的交易者等。《银行保险机构消费者权益保护管理办法》虽使用了金融消费者的字样，但并未明确所指向的具体范围和构成。由前述规则可见，不同监管体系下对于适当性管理对象的范围认定上有所不同。

作为司法机关审理金融消费者纠纷的重要参考，《九民纪要》着眼于

案件审理、纠纷裁判和争议解决，并未限定金融消费者的领域和类型，而是从是否认购金融产品、是否接受金融服务的角度来明确适当性义务及倾斜性保护适用的主体范围。在此意义上，司法机关不再按照特定金融产品、特定金融服务所属监管体系区分和界定金融消费者，其试图消除不同监管机构的个性化规定给适当性义务及其具体适用带来的差异，统一规范卖方机构的经营行为，推动适当性义务的一体化落地。

司法机关对于金融消费者纠纷处置遵循请求权基础思维和要件思维，监管机构则更倾向结果导向。根据已有的司法裁判案例可知，司法机关在审理金融消费者纠纷案件时，首先需要金融消费者明确其诉讼或仲裁请求及其具体的请求权基础。实践中，金融消费者往往选择缔约过失责任、违约责任或侵害财产权责任的相关法律及合同依据作为其请求权基础。司法机关在审理金融消费者纠纷时也往往在明确金融消费者请求权基础的前提下，遵照要件审判的思维查明案件事实。如金融消费者选择以侵害财产权责任的相关法律依据作为其请求权基础，司法机关将按照金融机构是否存在侵害金融消费者财产权的行为、是否存在主观故意、金融消费者是否遭受损失、金融机构的侵权行为与金融消费者损失之间是否存在因果关系来明确金融机构是否需要承担责任。特定领域的、具体的、细微的监管规定或操作指引，虽对司法机关查明相关事实、认定具体责任起到一定的参考作用，但一般情况下不会影响司法机关对于案件定性及审理方向的整体把握。

就监管逻辑而言，对于金融消费者纠纷的处置以及金融机构在适当性管理环节责任的承担问题，笔者倾向于认为，监管机构在一定程度上存在“既然存在金融消费者受损的结果，金融机构多少存在一定程度的过错/瑕疵”这一先入为主、结果导向的认识。在查明相关事实的过程中，对于金融机构是否充分履行适当性义务的认定，也多持严谨审慎的态度。特定领域的、具体的、细微的监管规定或操作指引是监管机构判断金融机构履行适当性义务是否充分、是否合规的重要依据。现有规则体系已经明确要求的“规范动作”，金融机构应当切实履行并做好留痕。监管机构将对照法律法规、监管规定、办法指引的规定，核查金融机构在了解金融消费者、了解产品、适当匹配销售的各个环节是否充分履职。

在金融机构业务实践方面，司法机关和监管机构在核查金融机构适当性义务的履行时，均存在着“金融机构当时可进一步充分履职”的思维。由此，给金融机构带来的困惑是如何明确自身履行适当性义务具体尺度？自身履行适当性义务的操作是否足以满足监管要求，达到免除合规责任的程度？

伴随着《九民纪要》对于金融适当性义务、案件审理思路、裁判逻辑的明确以及《适当性管理办法》等相关部门规章、交易所规则的发布，司法机关对于监管机构视角下适当性义务和具体履行的要求有了进一步了解。双方对于适当性义务的内容、具体的“规范”履行动作、核查金融机构履行适当性义务情况的维度、判断金融消费者是否准确理解自身风险承受能力和产品风险上有了更为接近的认知。在此意义上，笔者倾向于认为监管机构和司法机关对于金融机构履行适当性义务以及投资者纠纷的处置思路、结果呈现一定程度的趋同。

三、“金融消费者”纠纷司法实践的整体情况

笔者以“金融消费者”“适当性”等作为关键词，在裁判文书网进行检索，对于检索案例进行整理分析后，就当前尤其是《九民纪要》颁布后金融消费者纠纷司法实践的整体特点归纳如下。

（一）金融消费者纠纷数量整体呈上升趋势，《九民纪要》引导效用明显

以《九民纪要》为代表的金融消费者纠纷处置规范的出台，在规范司法机关审判活动、统一司法机关自由裁量权的同时，也为金融消费者维护自身合法权益提供了较为明确的指引。越来越多的金融消费者认识到，在自身与金融机构信息严重不对称的客观情形下，可以从金融机构履行适当性义务的视角找寻金融机构未履行或未充分履行适当性义务的情形，进而作为其请求金融机构赔偿损失的依据。在起诉状中，金融消费者越来越多、越来越具体明确地描述金融机构在履行适当性义务尤其是宣传推介过程中存在的瑕疵或不合规、不合法行为。

（二）案件审理日益精细化，更加注重考察金融机构履职的实际效果

在以往涉及适当性的金融消费者纠纷中，司法机关虽查明案件事实，但是在明确金融机构适当性义务内容、核查各环节金融机构履职情况、评判金融机构履职行为是否充分以及裁判说理中略显不足，多有一带而过之处。《九民纪要》颁布后，司法机关在审理金融消费者纠纷案件的过程中，能够将《九民纪要》等司法政策的指引与具体的案件情况相结合，在每件具体的案件中精细化地分析各方当事人的主体地位、义务边界及履职情况。在金融消费者层面，司法机关区分并重点关注老年人、文化水平较低以及投资经验较少的特殊消费者群体的倾斜保护。在判断金融机构是否充分履行适当性义务层面，司法机关坚持形式审查与实质审查相结合的审理思路，不再简单地以投资者签署免责声明或认购协议作为金融机构免责、投资者担责的依据，司法机关会重点考察金融机构的履职行为能否使得金融消费者明确知悉自身的风险承受能力以及产品可能存在的风险和自身可能遭受的最大损失。在责任承担层面，司法机关不仅充分查明金融机构的履职情况，也会充分考虑金融消费者的投资年限、投资经验以及在认购相关金融产品、接受相关金融服务时自身可能存在的过错，从而更为精准地确定各方的过错及责任。

（三）金融机构面临更高的举证义务和压力，履职留痕成为判断金融机构是否充分履职的重要依据

《九民纪要》明确了金融消费者纠纷案件中举证责任的分配，卖方机构应当对其是否履行了适当性义务承担举证责任。卖方机构应当提供其已经建立了金融产品（或者服务）的风险评估机制及相应管理制度、对金融消费者的风险认知、风险偏好和风险承受能力进行了测试、向金融消费者告知产品（或者服务）的收益和主要风险因素等相关证据，否则将承担举证不能的法律后果。司法实践中，金融机构能够提供的履行适当性义务留痕证明材料的多寡及其作为证据的有效性，成为判断金融机构是否充分履行适当性义务的关键所在。现实中，存在大量金融机构因未能提交履行适当性义务证据或提交的电子证据不满足《最高人民法院关于民事诉讼证据

的若干规定》的要求，而被认定为无效证据、不被采信证据，进而被认定未充分履行适当性义务，需要对金融消费者承担责任的情形。这也向金融机构对电子数据类文件的抓取、留痕、存储和出示提出了更高的要求。

（四）金融机构因员工违规执业担责屡见不鲜，员工合规管理须常抓不懈

随着司法机关、监管机构对金融消费者倾向性保护的不断强化，越来越多的金融机构被认定履行适当性义务不充分进而向金融消费者赔偿损失。这极大督促了金融机构不断强化、优化金融消费者适当性管理工作，更加充分地履行适当性管理这一先合同义务。但金融机构适当性义务的履行最终需要依赖一线从业人员完成，这既包括与金融机构签订劳动合同、确定劳动关系的员工，也包括与金融机构签订委托代理合同的经纪人。司法实践中，不少金融机构虽然举证证明了其有完善的强化投资者适当性管理的相关制度，优化投资者适当性管理的具体举措，但仍存在大量被司法机关认定在员工合规管理层面存在漏洞，未尽到对员工的合规管理义务而被判担责的情形。因此，金融机构在宏观层面完善适当性管理以及投资者保护相关制度的同时，还应当在微观层面强化对于员工的合规培训与合规管理，并做好相应的留痕。

第二节　适当性纠纷中的主要争议及应对策略

一、了解客户

（一）未对投资者进行风险承受能力测评需对投资者损失承担赔偿责任

- 案情简介

2016 年 7 月 14 日，李某（作为基金投资人）与恒信公司（作为基金

管理人）签订案涉私募基金合同。当日，李某向募集账户转款 130 万元。案涉基金合同约定：李某认购案涉基金 130 万元基金份额，份额类型为 A1 型。案涉基金主要投资于北京博鸿达投资中心（有限合伙）的有限合伙份额，该合伙企业认购新三板挂牌公司金刚游戏公司非公开发行的股份，并拟在二级市场退出。基金投资人可在募集期内的工作日认购案涉基金，在完成合格投资者确认程序后，应给予投资者不少于 24 小时的投资冷静期。投资冷静期自本基金合同签署完毕且投资者缴纳认购基金的款项后起算。在冷静期满后将由从事基金销售推介业务以外的人员以录音电话、电邮、信函等留痕方式进行回访，投资者在回访确认成功前有权解除基金合同。案涉基金在实现可分配收益的情况下，预计自基金成立之日起每 12 个月进行一次收益分配，基金管理人有权根据实际情况决定对基金进行收益分配。本合同文本由基金管理人、基金托管人、基金投资者共同签署后合同即告成立。基金投资者认购或申购资金实际交付并经基金管理人确认成功，基金投资者获得基金份额，基金依法以及根据本合同约定有效成立，合同生效。合同生效后，任何一方都不得单方解除。当事人违反本合同，应当承担违约责任，给合同其他当事人造成损失的，应当承担赔偿责任。

恒信公司在案涉基金募集销售、案涉基金合同订立过程中，未实际严格按照上述规定对李某进行风险识别能力和风险承担能力评估，亦未由李某签字确认风险揭示书。对于案涉基金的冷静期回访，恒信公司自认未实际进行过回访。自案件二审时，李某仍没有收回投资本金及收益。

- 裁判要旨

本案中，恒信公司自认并未实际进行过回访，其同时主张根据当时私募基金的相关法规，并未规定必须进行回访。但根据案涉基金合同第五节第一条第一项的约定，案涉基金存在投资冷静期的约定。恒信公司应当按照合同约定的方式，履行其冷静期回访的义务。恒信公司未进行冷静期回访，违反了案涉基金合同的约定，亦应就此承担未履行适当性义务的责任。恒信公司在案涉基金销售过程中，未履行风险识别能力和风险承担能力评估、风险揭示、冷静期回访等义务，过错程度较大，应当对李某的损失承担赔偿责任。恒信公司应承担的赔偿责任，属于因其在案涉基金合同缔约过程中的自身行为导致，并不受案涉基金投资回款的影响。

李某在其未实际签署案涉基金合同的情况下，对案涉基金合同效力的自认，只能视为其具有确立案涉基金合同关系的意思表示。李某愿意订立基金合同关系的表示，并不能免除恒信公司适当性义务的履行，更不能视为恒信公司确已实际履行了相关适当性义务。

山东省高级人民法院（2022）鲁民终404号民事判决书认定，恒信公司作为涉案基金的卖方机构，应当承担适当性义务，以便确保包括李某在内的金融消费者能够在充分了解涉案基金产品、投资性质及风险的基础上作出自主决定，并承受由此产生的收益和风险。卷宗证据表明，恒信公司在涉案基金销售过程中，没有恰当地履行风险识别能力和风险承担能力评估、风险揭示、冷静期回访等适当性义务，导致李某购买涉案基金产品而遭受损失，一审法院判决恒信公司承担相应的赔偿责任并无不当。

- 规定依据及案例解读

《证券投资基金法》第九条第一款规定："基金管理人、基金托管人管理、运用基金财产，基金服务机构从事基金服务活动，应当恪尽职守，履行诚实信用、谨慎勤勉的义务。"

《私募投资基金监督管理暂行办法》第十六条规定："私募基金管理人自行销售私募基金的，应当采取问卷调查等方式，对投资者的风险识别能力和风险承担能力进行评估，由投资者书面承诺符合合格投资者条件；应当制作风险揭示书，由投资者签字确认。"第十七条规定："私募基金管理人自行销售或者委托销售机构销售私募基金，应当自行或者委托第三方机构对私募基金进行风险评级，向风险识别能力和风险承担能力相匹配的投资者推介私募基金。"

上述规定均要求提供基金服务的机构在销售基金产品时，应当履行了解客户、了解产品，将适当的产品销售给适合的金融消费者的适当性义务。

- 实操要点提示

对客户进行风险识别及风险承担能力评估是基金销售机构承担适当性

义务中最基础的要件，基金销售机构应尽到了解客户之职责，遵循风险匹配原则，忠实于客户的合法利益，规范实务操作。

同时，基金销售除严格遵守法律法规外，还应遵守合同约定，尊重合同成立时各方真实意思表示，积极履行应尽的义务。本案中，虽合同订立时依照当时私募基金的相关法规并未规定必须进行回访，但案涉基金合同明确约定，在冷静期满后将由从事基金销售推介业务以外的人员以录音电话、电邮、信函等留痕方式进行回访，私募基金管理人违反合同约定义务，同样需要承担违约责任。

（二）准确评定风险承受能力并非了解投资者工作的全部内容

- 案情简介

一审法院查明，刘某与李某某系同乡、朋友关系，刘某经其介绍知晓了德邦证券的产品，并通过李某某认识了诸葛某、华某某及其丈夫魏某某。2015 年 5 月 27 日，刘某应李某某邀请去诸葛某所任职的某投资管理公司，在该公司会议室，刘某、诸葛某及华某某均作为劣后投资人，与德邦证券员工罗某某签署了集合资管合同，同时在场的还有李某某和魏某某。同日，刘某还填写了个人客户适当性管理材料，包括“客户基本信息表（自然人）”“客户风险承受能力问卷（适用于自然人客户）”“适当性评估结果确认书”。在此过程中，德邦证券拍摄了照片，但未录音、录像。刘某于当日通过中国银行股份有限公司上海市分行向德邦证券转账汇款 1 000 万元。刘某参与该集合产品并成为劣后级投资者（次级份额投资者）后，在系争产品存续期间，刘某追加了投资。

刘某确认内容属实的“客户风险承受能力问卷”打分为 61 分，属于风险偏好 5 级的激进型投资风格。“适当性评估结果确认书”中勾选的拟投资品种与系争产品一致；勾选的投资期限为 1—5 年，而系争产品的期限是 1 年，在其他条件不变的情况下，期限长的产品的风险高于期限短的产品的风险，故系争产品对刘某更安全，德邦证券已对刘某的风险承受能力进行评估。

刘某称之所以投资系争产品是因为老乡兼朋友李某某的推荐，其信任李某某的“官方、专业人士”身份，李某某说该产品“是个很好的机会”，在李某某的介绍下认识了另两位次级份额投资者，并且与他们一起跟德邦证券方工作人员签订合同。尽管刘某声称是德邦证券利用李某某向自己推介系争产品，但刘某并未就李某某与德邦证券的关系提供任何证据或线索；而该证券明确表示曾在公司内进行认真调查，没有任何人认识李某某，与其亦无业务往来。

- 裁判要旨

上海市高级人民法院在其作出的（2019）沪民申932号民事裁定书中认为，根据相关监管规定，对集合资产管理业务的开展，证券公司应当了解客户的风险偏好、风险认知能力和承受能力，评估客户的财务状况，使客户详尽了解资管计划的特性、风险等情况及客户的权利、义务，为此德邦证券提供了刘某签字确认的客户基本信息表、客户风险承受能力问卷、适当性评估结果确认书、资产管理计划交易类业务申请书。刘某确认签字为其本人所签，但是称对内容并不知情，并提出系争产品属于投资期限为0—1年的产品，不符合刘某的投资期限。一审法院认为，刘某作为具有完全民事行为能力的自然人，接受过高等教育且从事企业管理、投资业务，应对其签字确认的文件内容有知晓、理解的能力。根据刘某确认的“适当性评估结果确认书”显示，刘某的投资风险偏好、拟投资的品种均与系争产品情况一致，至于刘某拟投资期限为1—5年，而系争产品的投资期限为1年，亦完全符合刘某的要求。且刘某在系争产品存续期间，还追加了投资，更说明刘某对系争产品的认可。虽然德邦证券工作人员在“适当性评估结果确认书”中将系争产品的投资期限勾选为0—1年确有不当，上海证监局〔2017〕364号《关于对德邦证券股份有限公司的监管提示函》也就此对德邦证券提出了批评，但该瑕疵不足以让刘某作出错误判断。因为，一方面，在0—1年；1—5年；5年以上三个选项并列时，稍有常识的人都能理解第一个选项是指1年以下，1年应该选二；另一方面，系争集合资管产品的存续期间客观上就是1年，合同中也有约定，实际也履行了1年。所以，刘某欲借此证明德邦证券在投资者适当性评估中有过错一审法院显然无法支持，刘某投资的系争产品与其适当性评估结果完全匹配。

• 规定依据及案例解读

《适当性管理办法》第六条规定经营机构向投资者销售产品或者提供服务时，应当了解投资者的包括投资期限、品种、期望收益等投资目标等在内的相关信息。《证券经纪业务管理办法》第十一条规定证券公司应当了解投资者的基本信息、财产状况、金融资产状况、投资知识和经验、专业能力、交易需求、风险偏好、以往交易合规等情况。由前述监管规定及案例可知，金融机构需要充分了解投资者对于金融产品或金融服务的特定偏好，并为之尽可能地匹配更为契合的金融产品或金融服务。虽然现有的监管规定将准确评定投资者的风险承受能力作为了解投资者的核心内容，但不能简单地将准确评定投资者风险承受能力作为了解投资者的全部，也不以准确评定投资者风险承受能力替代、涵盖对投资者特定投资偏好的了解。

• 实操要点提示

金融机构在了解投资者环节，除准确评定投资者的风险承受能力之外，还需要进一步了解投资者具体的交易需求以及对理财产品投资期限、品种、投资标的等具体要素的偏好，进而更为全面、更为准确地刻画投资者画像。在后续匹配合适的理财产品时，将之纳入考量，避免将风险等级匹配作为将“合适产品销售给合适投资者”的全部内容。

（三）金融机构是否需要主动了解投资者家庭成员信息

• 案情简介

一审法院查明，2015 年 5 月 5 日，王某某在中国工商银行股份有限公司北京龙潭支行（以下简称“工商银行龙潭支行”）处签订“中国工商银行代理推广证券公司集合资产管理计划业务申请书”（以下简称“案涉产品申请书”）和“个人基金业务申请书”，分别申请并购买名为“海通海蓝宝银”的集合资产管理计划产品（代码 850010，金额为 100 万元，以下简称“案涉产品”）和名为“华安媒体互联网混合基金”的基金产品（代码001071，金额为70万元）。“案涉产品申请书”上方载明：“您投资的集合资产管理计划不是银行存款，也不是我行发行的理财产品。您投资的集合资产管理计划可能产生风险，无法实现预期的投资收益，甚至投资本金也可能产生损失。产品的投资风险由您自行承担……工商银行作为代理推广机构，不以任何方式对投资者资产本金不受损失或取得最低收益作出承诺……”同日，工商银行龙潭支行为王某某出具的代理业务购买凭证显示，根据工商银行龙潭支行的测评标准，王某某的风险承受能力为平衡型，王某某购买的案涉产品风险级别为低风险，购买的华安媒体互联网混合基金为高风险，华安媒体互联网混合基金风险级别高于王某某的风险承受能力，工商银行龙潭支行根据王某某的要求购买了上述基金产品，王某某已签署了电子风险揭示书。2015年6月13日，王某某收取案涉产品分红收益共计49 340.71元。2017年12月4日，王某某申请将案涉产品赎回，赎回份额为956 754.69份，金额为772 483.74元。

- 裁判要旨

北京市第二中级人民法院在其作出的（2019）京02民终15312号民事判决书中认为，根据金融消费者自身财产状况、金融资产状况、投资知识和经验、专业能力等因素，作为投资者其亦可以分为普通投资者和专业投资者。本案中，根据王某某提供的户口本、家人的残疾人证及医院诊断证明、王某某工资账户明细及其家庭成员的账户情况，王某某收入尚未达到高于本市平均工资的较高水平，其本人及家庭成员账户亦未见经常性的大额消费支出，其此前所从事的投资理财亦无对高风险产品的熟练操作，且其家庭成员中还有身患残疾的子女，故其个人在投资方面显属前者。

工商银行龙潭支行未能向一审、二审法院提供在其客服人员向王某某推荐案涉金融产品时的监控录像或其他充分有效证据证实该行已充分了解投资者的基本情况、财产状况、金融资产状况、投资知识和经验、专业能力等相关信息并以言辞或书面以及其他信息化的方式详尽合理地向王某某如实说明了金融产品和服务的重要内容，特别是对投资风险进行充分揭示并得到王某某本人对上述认知的确认。而工商银行龙潭支行二审中提交的打印件材料并无原件或其他证据加以印证，且其内容中所反映的评估时间亦非案涉金融产品购买时间。该材料中亦未显示出评估柜员是否初次购买时的客服人员。即工商银行龙潭支行尚不能充分举证证明其已经对金融消费者本人的风险认知、风险偏好和风险承受能力进行了当面测试并向金融消费者告知产品（或者服务）的收益和主要风险因素等，其应当承担举证不能的法律后果。

- 规定依据及案例解读

《适当性管理办法》第六条规定金融机构应当充分了解投资者信息，但所罗列内容均紧密围绕投资者自身展开，并未要求获取投资者家庭成员信息。中国证监会于2021年5月13日公布并实施的《资产管理产品介绍要素第2部分：证券期货资产管理计划及相关产品》的第3.3条对于“风险承受能力等级”的定义是依据投资者收入来源、资产状况、债务、投资知识和经验、风险偏好、诚信状况等因素，对投资者承受风险的能力进行评估而确定的高低不同的差异级别。《证券经纪业务管理办法》第十一条要求证券公司了解自然人投资者的基本信息、财产状况、金融资产状况、投资知识和经验、专业能力、交易需求、风险偏好、以往交易合规等情况，并未扩充到家庭成员的相关情况。

涉及对投资者家庭情况进行了解的主要是协会提供的参考文本，中国证券业协会发布的《证券经营机构投资者适当性管理实施指引（试行）》的附件《风险承受能力评估问卷》中，涉及“最近您家庭预计进行证券投资的资金占家庭现有总资产（不含自住、自用房产及汽车等固定资产）的比例是”“今后五年时间内，您的父母、配偶以及未成年子女等需负法定抚养、扶养和赡养义务的人数为”“您家庭的就业状况是”等与家庭情况有关的问题。基金业协会发布的问卷中，则设置了“您的家庭可支配年收入”“在您每年的家庭可支配收入中，可用于金融投资（储蓄存款除外）的比例为”等问题。当然，这些问题作为风险测评问卷的，证券基金业经营机构一般根据测评问题的总体得分判断投资者的风险等级结果，不会因为前述某道题目单独影响风险测评结果。

在前述判例中，在评判投资者类型及风险承受能力时，司法机关将投资者所在家庭及其他成员收入情况、职业情况、身体情况等因素都纳入投资者画像刻画及风险承受能力的评判中来，将之作为了解投资者的一项内容。前述裁判虽为个案，但不可否认全面了解投资者家庭及其成员具体情况，有助于金融机构更为全面刻画投资者画像、更为准确评估其风险承受能力。诸如《信托公司资金信托管理暂行办法（征求意见稿）》第九条便要求金融机构应当了解投资者个人及所在家庭的金融资产及负债情况。由此可见，金融机构所需了解投资者的内容正逐步从纯粹了解投资者个人信息扩展到投资者整体家庭情况。

- 实操要点提示

基于规避合规风险、方便实操及降低成本考量，绝大部分金融机构套用监管或自律组织下发的模板完成了解投资者工作。诚然，使用模板能够有效把握投资者核心信息，满足监管要求。但僵化套用模板也存在一定不足，一方面各类模板均注明仅供参考，不能当然将之作为证明金融机构充分履行了解投资者义务的唯一依据；另一方面，既有模板基本均只围绕投资者个人展开，一般并无诸如“关于有关影响投资者风险承受能力其他家庭情况说明”等更为灵活的栏目设置。

基于前述案例及监管规定，我们倾向于认为，虽然既有监管规定并未明确要求金融机构全面了解投资者家庭情况，但存在扩充金融机构了解投资者内容的趋势。若投资者主动提供了足以影响其风险承受能力的有关家庭成员具体信息，金融机构应当将之纳入投资者画像刻画及风险承受能力测评中来。后续金融机构可在投资者信息调查表中设置专门栏目，要求投资者主动填写所在家庭是否存在可能对投资者风险承受能力产生重要影响的重大事项，并将之作为风险测评、产品匹配的重要考量因素。

（四）金融机构对于投资者提供信息的主动核查义务不断强化

- 案情简介

一审法院查明，2018 年 4 月 10 日，纪某某在财富证券公司申请开通融资融券业务。财富证券公司审核后，纪某某（甲方）与财富证券公司（乙方）签订了《融资融券业务合同书》（合同编号为 2008－53－200800001803）。约定：由纪某某向财富证券公司提供担保物，借入资金买入证券交易所上市证券，或者借入证券交易所上市证券并卖出；纪某某按财富证券公司每笔融资交易的融资金额和实际使用资金的自然天数计算融资利息，同日，纪某某向财富证券公司提出将融资融券总授信额度4 800万元变更为6 000万元的申请，财富证券公司受理该申请后经过了审批同意纪某某的调整授信额度的申请，融资年利率调整为7%。2018 年 4 月 10 日，纪某某（甲方）与财富证券公司（乙方）、招商银行股份有限公司（丙方）签订“财富证券有限责任公司客户信用资金银行存管协议书”。合同约定：丙方为甲方和乙方提供客户信用资金存管服务。纪某某填写的“证券账户开立申请表”中“证券账户业务办理须知”载明：“投资者应当以本人名义开立并使用账户，不得将本人证券账户违规提供给他人使用。投资者因违规开立和使用证券账户导致相应经济损失和法律责任由其本人承担。”纪某某在签订融资融券业务合同时，有证券从业资格证及实际的证券从业经验，且具有一定的经济能力。

据财富证券公司提供的融资融券对账单显示：纪某某的信用资金账户自 2018 年 4 月至 2018 年 8 月进行融资买入、证券卖出等股票交易；2018 年 8 月 16 日，该账户进行了卖券偿还融资利息、融资费用、融资负债的交易；财富证券公司于 2018 年 8 月 24 日、2018 年 8 月 27 日、2018 年 8 月 29 日、2018 年 8 月 30 日进行了强制平仓交易，平仓所得资金用于归还纪某某的融资债务。财富证券公司提供截图显示部分内容：尊敬的纪某某先生，您的信用账户在 2018 年 8 月 16 日收市后维持担保比例低于平仓线 130%，请您在 2018 年 8 月 17 日终信用账户维持担保比例不得低于 140%，否则我司将有权按照合同约定执行强制平仓。

据纪某某陈述，案外人赵某分别于 2018 年 4 月 9 日、2018 年 4 月 10 日向纪某某账户汇款转入 4 000 万元、1 000 万元，纪某某收到该笔汇款后即转出 4 000 万元、1 000 万元作为第三方存管资金。纪某某提供了与案外人赵某的微信聊天记录，并陈述直到2017年6月14日，才知道用于融资融券的资金并不属于赵某及2017年6月5日其就向赵某表达过出票的意愿，但赵某并不同意出票。纪某某另提供了其与案外人邝某某的微信聊天记录、赵某与邝某某的微信聊天记录，并陈述涉案融资融券账户由赵某实际使用，杨某某对该账户也有操控，财富证券公司对此均知情。

纪某某主张在签订涉案融资融券合同时只是一个刚毕业的大学生，并没有达到办理融资融券条件的经济能力，更不可能有较强的经济风险抵御能力，从社会常识出发，一个刚毕业的学生的账户上突然出现了5 000万元，这显然是与正常情况不符。财富证券公司一旦调查了纪某某的收入来源，很容易就可以得出纪某某并不具备风险承担的能力，进而确认纪某某并不满足开户条件。在对纪某某的收入来源和经济基础未做更详细的调查情况下，给不满足开户条件的人进行开户服务，该行为违反了相关法律强制性规定。

- 裁判要旨

湖南省长沙市中级人民法院在其作出的（2019）湘01民终11495号民事判决书中认为，现有证据不能证明纪某某与财富证券公司签订的《融资融券业务合同书》及相关配套合同存在合同主体或者合同内容本身违反法律、法规强制性规范的情形，纪某某主张诉争的合同无效的上诉理由不能成立，本院不予采信。2018年4月10日，纪某某填写的“证券账户开立申请表”中“证券账户业务办理须知”载明：“投资者应当以本人名义开立并使用账户，不得将本人证券账户违规提供给他人使用。投资者因违规开立和使用证券账户导致相应经济损失和法律责任由其本人承担。”纪某某在签订融资融券业务合同时，有证券从业资格证及实际的证券从业经验，且具有一定的经济能力，没有证据证明财富证券公司未尽到适当性义务、存在相关审核义务的瑕疵。

- 规定依据及案例解读

先前无论《适当性管理办法》抑或《九民纪要》均未规定金融机构要对投资者提供的除身份、账户等以外的信息负有主动核查的义务。但在中国证券业协会下发的《专业投资者申请书》、中国证券投资基金业协会下发的《投资者转化参考模板（普通转专业）》以及《信托公司资金信托管理暂行办法（征求意见稿）》中均明确要求金融机构应当在“普通投资者转专业投资者”阶段，主动核查、验证投资者的净资产、金融资产、资金来源、投资经验及家庭财产、负债。新近的《理财公司理财产品销售管理暂行办法》第三十三条则明确要求销售机构应当完善对投资者的尽职调查流程，收集、核验金融资产证明、收入证明或纳入凭证材料等。《证券经纪业务管理办法》第十五条规定，证券公司应当采取必要措施，对机构投资者、金融资产超过一定金额的个人投资者强化身份识别。证券公司发现投资者信息存疑的，应当要求投资者补充提供其他证明材料；无法核实投资者真实身份或者其他可能影响开户、交易合规性的重要信息，或者核实后发现不符合中国证券业协会、中国结算、证券交易场所有关规定的，应当拒绝为投资者开立账户、开通交易权限或者提供交易服务。

由前述监管规定的演进可知，金融机构的主动核查义务经历了从最初未做明文规定，到专业投资者审核确认环节履行主动核查义务，再到对投资者提供信息进行全面尽职调查的演变。在压实金融机构责任的背景下，金融机构对于投资者提供信息的主动核查义务将不断强化。

- 实操要点提示

须承认，金融机构在主动核查投资者尤其是个人投资者提供信息的真实性、准确性层面存在一定困难。造成此种困难主要源于两大方面因素。一是实践中金融机构并无充足的公开路径获取并核查投资者提供的各类信息。金融机构所需了解的有关投资者的绝大部分信息，主要依靠投资者单方主动提供，信息的真实性、准确性、完整性依赖于投资者。二是受限于投资者个人信息保护，获取核查投资者信息受到一定约束。典型如《证券经纪业务管理办法》第三十条规定，证券公司应当妥善保管投资者身份资料、证券交易、财产状况等信息，采取有效措施保证投资者信息安全。证券公司及其从业人员不得有违规查询、复制、保存投资者信息、超出正常业务范围使用投资者信息、利用投资者信息牟取不正当利益、违规泄露投资者信息，以出售或者其他方式将投资者信息非法提供给他人以及其他有损投资者信息安全的行为。在此情形下，若无第三方公开渠道查询或投资者明确授权，金融机构一般难以以自身名义直接获取或实质核查验证投资者提供的信息尤其是涉及个人及家庭成员隐私信息的真实性、准确性。

金融机构主动核查义务的履行需要注意两大方面。一方面，对于可以通过各类公开渠道查询的信息，金融机构应当充分履行核查义务并做好相应的留痕。鉴于《证券经纪业务管理办法》《理财公司理财产品销售管理暂行办法》均明确要求金融机构完善对投资者的尽职调查工作、扩充了解投资者信息的内容，对于可以通过公开渠道核查的诸如自然人身份信息，法人及非法人组织的工商信息、股权及控制权结构，金融产品类投资者的产品结构、产品期限等信息，以及相关主体是否属于失信被执行人、投资者在本金融机构的投资经验等内容应当主动予以核实。

另一方面，对于投资者提供的存在明显疑点、自相矛盾或无任何依据支撑的信息，金融机构应当予以进一步核查。自身难以核查的，则应当要求投资者作出书面说明或提供第三方机构的证明文件。《证券经纪业务管理办法》第十五条规定证券公司发现投资者信息存疑的，应当要求投资者补充提供其他证明材料；无法核实投资者真实身份或者其他可能影响开户、交易合规性的重要信息，或者核实后发现不符合中国证券业协会、中国结算、证券交易场所有关规定的，应当拒绝为投资者开立账户、开通交易权限或者提供交易服务。

（五）非相同产品投资经历存在不被认定为案涉产品投资经验的可能

- 案情简介

一审法院查明，2015 年 6 月 2 日，王某经中国建设银行股份有限公司北京恩济支行（以下简称“建行恩济支行”）工作人员推荐，在建行恩济支行购买“前海开源中证军工指数型证券投资基金”，认购金额为 96.6 万元。2018 年 3 月 28 日，王某进行了基金赎回，赎回金额为 389 518.05 元，本金亏损 576 481.95 元。

在王某购买上述基金过程中，建行恩济支行对王某做了风险评估，王某填写了“个人客户风险评估问卷”。该问卷中，“以下哪项最能说明您的投资经验”项下王某的选项为“大部分投资于存款、国债等，较少投资于股票基金等风险产品”；“以下哪项最符合您的投资态度”项下王某的选项为“保守投资，不希望本金损失，愿意承担一定幅度的收益波动”；“您的投资目的”项下王某的选项为“资产稳健增长”；“您的投资出现何种程度的波动时，您会呈现明显的焦虑”项下王某的选项为“本金 10% 以内的损失”。根据王某填写的上述问卷，建行恩济支行确定王某的风险评估结果为稳健型。

填写前述问卷的同时，王某在“须知”和“确认书”上签字。但上述“须知”和“确认书”的内容系通用的一般性条款，未有关于王某本次购买的基金的具体内容和相关说明。

经查实，在王某购买前述基金时，建行恩济支行未向王某出示和提供基金合同及基金招募说明书。王某称建行恩济支行未向其说明基金合同及基金招募说明书的相关情况；建行恩济支行称其向王某说明了基金合同及基金招募说明书的相关情况，但建行恩济支行未就其该主张向该院提交相应证据。

另查，王某购买的“前海开源中证军工指数型证券投资基金”的基金管理人为前海开源基金管理有限公司，基金托管人为交通银行股份有限公司。建行恩济支行系该基金的代销机构之一。前述基金的招募说明书中载明：“基金管理人依照恪尽职守、诚实信用、谨慎勤勉的原则管理和运用基金财产，但不保证基金一定盈利，也不保证最低收益。……投资有风险，投资人在投资本基金前应认真阅读本基金的招募说明书和基金合同”，“（六）风险收益特征：本基金属于采用指数化操作的股票型基金，其预期风险和收益高于货币市场基金、债券基金、混合型基金，为证券投资基金中较高风险、较高收益的品种”。诉讼中，建行恩济支行称上述基金的基金管理人、基金托管人及部分代销机构将该基金的风险等级确定为“中风险”，与王某的风险评估结果“稳健型”相匹配；王某称基金管理人、基金托管人及部分代销机构将该基金的风险等级确定为“中风险”缺乏客观性，且与基金招募说明书中载明的风险情况不符，该基金的风险等级已经超出了王某风险评估结果“稳健性”的风险承受能力，建行恩济支行属于不当推介。

再查，王某在购买本案所涉基金前，多次通过银行网点购买其他理财产品。

- 裁判要旨

北京市第一中级人民法院在其作出的（2018）京01民终8761号民事判决书中认为，关于建行恩济支行称王某多次购买理财产品并盈利一节，本院认为，如前所述，建行恩济支行未按金融监管的相关规定履行适当性推介义务，亦未向王某出示和提供基金合同和招募说明书，存在重大过错。王某虽多次购买理财产品，但其所购买的理财产品均非本案涉诉基金。其之前购买理财产品的事实，并不能导致其对本案涉诉基金的相关风险等内容有所了解，并不能据此减轻或免除建行恩济支行因前述重大过错而应承担的责任。

北京市高级人民法院在其做出的（2019）京民申3178号民事裁定书中认为，关于建行恩济支行主张王某多次购买理财产品，有足够投资经验一节，王某虽多次购买理财产品，但其之前购买理财产品的事实，并不能导致其对本案涉诉基金的相关风险等内容有所了解，并不能据此减轻或免除建行恩济支行未按金融监管的相关规定履行适当性推介义务及未向王某出示和提供基金合同和招募说明书而应承担的责任。两审法院根据查明的事实并结合相应证据所作判决，并无不当。

- 规定依据及案例解读

包括《证券经纪业务管理办法》《适当性管理办法》在内的相关规范仅规定，金融机构应当了解投资者投资年限、投资知识、投资经验，但并未明确投资经验认定的具体标准和范围，更未限定只有相同产品的投资经历才能认定为投资经验。[①]根据对所要了解内容的文义理解，投资者的与资金运用相关的学习经历、工作经历等似乎都可以被认定为投资经验。但该案表明，司法机关以先前认购产品与案涉产品不同为由，并未将既有投资经历认定为本次认购产品时的投资经验。由此可知，一方面，《适当性管理办法》等未明确投资经验的具体认定标准，导致个别金融机构将投资者诸如银行储蓄、认购国债等投资属性较弱的行为认定为投资经验；另一方面，前述案例中司法机关对于投资经验的认定过于局限和狭隘，导致首次认购经验困局，即金融机构无法通过举证投资者既有的非相同产品的投资经历，用以证明投资者理解新购产品的内容和风险。

笔者认为，投资的本质特征在于收益的不确定性，凡收益具有不确定性的投资行为，均可视为投资经验。凡交易结构、投资标的、风险等级近似的投资经历均可视为对投资者理解案涉理财产品风险有重大影响的重要的投资经验。但也应明确，投资者能否理解案涉理财产品风险是一项多因素考量下的认知推定，不能将投资年限长短、投资经验丰富与否简单地作为判断投资者能否理解产品内容和风险的唯一依据。

- 实操要点提示

金融机构一方面可以要求投资者尽可能全面地提供既有的各种类型的投资经历，尤其是注意获取投资者曾经参与的相对复杂的交易以及风险相对较高的投资经历。必要且充分地获取投资者以往投资经历，在先能够帮助金融机构更好地评判投资者对理财产品的理解及风险承受能力。在后能够帮助金融机构在纠纷处置中举证证明投资者具有能够准确理解案涉产品内容和风险的能力，即便金融机构在履行投资者适当性义务中存在些许瑕疵，也不影响投资者独立自主作出投资决策。同时也为司法机关更为精准地查明案件事实，更为准确地确定各方的过错以及责任承担的范围提供新的参考依据。另一方面，虽然《投资者风险承受能力评估问卷》等将银行

① 以上海证券交易所为代表的全国性证券交易场所，则针对特定的业务类型出台了相应的证券期货投资者适当性管理办法。典型如《上海证券交易所会员管理业务指南第 1 号——投资者适当性管理》第二条即对交易经验的认定进行了明确规定。

储蓄作为投资经验调查的一个项目，但如前述案例所体现出的部分司法机关在对于投资经验的认定采取相对严格的认定标准，投资属性相对较弱或与案涉理财产品差异较大的投资经历存在不被认定为投资者投资经验、不作为评判投资者是否理解案涉理财产品风险的可能。对于金融机构而言，基于风险规避的考量，可以视具体情况在确认投资者投资经验时将银行存款、认购国债等弱投资属性行为排除出投资者经验的认定范围，避免将之作为判断投资者能否理解及承受案涉产品风险的依据。实践中，对于投资经验的认定多交由各家金融机构自行把握，但已有部分金融机构将投资经验限定在权益类产品的投资经历上。

（六）金融机构需持续性关注投资者风险承受能力的变化

- 案情简介

一审法院查明，2015 年 3 月 2 日和 2015 年 6 月 15 日，崔某某在交通银行分别购买 5 万元的光大国企改革基金，手续费均为 592. 89 元，后于 2016 年 4 月 20 日全部赎回，赎回金额 71 323. 89 元，手续费 231. 73 元，实际收回 71 092. 16 元。2015 年 4 月 28 日、2015 年 5 月 5 日和 2015 年 5 月 27 日，崔某某在交通银行分别购买 15 万元、342 200 元和 100 万元的富国中证国有企业改革指数分级基金，手续费分别为 1 426. 31 元、3 253. 88 元、6 359. 3 元，后于 2016 年 4 月 27 日全部赎回，赎回金额 800 243 元，手续费 4 001. 21 元，实际收回 796 241. 79 元。2015 年 5 月 27 日，崔某某另在交通银行购买 50 万元的浦银安盛增长动力灵活配置混合型证券投资基金，手续费 5 928. 85 元，后于 2016 年 4 月 27 日全部赎回，赎回金额 252 146. 65 元，手续费 1 260. 73 元，实际收回 250 885. 92 元。

崔某某主张交通银行伪造了其 2014 年 1 月 27 日、2014 年 2 月 11 日和 2015 年 1 月 5 日的风险评估报告，显示为激进型，而其自行在 2016 年 5 月 3 日的风险评估为增长型，交通银行在其购买基金时，并未对其进行风险测试和风险提示，导致其错误购买。就此，崔某某提交了风险测评查询结果打印件及三份评估报告。两份评估报告选择的崔某某年龄组别为 30 岁至 39 岁、一份选择的年龄组别为 18 岁（含）至 29 岁，投资非保本类投资产品的经验均为多于5年。交通银行认可证据的真实性，不认可证明目的，称风险评估是根据崔某某的陈述进行勾选，生成评估报告后打印让崔某某签字，但现已找不到有崔某某签字的评估报告原件。另外，崔某某提交与交通银行前员工马某的微信记录，欲证明交通银行伪造评估报告。交通银行不予认可。崔某某提交毕业证书，称于2015年7月毕业，2015年时仅24岁，不可能为激进型投资者。交通银行认可证据的真实性，不认可证明目的。崔某某提交交通银行前员工微信朋友圈记录，以证明交通银行在推介基金时，从未提示任何风险，严重误导客户。交通银行不认可证据的真实性、关联性和证明目的。崔某某提交第三方基金网页关于案涉三只基金的信息网页打印件，以证明三只基金均为高风险。证据显示浦银安盛增长动力灵活配置混合型证券投资基金为中高风险，其余两只为高风险。交通银行不予认可，称其评估的浦银安盛增长动力灵活配置混合型证券投资基金为中等风险，其余两只为较高风险。

交通银行提交2014年1月27日风险评估报告及个人申购凭条，以证明当时崔某某风险评估为激进型，且在前后购买了千余万元理财产品。崔某某称风险评估报告并非其所做，与其实际情况不符，也无其签字，不认可真实性；个人申购凭条并非针对案涉基金，激进型表述为交通银行单方所述，其签字仅是对购买的产品的确认，从未对风险等级进行确认。交通银行还提交了2014年2月11日和2015年1月5日的风险评估报告，崔某某不认可真实性和证明目的。

交通银行提交2014年2月11日“理财产品业务申请表”“业务受理通知书”以证明崔某某已在风险评估为激进型的业务单据上签字，可以证明2014年2月11日对崔某某进行了风险评估，且结果为激进型。崔某某称该证据系2014年形成，与涉诉基金无关，没有体现风险评估，其签字仅为确认认购申请表上的理财产品，并非对测评结果的签字确认，不能证明进行了风险评估。

交通银行提交2015年1月5日的理财产品业务申请表，以证明在崔某某2015年1月5日购买理财产品时，已对崔某某进行了风险评估，结果为激进型，崔某某也书写已知基金风险，愿意承担。崔某某称该业务申请表与案涉基金产品无关，没有体现风险评估，签字仅确认认购的理财产品，激进型的表述系交通银行员工自行备注，其不理解也未进行过确认，交通银行未向其解释和提示。

交通银行提交2015年3月2日的理财产品业务申请表，以证明在崔某某2015年3月2日购买理财产品时，已对其进行了风险评估，结果为激进型，崔某某也书写已知基金风险，愿意承担。崔某某称该业务申请表没有体现风险评估，签字仅确认认购的理财产品，激进型的表述系交通银行员工自行备注，其不理解也未进行过确认，交通银行未向其解释和提示。

交通银行提交崔某某信用卡申请表，以证明其自述2014年、2015年在广发银行、光大银行工作，而非在上学。崔某某不认可证明目的，称信息是在交通银行授意下填写。

交通银行提交与原崔某某的客户经理的回访记录，以证明对崔某某进行了风险评估，为其本人操作。崔某某不予认可。

交通银行提交手机银行购买基金产品流程打印件，以证明会进行风险提示。崔某某主张购买并非其操作，未见到风险提示，也未体现详尽的风险提示。

交通银行提交原中国银监会银行业消费者投诉处置结果登记表及回复函，以证明其行销售规范，已进行风险评估，符合内部规定。崔某某不认可证据的真实性、关联性和证明目的。

另查，崔某某曾在2014年2月11日在交通银行购买5万元南方新优享灵活配置混合基金，2014年7月10日赎回，亏损70.55元；2015年1月5日购买50万元易沪深300量化增强基金，2015年4月28日赎回，盈利142 242.96元。

- 裁判要旨

北京市朝阳区人民法院在其作出的（2018）京0105民初91465号民事判决书中认为，崔某某和交通银行均提交了风险评估结果，但崔某某据此认为风险评估结果系交通银行伪造的，即不真实的、无效的。风险评估作为商业银行开展个人理财业务所应当负有的法定义务，交通银行应当保证评估的真实有效性。在崔某某提出对评估结果的异议时，应当由交通银行就评估结果的真实有效性承担举证责任。

根据证据显示，交通银行系统内留存有对崔某某 2014 年 1 月 27 日和 2014 年 2 月 11 日的风险评估结果，暂不考虑该两次评估结果的真实有效性，该两次评估是针对崔某某购买货币基金等风险等级较低的产品时所作的评估，而崔某某购买案涉第一笔产品是在 2015 年 3 月，已超过一年的时间，崔某某的情况发生变更。因此，该两次评估结果不适宜作为崔某某购买案涉产品的评估依据。故对于交通银行提出的此项抗辩意见，法院不予采纳。

对于交通银行系统内留存的对崔某某 2015 年 1 月 5 日的评估结果。交通银行提交的评估报告内容显示勾选的“投资非保本类投资产品的经验多于 5 年，大部分投资于股票、基金、外汇等高风险产品，具有丰富的投资经验”。崔某某对此予以否认。证明该评估报告真实有效性的举证责任在交通银行。按照《商业银行个人理财业务风险管理指引》的规定，商业银行应当将有关评估意见告知客户，由双方签字。现交通银行称未能找到当时已签字的评估报告，因此带来的不能有效证明评估报告真实有效的法律风险和责任，应当由交通银行承担；同时，根据查明的事实，根据交通银行提供的崔某某的理财记录，最早也仅是从 2014 年开始，且也大多是货币基金类产品，与交通银行提交的评估报告内容严重不符，因此导致评估报告的真实性存在重大疑问。同样，即使 2014 年两份评估报告系真实的，也不能直接推断出本次评估报告为激进型也是符合本次评估时的情况的。关于交通银行提交的 2015 年 1 月 5 日和 2015 年 3 月 2 日有崔某某签字的业务申请表，法院注意到“风险等级激进型”字样为交通银行人员添加，且是在崔某某签字下方，因此难以认定崔某某签字包括对风险评估结果的确认。该案上诉后北京市第三中级人民法院作出的（2019）京 03 民终 10501 号民事判决书虽未探讨风险测评结果有效期问题，但认定一审法院认定事实清楚，适用法律准确，可以理解为认可了一审法院对于风险测评有效期的观点。

● 规定依据及案例解读

《适当性管理办法》仅笼统要求金融机构应当及时、持续关注消费者风险承受能力，却未明确具体频率。《理财公司理财产品销售管理暂行办法》第三十一条明确“超过一年未进行风险承受能力评估或发生可能影响自身风险承受能力情况的非机构投资者，再次购买理财产品时，应当在理财产品销售机构营业场所（含电子渠道）完成风险承受能力评估，评估结果应当由投资者签字确认。”在此之前，证券公司等中国证监会所辖金融机构多根据《关于加强证券经纪业务管理的规定》（现已失效）第三条第二款规定每两年对投资者进行一次风险能力测评，银行等金融机构则多按照每年一次频率测评投资者风险承受能力。《信托公司资金信托管理暂行办法（征求意见稿）》则确定每两年一次的测评频率。

但由上述案例可知，司法机关并不认可投资者认购新的金融产品，只要在风险测评有效期内金融机构就无须再次测评投资者风险承受能力的观点。而是认为只要影响投资者风险承受能力的客观情况发生变化，金融机构就应当跟进了解投资者情况，重新进行风险能力测评。《证券经纪业务管理办法》第十二条、第二十五条、第三十一条明确要求证券公司持续关注投资者基本信息、身份证明文件有效期等情况，持续跟踪了解投资者相关账户的使用情况，持续了解投资者状况，及时发现并纠正不规范行为。

● 实操要点提示

对于金融机构而言，持续关注投资者信息变化已经成为普遍性、基础性要求。无论具体落实的核查频率是多久，金融机构需要向监管机构、司法机关表明其投入相应的人力、物力、财力履行持续性关注的要求。

根据最新颁布的《证券经纪业务管理办法》《理财公司理财产品销售管理暂行办法》及司法裁判，金融机构可以将一年作为跟进、更新投资者信息频率。进行风险测评或客户回访时，应明确告知投资者若在评估有效期内如果自身经济状况、风险承受能力出现重大变更，应当主动及时告知金融机构并进行新的风险能力测评。在投资者认购新的金融产品时，金融机构还可以再次询问投资者是否发生影响自身风险承受能力的重大事项。若有，则应完成新的投资者风险测评，并以新的风险承受能力匹配相应产品。

（七）投资者在本机构认购特定金融产品时的风险承受能力测评结果，可以作为认购本机构发行或代销其他金融产品的匹配依据

- 案情简介

一审法院查明，2010 年 11 月 17 日，因施某某理财需要，建行奉贤支行对施某某进行个人客户风险评估问卷调查，评估显示，施某某属于“有投资经验”，风险评估结果为“进取型”；在问卷的第 4 项“以下哪项最能说明您的投资经验”，施某某选择了“资产均衡地分布于存款、国债、银行理财产品、信托产品、股票、基金等”选项；问卷第 5 项“您有多少年投资银行理财产品、信托产品、股票、基金、外汇、金融衍生产品等风险投资的经验”，施某某选择了“2 至 5 年”选项；问卷第 6 项“以下哪项描述最符合您的投资态度”，施某某选择了“寻求资金的较高收益和成长性，愿意为此承担有限本金损失”选项；问卷还有年龄、家庭年收入、投资波动焦虑等项目。该评估问卷在客户声明中载明：“本人保证以上所填全部信息为本人真实的意思表示，并接受贵行评估意见”，施某某在客户签字处签名。同日，施某某与建行奉贤支行签订理财产品客户协议书，投资期限为 2010 年 2 月 11 日至 2015 年 2 月 10 日，产品名称“乾元、盈系列”日日开放型资产组合理财产品，产品类型为非保本浮动。施某某在该协议上作为投资者签名确认，抄录本人已经阅读上述风险提示，充分了解并知晓本产品的风险，愿意承担相关风险，并在该产品适合度评估表上作为确认人签名确认，当日认购该产品 1 705 000 元。

2010 年 11 月 30 日，施某某经建行奉贤支行推荐购买其代销的信托产品，即《江信国际·金虎 88 号建银财富——中国影视出版产业投资基金集合资金信托计划文件》（以下简称《信托计划文件》），施某某在案涉信托文件《认购风险申明书》的委托人处签字确认，该声明书主要载明，本

信托计划不承诺保本和最低收益，具有一定的投资风险，适合风险识别、评估、承受能力较强的合格投资者；信托公司因违背信托计划文件、处理信托事务不当而造成信托财产损失的，由信托公司以固有财产赔偿；不足赔偿时，由投资者自担；委托人在认购风险申明书上签字，即表明已认真阅读并理解所有的信托计划文件，并愿意依法承担相应的信托投资风险。施某某并与江西××股份公司签订案涉信托合同，编号为“江信国际2010信托×××第××—×××号”，信托合同对相关名词的释义进行了定义，明确了委托人与受益人，即投资者自签署认购风险申明书、交付认购资金，并于信托计划成立之日起即成为本信托的委托人和受益人，合同还对信托计划的要素、信托单位的认购条件和方式、信托计划的推介与成立、风险揭示与风险承担、信息披露、地址变更的通知等作了明确约定。同日，施某某向江西××股份公司转账支付了300万元。同时，建行奉贤支行出具《中国建设银行股份有限公司业务声明书》，声明主要内容为：“1. 我行仅负责您认购金虎88号优质企业股权收益权投资信托计划与江西××股份公司之间的资金划转工作。2. 信托合同是您与信托公司产生信托关系的唯一证明，您在我行的资金划款凭证只是作为您已交款的证明，不具备信托契约的性质和责任。3. 或收益分配或信托期满时，信托公司未在规定时间内将资金划入开立在我行的信托财产专户，我行则不能及时将委托人的收益或本金划入委托人的账户，对此，我行不承担任何责任，也不为金虎88号优质企业股权收益权投资信托计划垫付任何款项。”施某某在“我已阅知并认可以上声明”下面的委托人处签字。2010年12月8日，江西××股份公司发布信息披露公告第（1）号，公告信托计划于2010年11月23日正式成立，信托计划期限为5+2年等内容；此后还多次对信托计划发布信息披露公告。

自2015年4月起至2017年12月，施某某收到案涉信托产品的收益共计3 015 176.45元。

一审法院另查明，2010年8月27日，中国建设银行个人存款与投资部发出的建个〔2010〕375号《关于做好个人客户风险评估项目上线及评估结果使用相关工作的通知》载明，个人客户风险评估已于 2010 年 8 月 14 日上线，启用“中国建设银行个人客户风险评估问卷”，风险评估结果有效期为 1 年，有效期内除客户主动要求重新评估外，在客户的金融资产发生较大变化等情况下应提醒客户重新进行风险评估。此外，2012 年 2 月、7 月、9 月，施某某多次将其在银行账户的资金实施银行转证券操作，涉及金额计 575 000 元。

一审法院再查明，2017 年 12 月 25 日，江西××事务所有限责任公司对案涉信托计划作出专项审计报告及说明，载明信托计划于 2010 年 11 月 23 日成立，集合信托资金 117 610 万元，可分配信托财产 1 182 049 676. 19 元，已全部划入信托计划受益人指定的账户。2018 年 6 月 8 日、7 月 26 日，上海银行业纠纷调解中心两次对施某某、建行奉贤支行关于施某某收益事宜进行调解，但调解不成。2018 年 9 月 3 日，上海银监局就施某某举报建行奉贤支行涉嫌违规销售理财产品作出上海银监局银行业举报事项受理通知书，并于同年 10 月 18 日作出沪银监访复（2018）1907 号举报事项答复书，答复如下：“经核查，您购买该信托计划时签署了‘建银财富—中国影视出版产业投资基金集合资金信托计划信托合同’‘认购风险申明书’‘中国建设银行股份有限公司业务声明书’，其中，‘信托合同’‘认购风险申明书’均说明该信托计划不承诺保本和最低收益，‘中国建设银行股份有限公司业务声明书’也说明建行上海市分行仅负责客户与江西信托之间的资金划转工作，不对该信托计划的收益或本金负责。上述三份文件均有您签字认可。因此，没有证据证明银行人员存在承诺收益的问题。若您有新的证据或线索，可向我局提供，以便进一步核查。我局将根据进一步核查的情况依法采取相应的监管措施。此外，您提出的经济补偿等诉求，非我局监管职责范围，建议向相关单位进行反映。”

二审法院查明，2020 年 3 月 17 日一审法院证据交换过程中，施某某举证的第二份证据为“基金简介”，拟证明建行奉贤支行存在虚假宣传，使得施某某作出非真实意思表示。建行奉贤支行对该证据的质证意见为：“三性均认可，但证明目的不认可，简介第 2 页表格中第三点重点提示了产品风险”。2020 年 5 月 18 日一审法院庭审过程中，建行奉贤支行当庭表示：“上次庭审后，经过核实，这份资料（指‘基金简介’）确实是产品发行的资料，但建行奉贤支行并未主动向施某某提供过……不是建行奉贤支行推荐产品时给的，也不是建行奉贤支行制作和发放的。”

再查明，“基金简介”载明，基金名称“中国影视出版产业投资基金”；基金发起人“由中国建设银行、国家广电总局和新闻出版总署共同倡导和支持，由 C 公司、中国 A 集团、中国 B 集团联合国内大型企业共同发起设立”；分配方式“基金投资项目退出后原则上不进行再投资，首先用于偿还基金投资人的本金和 8% 的优先回报，超过部分在基金投资人和基金管理人之间按照 80:20 的比例进行分配”；预期收益“不低于 20% 的年化收益率”。第三部分“重要提示”中载明“本基金主要面向了解私募股权投资的特点和运作模式、对长期股权投资有一定风险承受能力的高端客户，请投资者在投资前仔细阅读和理解本基金的募集说明书及相关协议书，认真考虑、谨慎决定。”第四部分“投资意向”中“您的姓名”“您的联系电话”“投资意向金额（万元）”三栏目后填空部分均为空白。该简介右上角注有建设银行商标标识及“中国影视出版产业投资基金”字样；简介上无任何公司或个人签章。

还查明，“信托计划文件”中的“说明书”封面“特别申明”一栏，以及《信托合同》封面均有加黑加粗的部分字体，载明“信托公司因违背本信托合同、处理信托事务不当而造成信托财产损失的，由信托公司以固有财产赔偿；不足赔偿时，由投资者自担。”《信托合同》的第十一条“信托利益的分配”中的第（三）款以加黑加粗的字体载明“本信托具有一定的投资风险，受托人不承诺保本和最低预期收益率。”

- 裁判要旨

上海金融法院在其作出的（2021）沪 74 民终 313 号民事判决书中认为，关于“了解客户”的要求，系指金融机构应对潜在的客户进行风险测评和分类。2010 年 11 月 17 日，建行奉贤支行在施某某购买“乾元、盈系列”产品时，对施某某进行了风险评估，确认施某某有投资经验、“寻求资金的较高收益和成长性，愿意为此承担有限本金损失”，评估结果显示施某某属于“进取型”投资者，该评估问卷在客户声明中载明：“本人保证以上所填全部信息为本人真实的意思表示，并接受贵行评估意见”，施某某在客户签字处签名。同年11月30日，施某某经建行奉贤支行推荐购买了案涉信托产品。建行奉贤支行对施某某进行的风险评估虽非在推介本案信托产品时进行，但距11月17日所作的风险评估间隔仅十余日的时间，无证据显示施某某在此期间发生金融资产较大变化，或施某某主动要求重新评估；施某某主张因本案信托产品的风险高于其于11月17日购买的“乾元、盈系列”产品，故当时的评估结果不能适用于本案，但风险评估问卷系针对投资者而非针对产品进行的调查，产品不同不等于投资者风险承受能力也随之不同，故建行奉贤支行向施某某推介案涉信托产品，已符合“了解客户”的要求。

- 规定依据及案例解读

《理财公司理财产品销售管理暂行办法》第三十一条规定，“理财产品销售机构应当对非机构投资者的风险承受能力进行评估，制定投资者风险承受能力评估书，确定投资者风险承受能力等级，建立将投资者和理财产品进行匹配的方法。风险承受能力评估依据至少应当包括投资者年龄、财务状况、投资经验、投资目的、收益期望、风险偏好、流动性要求、风险认识及风险损失承受程度等。

理财产品销售机构应当定期或不定期地在本机构营业场所（含电子渠道）对非机构投资者进行风险承受能力持续评估，确保投资者风险承受能力评估的客观性、及时性和有效性。

超过一年未进行风险承受能力评估或发生可能影响自身风险承受能力情况的非机构投资者，再次购买理财产品时，应当在理财产品销售机构营业场所（含电子渠道）完成风险承受能力评估，评估结果应当由投资者签字确认。

理财公司委托代理销售机构销售理财产品的，代理销售机构应当将投资者风险承受能力评估结果以及投资者与理财产品进行匹配的方法，及时、准确提供给理财公司。”

《适当性管理办法》第十三条规定，“经营机构应当告知投资者，其根据本办法第六条规定所提供的信息发生重要变化、可能影响分类的，应及时告知经营机构。经营机构应当建立投资者评估数据库并及时更新，充分使用已了解信息和已有评估结果，避免重复采集，提高评估效率”。

由前述监管规定可知，金融机构应当持续关注投资者风险承受能力的变化。现有法律法规、监管要求并未要求投资者在认购新的金融产品或接受新的金融服务时，必须重新进行风险承受能力测评。其原因在于风险承受能力测评是针对投资者进行，而非针对产品。投资者认购的金融产品或接受的金融服务不同，不代表投资者的风险承受能力有所不同。

- 实操要点提示

持续关注投资者的风险承受能力是金融机构履行投资者适当性管理义务的重要内容。在投资者收入、资产状况、风险偏好等影响投资者风险承受能力测评的因素未发生重大变化时，投资者认购特定金融产品时所做的风险承受能力测评结果可以作为认购其他金融产品或接受其他金融服务时匹配的依据。但在司法实践中，金融机构测评投资者风险承受能力是否满足“持续关注”要求，其结果能否作为投资者认购案涉金融产品或接受案涉金融服务的依据往往个案个判，裁判案例根据案件情况存在一定的差异。因此，基于风险规避的考量，如果上次风险承受能力测评时间距离本次认购相隔时间较短或者所认购的新的金融产品、接受的新的金融服务在风险特点、风险内容等方面明显有别于投资者以往认购的金融产品、金融服务，则建议金融机构对投资者进行新的风险承受能力测评，并将新的风险承受能力测评结果作为匹配新的金融产品、金融服务的依据。

（八）突击型风险承受能力测评不能真实准确反映投资者的风险承受能力

- 案情简介

一审法院查明，2015 年 5 月 11 日，杨某在平安银行沈阳分行处填写“客户风险承受度评估报告”，经评估，杨某测评结果为平衡型。2015 年 5

月 15 日，杨某作为委托人与平安银行沈阳分行作为推广机构签订“资产管理计划电子签名约定书”，约定：委托人同意自本约定书签订之日起，委托人在推广机构参与由管理人所管理的资产管理计划过程中，使用电子签名合同；与在纸质合同上书面签名具有同等的法律效力，无须另行签署纸质合同和文书；委托人应妥善保管密码，经委托人密码登录委托人账户的所有操作视同委托人本人行为，委托人承担由此产生的一切法律后果。2015 年 5 月 15 日，杨某于 11 时 29 分 09 秒及 11 时 32 分 57 秒在平安银行沈阳分行处分别进行电子合同签约及基金产品申购两次交易，产品名称均为和聚主动管理 2 号（以下简称“和聚 2 号”），申购金额为 101 万元。当日，杨某在平安银行沈阳分行处于 12 时 04 分 21 秒另申购大成睿景混合 A 基金，申购金额为 10 万元。现和聚 2 号基金已赎回，于 2019 年 5 月 31 日回款 809 972. 24 元，于 2019 年 10 月 28 日回款 67. 84 元。2015 年 6 月 11 日，杨某于 17 时 06 分 40 秒及 17 时 08 分 38 秒在平安银行沈阳分行处分别进行电子合同签约及基金产品认购两次交易，产品名称均为星石 7 号，认购金额为 101 万元。现星石 7 号基金已赎回，于 2019 年 12 月 20 日回款 1 027 741. 52 元。2015 年 6 月 19 日，杨某在平安银行沈阳分行处办理预约购买业务，产品名称为平安财富私人银行专享结构类（90% 保本挂钩 ETF）资产管理类 2015 年 37 期人民币理财产品 TLP150037（以下简称“结构类理财”），认购金额为 50 万元。现结构类理财已赎回，于 2016 年 6 月 24 日回款 45 万元。

现杨某诉至法院，主张平安银行沈阳分行向杨某推介风险评级超出其风险承受等级的金融产品，违反适当性义务，且在销售过程中未履行风险告知义务，应向杨某赔偿所购买金融产品的本金和利息损失。杨某主张，因大成睿景混合 A 基金的损失数额暂未确定，在本案中不主张。平安银行沈阳分行主张杨某在其公司共有三次风险测评，根据杨某据此举证的银行系统打印材料显示，第一次为 2015 年 5 月 11 日 11 时 57 分，评估结果为平衡型；第二次为 2015 年 5 月 15 日 12 时 03 分 18 秒，评估结果为成长型；第三次为 2016 年 8 月 14 日 22 时 48 分 17 秒，评估结构为稳健型。对于第一次和第三次风险测评，杨某予以认可，并表明第一次是在平安银行沈阳分行营业场所通过填写问卷操作，第三次是在家中电脑通过网银操作；对于第二次风险测评，杨某不认可，其表明是柜台工作人员为了销售更高风险等级的金融产品，向杨某索要了密码并私自在柜台电脑操作完成的，其在当时并不知晓该次风险测评。

关于和聚2号基金，平安银行沈阳分行举证《关于代销平安汇通摶股通金（和聚）主动管理2号二期提前成立及三期特定客户资产管理计划的发行通知》，其上记载该基金风险等级为中风险（三级），适合风险评级为平衡型、进取型及成长型的客户；杨某主张该基金属于高风险投资品种，并举证北京和聚投资管理有限公司网站上公示的和聚主动管理2号私募基金相关信息截图，其上显示本基金属于高风险投资品种，适合风险识别、评估、承受能力为进取型的合格投资者。平安银行沈阳分行另举证“风险揭示书”及“客户风险承受能力调查表”，该调查表第2页记载：“平安汇通摶股通金（和聚）主动管理2号三期特定客户资产管理计划属于高等风险、收益浮动的投资品种，如果您没有勾选任何带*号的选项，表明您的风险承受能力至少为中等风险承受能力，与平安汇通摶股通金（和聚）主动管理2号三期特定客户资产管理计划的风险收益特征匹配。”杨某主张，该两份证据平安银行沈阳分行工作人员仅是将最后一页交给杨某，请求其配合签名，并未向其出示其他页内容，且其他勾选和内容填写均为平安银行沈阳分行工作人员所为。关于星石7号基金，平安银行沈阳分行提供《关于代销“平安汇通－星石5号特定客户资产管理计划”“平安汇通－星石6号特定客户资产管理计划”“平安汇通－星石7号特定客户资产管理计划”“平安汇通－星石8号特定客户资产管理计划”的发行通知》，其上记载该基金风险等级为中高风险（四级），适合风险评级为进取型及成长型的客户。平安银行沈阳分行另举证“风险揭示书”“客户风险承受能力调查表”及“个人理财产品销售流程尽职调查表”；杨某主张，平安银行沈阳分行工作人员仅是将前述文件最后一页交给杨某，请求其配合签名，并未向其出示其他页内容，其他勾选和内容填写均为平安银行沈阳分行工作人员所为，平安银行沈阳分行工作人员亦未向杨某告知说明文件的具体内容。关于结构类理财，平安银行沈阳分行举证《平安财富私人银行专享结构类（90%保本挂钩ETF）2015年37期人民币理财产品说明书（产品代码：ETF150037)》，其上记载产品风险评级为四级（偏高），评定为成长型、进取型的客户适合购买本产品。平安银行沈阳分行另举证“风险揭示书”“个人理财产品销售流程尽职审查表”及回访录音，“风险揭示书”落款处由杨某手写本人已经阅读上述风险提示，愿意承担相关风险；杨某主张，因平安银行沈阳分行隐瞒风险导致杨某产生错误认识，因此“风险揭示书”并不能表达杨某真实意思表示，“尽职审查表”相关内容的勾选并非杨某填写，平安银行沈阳分行亦未将相关文件交给杨某，不能就此认定平安银行沈阳分行履行了告知说明和文件交付等适当性义务，关于该录音杨某并不记得，其中声音与杨某声音近似。

另外，根据平安银行沈阳分行制定的《平安银行理财产品客户权益须知》中所载客户风险测评等级与理财产品风险等级匹配表显示，风险等级保守型对应理财产品低风险；稳健型所对应的最高风险类型为中低风险；平衡型所对应的最高风险类型为中等风险；成长型所对应的最高风险类型为中高风险；进取型所对应的最高风险类型为高风险。

- 裁判要旨

辽宁省沈阳市中级人民法院（2020）辽01民终14338号二审民事判决书中认为，现双方争议最大的问题是2015年5月15日12时03分18秒，平安银行沈阳分行是否对杨某进行了第二次风险评估、评估的结果、合规性如何以及案涉的和聚2号、星石7号、结构类理财三种理财产品分别属于何种风险等级的理财产品，与杨某的风险评估等级是否相匹配。本院根据双方当事人提供的证据及原中国银监会下发的相关监管规定，分别论证如下：

关于2015年5月15日12时03分18秒，平安银行沈阳分行是否对杨某进行了第二次风险评估、评估的结果及合规性问题。本案平安银行沈阳分行主张其在上述时间对杨某进行了第二次风险评估的证据有三：一份

“风险提示书”，一份其自制的记录和一份形成日期为 2015 年 5 月 15 日、一式三页的“客户风险承受能力调查表”。其中前两份证据自不必论，不能作为认定平安银行沈阳分行对杨某进行风险评估的证据。

关于第三份证据——一式三页的“客户风险承受能力调查表”是否是平安银行沈阳分行对杨某进行第二次评估的证据问题，本院分述如下：(1) 杨某对“客户风险承受能力调查表”第 1 页（仅是客户告知内容）上的签名不予认可，且上面没有风险评估的内容。(2) 第 2 页的“风险承受能力调查表”上面，没有对杨某的风险偏好类型（积极型、稳健型、保守型）做勾选，且上面没有杨某的签名。(3) 第 3 页上面，虽然杨某在“自愿承担平安汇通搏古通金（和聚）主动管理 2 号三期特定客户资产管理计划的风险”这两行字的下面签名，但是，杨某主张其签名时平安银行沈阳分行未向其出示前两页，违反了其应当遵守的告知说明义务，而且该页上的所有文字，均不是风险评估的内容。(4) 双方当事人在本院二审中均确认对客户的风险评估有效期为一年，正常情况下无须进行再次评估，而本案杨某于 2015 年 5 月 11 日，即 4 天前刚刚做完风险评估，其再次进行评估的意义和必要性不大。(5) 平安银行沈阳分行提供的这份“客户风险承受能力调查表”，与四天前进行第一次进行风险评估时所填写的“客户风险承受度评估报告”相比，不但制式不同、内容不同，而且没有测评结果，更没有杨某的签字确认。(6) 这份“客户风险承受能力调查表”与平安银行沈阳分行提供的另一份形成时间为 2015 年 6 月 12 日的“客户风险承受能力调查表”的制式、页数完全一样，但平安银行沈阳分行却从未主张这份 2015 年 6 月 12 日的“客户风险承受能力调查表”也是一次风险评估。(7) 2012 年 1 月 1 日起实施的《商业银行理财产品销售管理办法》第二十八条规定商业银行应当在客户首次购买理财产品前在本行网点进行风险承受能力评估。风险承受能力评估依据至少应当包括客户年龄、财务状况、投资经验、投资目的、收益预期、风险偏好、流动性要求、风险认识以及风险损失承受程度等。商业银行完成客户风险承受能力评估后应当将风险承受能力评估结果告知客户，由客户签名确认后留存。但平安银行沈阳分行却一直未能提供2015年5月15日由杨某签名的、上面记载风险评估等级的“客户风险承受度评估报告”。综上所述，本院认定这份2015年5月15日的“客户风险承受能力调查表”，不是平安银行沈阳分行对杨某进行第二次风险评估的有效证据，不能以此认定2015年5月15日平安银行沈阳分行对杨某进行了第二次风险评估。

- 规定依据及案例解读

持续关注投资者的风险承受能力变化是金融机构充分履行了解投资者义务的必然要求，已经在《适当性管理办法》《证券经纪业务管理办法》等监管规定中得以数次明确强调。但风险承受能力等级的变化，尤其是短时间内风险承受能力的跃升应当具有扎实的事实和理由。前述案例中，司法机关认定金融机构对于投资者的第二次风险承受能力测评，是为推介中高风险产品而进行的临时性的、突击性的测评，目的在于通过“提升”投资者风险承受能力，满足案涉金融产品的匹配要求，是以看似合法合规的形式掩盖实质违规的突击测评。在投资者情况并未发生重大变化、前后风险测评间隔极短的情况下，本次风险测评的必要性、客观性、真实性均遭到了司法机关质疑，并成为否定该次风险测评结果效力的原因。因此，突击型风险测评不能真实反映投资者风险承受能力，不能作为后续金融机构为之匹配适当金融产品或金融服务的依据，反而有可能成为不适当推介的证据。

- 实操要点提示

突击型风险承受能力测评的结果不能作为判断投资者风险承受能力的依据。在投资者客观情况无重大变化的情形下，其风险承受能力理应具有一定的稳定性。临时性的、突击性的风险承受能力测评，不能真实、准确地反映投资者风险承受能力，不能作为金融机构匹配产品的依据。金融机构应当及时跟进投资者风险承受能力变化，审慎评估投资者风险承受能力，并按照新的测评结果为之匹配合适的理财产品。但应明确增加的风险测评应当是必要的、真实的、准确的。

金融机构应当强化对于突击型风险承受能力测评的监督管控。实践中，金融机构从业人员尤其是一线销售人员的绩效考核、薪酬分配往往与客户交易量、金融产品销售量等直接简单挂钩，导致个别销售人员为追求短期绩效薪酬，诱导、指导投资者短时间内频繁进行风险承受能力测评，借此提升投资者的风险承受能力等级，进而扩大特定金融产品、金融服务的客户销售量、交易量。基于前述案例可知，金融机构营销人员应当避免为提高特定金融产品或金融服务的销售业绩，频繁突击进行风险承受能力测评，人为地拔高投资者的风险承受能力。

《证券经纪业务管理办法》第三十九条规定："证券公司应当加强对证券经纪业务的合规管理和稽核审计，全面覆盖公司相关部门与分支机构，建立检查与问责机制，保障证券经纪业务规范、安全运营。金融机构除开展必要的合规培训、合规宣导外，还可以通过技术手段强化对频繁进行风险承受能力测评、风险等级跳升后突击开通高风险业务权限或者购买高风险等级产品等情形的监督管控。"已有部分金融机构的合规管理部门对于频繁的临时性风险承受能力测评采取了一定的筛查、核实或限制手段，并要求实际完成测评的分支机构临时增加风险承受能力测评必要性、合理性说明及相应的支撑材料。

（九）风险测评内容应当交由投资者独立自主完成，风险测评结果应当交由投资者签字确认

- 案情简介

本标题项下介绍案例与"金融机构需持续性关注投资者风险承受能力的变化"案情一致，在此不作赘述。

- 裁判要旨

北京市第三中级人民法院在其作出的（2019）京 03 民终 10501 号民事判决书中认为，对于交通银行系统内留存的对崔某某 2015 年 1 月 5 日的评估结果。交通银行提交的评估报告内容显示勾选的"投资非保本类投资产品的经验多于 5 年，大部分投资于股票、基金、外汇等高风险产品，具有丰富的投资经验"。崔某某对此予以否认。证明该评估报告真实有效性的举证责任在交通银行。按照《商业银行个人理财业务风险管理指引》的

规定，商业银行应当将有关评估意见告知客户，由双方签字。现交通银行称未能找到当时已签字的评估报告，因此带来的不能有效证明评估报告真实有效的法律风险和责任，应当由交通银行承担；同时，根据查明的事实，根据交通银行提供的崔某某的理财记录，最早也仅是2014年开始，且也大多是货币基金类产品，与交通银行提交的评估报告内容严重不符，因此导致评估报告的真实性存在重大疑问。同样，即使2014年两份评估报告系真实的，也不能直接推断出本次评估报告为激进型也是符合本次评估时的情况的。关于交通银行提交的2015年1月5日和2015年3月2日有崔某某签字的业务申请表，法院注意到“风险等级激进型”字样为交通银行人员添加，且是在崔某某签字下方，因此难以认定崔某某签字包括对风险评估结果的确认。

- 规定依据及案例解读

《理财产品销售管理办法》第二十五条及第四十八条明确禁止销售人员违规代替投资者签署销售业务相关文件，或者代替投资者进行风险承受能力评估、理财产品购买等操作，应当由投资者自主决定是否认（申）购或赎回，独立对销售文件进行签字确认，自主承担投资风险。《适当性管理办法》等规范则三令五申要求金融机构妥善保存其履行投资者适当性义务的相关资料。

实际生活中存在的大量的对电子签名等无纸化办公不了解、不清楚的或高龄或文化程度相对较低的投资者。若无金融机构工作人员的指导，该类投资者往往难以独立完成包括风险承受能力测评在内的相关内容。在此情形下，不排除个别金融机构业务人员存在帮助投资者填写相关信息、勾选相关选项、确认风险等级、点击认购选项等情况。个别情形下，还存在高龄投资者要求金融机构工作人员完全代选、代签有关适当性文件的情形。

对于金融机构而言，此种帮助行为在后续的纠纷处置过程中容易给人民法院等纠纷处置机关造成“风险承受能力测评以及该笔交易是否由投资者独立自主完成以及金融机构是否误导、诱导投资者进行交易”的疑惑，存在被司法机关认定为实质性替代投资者确认风险测评结果、作出认购决定的可能，进而导致金融机构承担赔偿责任。

此外，各金融机构电子化、无纸化办公的程度以及应用的技术手段等都各有不同，导致保存其履行投资者适当性管理义务留痕的形式及结果千差万别。据笔者了解，实践中存在金融机构无法将已经电子化后投资者风险承受能力测评具体内容、选项及结果“复原”成能够直接呈现风险承受能力测评问题、投资者回答及选项的情形。在纠纷处置过程中，该类电子化存档文件作为证据的真实性、合法性、关联性往往面临对方当事人及司法机关、仲裁机构的重点关注。司法实践中也不乏金融机构因举证不能而被判被裁定承担责任的情形。

- 实操要点提示

一方面，金融机构应当规范实务操作，做好风险测评过程及结果的确认留痕。风险测评的过程应当交由投资者独立完整的完成，避免出现金融机构工作人员代写、代签情形。条件允许的情形下，还可以对整个的风险测评环节进行录音录像。在将风险测评结果交由投资者确认时，应当要求投资者逐项确认风险测评信息并自行书写“本人认可自身风险承受等级为×××”并在书写处签字、盖章或按手印。即便面对高龄投资者、知识文化水平相对较低投资者及对电子签名等不熟悉投资者，金融机构工作人员在详细讲解的同时，应当尤为注意、着力避免替代投资者签署、确认风险测评结果及其他相资料。

另一方面，金融机构需要视情况优化适当性资料的存储和提取。在进行电子签名系统改造时，可以参照《最高人民法院关于民事诉讼证据的若干规定》第十五条关于电子数据原件以及第九十三条、第九十四条关于电子数据真实性的要求作为优化改造的参考性标准。若投资者适当性文件是以电子数据形式测评、确认、保存的，金融机构应当做到留存电子数据能够有效地表现所载内容并可供随时调取查用；能够可靠地保证自最终形成时起，内容保持完整、未被更改的要求。

《最高人民法院关于民事诉讼证据的若干规定》第九十四条规定，电子数据由记录和保存电子数据的中立第三方平台提供或者确认的，人民法院可以确认其真实性。基于有效降低金融机构举证压力的考量，金融机构可以引入工业和信息化部认证的第三方认证机构完成对投资者风险测评及认购过程的认证留痕。在后续的纠纷处置阶段，金融机构可以要求第三方认证机构出具认证文件，证明电子数据系由签字人签写，后续并未被篡改。

（十）代销金融产品过程中，作为委托方的金融机构需要强化对于代销方投资者适当性管理工作的监督

● 实操概况

实践中，作为委托方的金融机构在监督代销机构投资者适当性工作方面面临着重重阻碍。一是双方合作地位可能存在重大差异。金融产品或金融服务的委托人之所以选择特定金融机构作为其代销机构，往往是因为看重代销机构所掌握的数量庞大的客户群体。通过代销机构的代销，能够有效地提升特定金融产品或金融服务的销售量。作为金融产品管理人的金融机构实际上是“有求”于掌握客户资源的代销机构。二是客户群体尤其是高净值客户属于稀缺资源。投资者信息尤其是高净值投资者的信息是金融机构的核心资产，多将之作为重要的商业秘密进行保护。伴随着金融机构获取新客户及维护老客户成本的加大，受托金融机构基于保护自身客户资源不被稀释、不被其他机构获取的考虑，一般不会将投资者的信息向包括委托方在内的其他金融机构共享。三是欠缺公开的可供查询的渠道。在代销金融产品环节，作为委托方的金融机构会对拟选择的受托方，通过公开渠道检索、要求受托方提供主体信息等方式进行必要的准入核查，履行对于受托机构的核查义务。但在投资者适当性管理环节，金融机构之间秉持“谁销售，谁负责”的原则，作为直接销售机构的受托方“全权”负责投资者的适当性管理。委托方多不具备绝对的优势地位、话语权或者技术手段、渠道路径实际参与投资者适当性管理的具体工作，一般也不会对受托方适当性管理工作进行监督。

● 规定解读：

《适当性管理办法》第二十六条规定，经营机构委托其他机构销售本

机构发行的产品或者提供服务，应当审慎选择受托方，确认受托方具备代销相关产品或者提供服务的资格和落实相应适当性义务要求的能力，应当制定并告知代销方所委托产品或者提供服务的适当性管理标准和要求，代销方应当严格执行，但法律、行政法规、中国证监会其他规章另有规定的除外。第二十八条规定，对在委托销售中违反适当性义务的行为，委托销售机构和受托销售机构应当依法承担相应法律责任，并在委托销售合同中予以明确。

《理财公司理财产品销售管理暂行办法》第九条规定，理财公司应当对拟委托销售的本公司理财产品建立适合性调查、评估和审批制度，审慎选择代理销售机构，切实履行对代理销售机构的管理责任。理财公司应当对代理销售机构理财产品销售业务活动情况至少每年开展一次规范性评估。理财公司开展规范性评估，需要调阅理财产品销售录音录像、交易记录以及相关制度文件等资料的，代理销售机构应当予以配合。代理销售机构应当按照法律、法规以及合作协议约定，及时、准确地向理财公司提供理财产品销售相关的数据、信息和资料等。

前述监管规定表明，监管机构正不断压实金融机构对于其委托的代理销售机构的监督管理责任，以往基于“谁销售、谁负责”实操惯例所建立起来的所谓的不同金融机构之间的“风险隔离”已然受到突破。

与之呼应，司法机关在《九民纪要》及《〈全国法院民商事审判工作会议纪要〉理解与适用》中亦明确根据委托代理的有关规定，金融机构应当对代理销售机构承担监督管理职责。具体而言，金融产品的销售者在代理销售时未尽消费者适当性管理义务，属于代理销售行为违法；管理人作为销售行为的委托人，即使在事实层面上不实际指导该违法销售行为，因管理人同样对消费者负有适当性管理的法定义务或者先合同义务。若管理人在法律上对销售者的违法代理行为属于应当知道，则依法应当与金融产品的销售者承担连带责任。

由此可知，虽然金融机构与销售机构在具体工作及责任分工上存在差异，但无论监管机构抑或是司法机关均不断强化金融机构对于销售机构的监督管理职责，不断夯实作为管理人的金融机构的管理责任，在投资者适当性管理环节亦是如此。

- 实操要点提示

在监管机构及司法机关“捆绑”管理机构与销售机构的语境下，金融机构可采取如下方式核查销售机构投资者适当性工作，以期减轻后续责任的承担。一是强化对于销售机构的尽职调查，建立健全销售机构黑白名单制度，尽量选择内控体系完善、专业人员充足、执业规范且无重大监管及法律处罚的销售机构。当代销机构出现重大违法违规情形时，作为委托方的金融机构应当及时做好风险处置预案，通过中止/终止代销权限，要求代销机构通过强化合规管理、完善内控机制等方式防止风险蔓延。二是按照《理财产品销售管理办法》要求，充分履行对于代销机构在投资者适当性环节的监督义务。具体可以通过增加查阅理财产品销售及投资者适当性相关资料的频率；条件允许情况下，适当扩大代销机构提供的投资者适当性资料的范围和内容；强化对于代销机构金融产品销售活动的规范性评估并做好相应的留痕。即便在后续的纠纷处置过程中，作为委托方的金融机构也能够举证证明已经在投资者适当性管理环节，履行对代销机构的监督职责。三是通过签订委托协议等形式，明确委托方与受托机构在销售金融产品、提供金融服务环节履行投资者适当性管理义务的具体分工以及信息披露、纠纷处置、责任承担等内容。其中可以明确，在委托方不参与销售机构投资者适当性管理工作及具体理财产品销售的情形下，若委托方因销售机构原因而被迫承担责任的，管理人有权向销售机构追责。

二、了解产品

（一）金融产品风险等级评定尚未形成统一标准，等级评定宜高不宜低

- 案情简介

一审法院查明，2015 年 6 月 2 日，王某经建行 ××支行工作人员推荐，在建行 ××支行购买“前海开源中证军工指数型证券投资基金”，认

购金额为96.6万元。2018年3月28日，王某进行了基金赎回，赎回金额为389 518.05元，本金亏损576 481.95元。

在王某购买上述基金过程中，建行××支行对王某做了风险评估，王某填写了“个人客户风险评估问卷”。该问卷中，“以下哪项最能说明您的投资经验”项下王某的选项为“大部分投资于存款、国债等，较少投资于股票基金等风险产品”；“以下哪项最符合您的投资态度”项下王某的选项为“保守投资，不希望本金损失，愿意承担一定幅度的收益波动”；“您的投资目的”项下王某的选项为“资产稳健增长”；“您的投资出现何种程度的波动时，您会呈现明显的焦虑”项下王某的选项为“本金10%以内的损失”。根据王某填写的上述问卷，建行××支行确定王某的风险评估结果为稳健型。

填写前述问卷的同时，王某在“须知”和“确认书”上签字。但上述“须知”和“确认书”的内容系通用的一般性条款，未有关于王某本次购买的基金的具体内容和相关说明。

诉讼中，王某和建行××支行均确认，在王某购买前述基金时，建行××支行未向王某出示和提供基金合同及基金招募说明书。王某称建行××支行未向其说明基金合同及基金招募说明书的相关情况；建行××支行称其向王某说明了基金合同及基金招募说明书的相关情况，但建行××支行未就其该主张向该院提交相应证据。

另查明，王某购买的“前海开源中证军工指数型证券投资基金”的基金管理人为前海开源基金管理有限公司，基金托管人为交通银行股份有限公司。建行××支行系该基金的代销机构之一。前述基金的招募说明书中载明：“基金管理人依照恪尽职守、诚实信用、谨慎勤勉的原则管理和运用基金财产，但不保证基金一定盈利，也不保证最低收益。……投资有风险，投资人在投资本基金前应认真阅读本基金的招募说明书和基金合同。”“（六）风险收益特征：本基金属于采用指数化操作的股票型基金，其预期风险和收益高于货币市场基金、债券基金、混合型基金，为证券投资基金中较高风险、较高收益的品种。”诉讼中，建行××支行称上述基金的基金管理人、基金托管人及部分代销机构将该基金的风险等级确定为“中风险”，与王某的风险评估结果“稳健型”相匹配；王某称基金管理人、基金托管人及部分代销机构将该基金的风险等级确定为“中风险”缺乏客观性，且与基金招募说明书中载明的风险情况不符，该基金的风险等级已经超出了王某风险评估结果“稳健性”的风险承受能力，建行××支行属于不当推介。

再查，王某在购买本案所涉基金前，多次通过银行网点购买其他理财产品。

- 裁判要旨

北京市第一中级人民法院在其作出的（2018）京01民终8761号民事判决书中认为，建行××支行向王某主动推介了“风险较大”的“经评估不适宜购买”的理财产品。涉诉基金的招募说明书中载明“不保证基金一定盈利”“不保证最低收益”、该基金为“较高风险”品种，该基金的上述特点与王某在风险评估问卷中表明的投资目的、投资态度等风险偏好明显不符，应属于不适宜王某购买的理财产品。同时，建行××支行也没有按照金融监管的要求由王某书面确认是客户主动要求了解和购买产品并妥善保管相关记录。据此可以认定，建行××支行主动向王某推介该基金，存在重大过错。

关于建行××支行称涉诉基金的基金管理人、基金托管人及部分代销机构将该基金的风险等级确定为“中风险”适合王某购买的主张，该院认为，基金管理人、基金托管人及基金代销机构均与该基金存在一定程度的利害关系，其对该基金的风险评级缺乏客观性，且该风险评级结果与基金招募说明书中揭示的基金为“较高风险”品种的内容不一致，故该院对建行××支行的前述主张不予采信。

- 规定依据及案例解读

1. 行业尚未能形成统一的、可量化的风险等级评定标准。《关于实施〈公开募集证券投资基金销售机构监督管理办法〉的规定》（中国证监会公告〔2020〕58号）第十一条明确“基金销售机构向投资人推介基金产品时，所依据的基金产品风险等级评价结果不得低于管理人作出的风险评级结果”。《理财公司理财产品销售管理暂行办法》第三十条明确销售评级与理财公司产品评级结果不一致的，代理销售机构应当采用对应较高风险等级的评级结果并予以披露。《原中国银监会关于规范商业银行代理销售业务的通知》第四条第（二十）款规定，商业银行应当根据代销产品的投资范围、投资资产、投资比例和风险状况等因素对代销产品进行风险评级。风险评级结果与合作机构不一致的，应当采用对应较高风险等级的评级结果。而在此之前，虽有个别指导意见建议按照就高不就低原则确定产品风险等级，但既有的监管规定大多只罗列了风险评定的宏观考量因素，并未确立统一的、可量化的评定细则，实际将风险评定的主动权下放给各金融机构。而各机构风险评定机制、具体评定因素及各模块比重各有不同，客观上造成了同一产品在不同时期、不同机构所做风险等级的差异。此外，中国证监会虽向海通证券、银河证券、天相投顾等七家机构发放资管产品风险评级牌照，但既未强制性要求理财产品必经前述机构评定风险等级，也从未明确以前述持牌机构评级结果为准。

2. 司法机关对理财产品风险的理解与监管机构、金融机构存在重大差异。最高人民法院民事审判第二庭编著的《〈全国民商事审判工作纪要〉理解与适用》一书（第415页）认为“所谓高风险等级金融产品和金融服务并非金融学意义的风险等级，而是特指将来发生不利益状态之可能性，主要以本金损失作为判断基准，而非以金融机构依自己内部标准对金融产品划定的风险等级来决定适用范围。”这表明，司法机关并不认同监管机关、金融机构的风险定义，并且以“结果导向”也即投资者后续实际损失作为评定产品风险等级标准。这在理财产品设计销售环节，给金融机构造成产品风险等级评定应当以何为准的现实困惑。在后续的纠纷处置阶段，可能导致金融机构被迫承担非因自身理财产品风险等级评定失误或匹配错误，而是市场因素、政策因素等正常投资风险所致损失的赔偿责任。

- 实操要点提示

谁销售、谁评级、谁负责。《适当性管理办法》第二十七条明确代销机构应当对所代销金融产品依照监管规定及其自身制定的测评制度另行测评产品风险。长久以来，金融产品销售市场也坚持着“谁销售、谁评级、谁负责”的基本规则。因此，销售机构应当充分获取独立评定当时理财产品的相关信息，依据自身制定的风险评定制度，独立准确地评定所要销售的理财产品风险。既不能“偷闲取巧”套用其他机构提供的有关产品信息，也不能完全盲从盲信理财产品管理人所做的风险等级评定。

产品风险等级评定应坚持就高不就低原则。有鉴于司法机关与监管机构对于产品风险等级评定存在重大认知差异，且各金融机构评定体系存有差异，从代销机构风险防范视角出发，无论自测风险级别高于或低于管理人评定的等级，代销机构均应当秉承产品风险评定“就高不就低”的原则，确定所要销售金融产品风险等级，并以此为标准向投资者推介。否则在后续的纠纷处置阶段，司法机关极有可能因为存在对案涉产品更高的风险评级，认定销售机构未充分了解所代销产品，向投资者错误销售高于其风险承受能力的产品。此外，若委托中国证监会明确的持有资管产品风险评定牌照的机构完成风险评定时，应当尽量选取与本机构不存在利害关系的主体。

监管机构可以加强与司法机关沟通，明确产品风险等级评定标准，并应当以推介产品时点（而非损失发生时点）作为判断金融机构所做风险等级评定是否准确的节点。如前所述，若以司法机关“实际损失”作为资管产品风险等级评定标准极易导致结果导向思维，致使金融机构承担额外赔偿责任。因此，监管机构应当强化与司法沟通，系统性确定理财产品风险等级评定统一标准或达成相应的共识。对于金融机构而言，在纠纷处置过程中，应当明确主张将风险等级评定时间点最迟锁定在向客户推介时，只要向客户推介时金融机构对于产品的风险等级评定是准确的，就不能以后续损失结果倒推金融机构在推介时对金融产品风险评定及与投资者适当性匹配是错误的。

（二）销售机构未对代销金融产品进行充分的尽职调查，被判承担赔偿责任

• 案情简介

一审法院查明事实，中大期货有限公司永康营业部系中大期货有限公司在永康依法设立并领取营业执照的分公司。中大期货有限公司系宇艾公司发行的宇艾供应链二十六期专项私募基金的代销机构。2017 年 9 月 18 日，被告中大期货有限公司在其内部基金销售群中发布宇艾供应链二十六期固收理财产品信息即产品期限短（不超过 180 天），收益率较高 7.6%（年化），销售费用0.5%（年化）等。2017 年 9 月 20 日，胡胜某在中大期货有限公司永康营业部的员工胡曾某的推介下，与基金管理人宇艾公司、基金托管人中信建投证券股份有限公司签订宇艾供应链二十六期专项私募基金合同一份。现查明，中大期货有限公司永康营业部的员工胡曾某未取得基金从业资格证，系通过挂名陈某某的方式销售案涉基金，并告知胡胜某案涉基金为固定收益年化 7.6%。

同日，被告中大期货有限公司永康营业部对胡胜某的风险承受能力进行评估测试，并由胡胜某签署确认普通投资者适当性匹配意见告知书，其中匹配意见为胡胜某是 C3 类风险承受能力投资者，适配 R1、R2、R3 风险等级的产品或服务。同时，胡胜某向被告签署私募投资基金风险揭示书、金融产品认购确认单以及投资者承诺各一份，认购涉案基金 200 万元。基金产品期限届满后，案涉基金未能按约进行清算分配，导致胡胜某仅于 4 月 12 日收到案涉基金的分红款 70 739.76 元、5 月 16 日收到清算款 14 044.71 元，剩余投资款项至今未能收回，其投资损失结果已确定发生。

2018 年 9 月 26 日，浙江证监局下发《关于对中大期货有限公司采取责令改正措施的决定》和《关于对胡曾某采取出具警示函措施的决定》，其中《关于对中大期货有限公司采取责令改正措施的决定》内容如下：中大期货有限公司在代销宇艾公司发行的产品过程中，未对部分产品对应的电子商业承兑汇票出票人中能源公司涉及标的金额 19.56 亿元的重大未决诉讼进行调查核实，违反了《证券期货投资者适当性管理办法》第二十七

条的规定；公司员工胡曾某向投资者胡某利、黄某某销售私募基金产品时未取得基金从业资格，违反了《证券投资基金监督管理暂行办法》第四条的规定；公司通过内部员工微信群发布的部分私募基金产品宣传口径存在“年化收益率7.4%”“7.4%”等表述。上述行为违反了《证券期货投资者适当性管理办法》第二十二条第二项等。

另查明，中能源公司涉及的重大诉讼案件，北京市高级人民法院已于2018年12月27日作出（2015）高民（商）初字第4670号民事判决书，但中能源公司确已被多家法院列入失信被执行人名单。

- 裁判要旨

永康市人民法院在其作出的（2019）浙0784民初2946号民事判决书中认为，所谓适当性义务是指卖方机构在向金融消费者推介、销售高风险等级金融产品以及为金融消费者参与高风险等级投资活动提供服务的过程中，必须履行了解客户、了解产品、将适当的产品（或服务）销售或（或提供）给适合的金融消费者等义务。本案中，两被告作为案涉高风险基金产品的专业代销机构，应当坚持投资者利益优先原则，不仅应对投资者进行风险承受能力的测试及风险告知以进一步了解投资者，还应完全履行尽职调查分析金融产品、及时披露告知的义务。但是，两被告在推介案涉基金前，未对案涉基金对应的电子商业承兑汇票的出票人中能源公司涉及重大诉讼进行调查核实，也未审慎评估案涉基金的风险等级，更没有将上述信息披露告知投资者，直接影响了胡胜某作为普通投资者的投资决策以及最终的投资结果，其行为违反了《适当性管理办法》第二十七条的规定。

- 规定依据及案例解读

《适当性管理办法》第二十七条规定，经营机构代销其他机构发行的产品或者提供相关服务，应当在合同中约定要求委托方提供的信息，包括本办法第十六条、第十七条规定的产品或者服务分级考虑因素等，自行对该信息进行调查核实，并履行投资者评估、适当性匹配等适当性义务。委托方不提供规定的信息、提供信息不完整的，经营机构应当拒绝代销产品或者提供服务。

《证券公司代销金融产品管理规定》第七条规定，接受代销金融产品的委托前，证券公司应当对委托人进行资格审查。经审查，确认委托人依法设立并可以发行金融产品后，方可接受其委托。第八条规定，证券公司应当审慎选择代销的金融产品，充分了解金融产品的发行依据、基本性质、投资安排、风险收益特征、管理费用等信息。证券公司确认金融产品依法发行、有明确的投资安排和风险管控措施、风险收益特征清晰且可以对其风险状况做出合理判断的，方可代销。

本案中，中大期货在推介案涉基金前，未对案涉基金对应的电子商业承兑汇票的出票人中能源公司涉及重大诉讼进行调查核实，也未审慎评估案涉基金的风险等级，更没有将上述信息披露告知投资者，直接影响了胡胜某作为普通投资者的投资决策以及最终的投资结果，违反上述管理办法的第十五条及第二十七条的规定。

- 实操要点提示

现实中，个别金融产品销售机构基于降低核查成本、助推“爆款产品”、吸引客户等考量，对于所代销产品及其委托人的核查仅仅是止于书面文件、形式核查，试图通过管理人出具合规承诺等形式逃避独立自主、审慎尽职调查义务。但在监管机构及司法机关看来，专业金融产品销售机构具备审慎核查所代销产品及其委托人的专业能力及手段，且核查成本处于合理可承受范围，故应当自觉主动履行核查义务。代销机构可通过公开查询路径、向交易参与方对公发函以及现场确认等市场中金融机构业已普遍采用的方式切实履行对于所代销金融产品及其委托人的审慎核实义务，并做好底档留痕保存。

金融产品销售机构作为专业机构，具备独立自主核实所销售金融产品及其委托人的能力。销售机构不能仅凭查看委托人提交的产品说明、合规承诺等资料，便自认充分履行了尽职调查义务。

信息的充分获取是销售机构履行核查义务的前提，销售机构应当要求委托人尽可能充分地提供有关产品交易架构、投资标的、风险收益特征等信息。并在此基础上，独立自主地按照本机构确定的代销产品核查制度，就管理人适格性、管理人资质、产品内容、产品结构、投资标的、投资比例、产品风险等通过公开渠道等进行调查。基于专业金融机构的视角，重点核实拟代销产品中是否存在不符合商业理性、不符合市场环境、不符合国家产业政策、不符合金融逻辑、擦边监管要求灰色地带部分，要求委托人提供进一步说明。

（三）销售机构应当穿透识别所代销产品是否存在利益冲突情形

- 案情简介①

本案一审原告陈某某认为，中国建设银行股份有限公司广州越秀支行（以下简称“建行越秀支行”）在案涉基金募集前主动引进上海清科凯盛投资管理有限公司（以下简称“清科公司”），积极和广州君麟实业发展有限公司、清科公司合谋商量处置不良贷款的具体实施方案，并组织动员整个支行系统推荐销售案涉基金。建行越秀支行在案涉基金募集过程中为1号协议提供资金通道，在建行各网点营业大厅内放置案涉基金的宣传资料进行销售，建行客户经理主动联系VIP客户、积极推荐、误导陈述。合同文件是在建行营业场所内签订，资金在建行柜台划转。建行协助清科公司挪用募集资金，消化自己的不良贷款。在案涉基金募集过程中建行存在诸多违法违规行为。建行作为金融机构，违反了相关金融法律法规的规定，未履行投资者适当性审查义务、信息披露义务和最大损失揭示义务，未尽到最基本的善良注意义务，对其发生的投资损失存在严重过错。

- 裁判要旨

广东省广州市中级人民法院在其作出的（2019）粤01民终6278号民事判决书中认为，根据广东银监局的核查，清科凯盛基金不属于建行总行批准代销的第三方理财产品，上诉人建行越秀支行存在对员工行为和营业场所管理不到位，以及对被上诉人清科公司筹措资金过程中缺乏跟踪监督，未能及时发现被基金机构在宣传资料中冠以“该资金监管账户的监管

---

① 本案一审案号为广州市越秀区人民法院（2017）粤0104民初21170号民事判决，但笔者在中国裁判文书网、法信网等相关网站检索，并未检索到该案的判决文书。围绕本条标题探讨的代销机构如何是被代销产品是否存在利益冲突的主题，选取本案一审原告的陈述作为案情简介的内容。

机构”，在发现他人利用建行名义对外宣传营销时未果断制止，未采取相关法律措施，上诉人建行越秀支行的失职行为对被上诉人陈某某造成的损失负有间接责任。上诉人建行越秀支行虽主张其不应对被上诉人陈某某的损失承担补充赔偿责任，但在本院审理期间，未有新的事实与理由，提交的抵押物地址及房屋中介报价的截图亦不足以证实其上诉主张，故本院对上诉人建行越秀支行的上诉请求不予支持。

● 规定依据及案例解读

投资者利益优先金融机构开展理财业务的基本原则，当公司、股东以及公司员工的利益与投资者（理财产品的认购人）的利益发生冲突时，应当优先保障投资者的利益。涉及理财产品的法律法规、监管规定、自律规范等均将构建有效的利益冲突防范机制，严防不正当交易、利益冲突、利益输送、内幕交易等作为金融机构履行忠实勤勉受托管理义务的核心内容。

前述案例中案涉银行在整个基金产品的设立、推介、募集、投资等各个环节都发挥了举足轻重乃至核心主导作用。整个基金产品实质上实为消化该银行所持不良资产而设立，但并未就所存在利益冲突进行充分披露，反而试图通过看似市场化的投资行为掩盖其利益输送行为的本质。这也是司法机关认定，销售机关存在重大过错，理应承担赔偿责任重要理由所在。表明司法机关对于可能存在的利益输送或利益冲突采取了穿透方式予以审核。

● 实操要点提示

防范利益冲突、利益输送，公平合理地对待投资者是各类金融机构接受投资者委托、履行忠实勤勉义务的重要内容。金融机构一方面应当设立完善的利益冲突、利益输送防范机制，通过明确细致的制度规定及切实有效的识别、隔离措施，防范利益冲突发生，另一方面在销售金融产品时应当遵循上下穿透基本原则，要求管理人提交全景化的产品交易结构图表，全面了解金融产品的整体交易结构及各方参与主体，检索是否存在股权控制等关联关系，判断是否存在利益冲突情形。若存在利益冲突情形，则应当按照监管规定、金融产品合同约定以及公司有关利益冲突防范制度规定，提前向投资者进行充分的信息披露及风险揭示并取得投资者的确认。

（四）销售机构应审慎核查推介资料的合规性、准确性

- 案情简介

本标题项下介绍案例与“销售机构应当穿透识别所代销产品是否存在利益冲突情形”案情一致，在此不作赘述。

- 裁判要旨

广东省广州市中级人民法院在其作出的（2019）粤01民终6278号民事判决书中认为，根据广东银监局的核查，清科凯盛基金不属于建行总行批准代销的第三方理财产品，上诉人建行越秀支行存在对员工行为和营业场所管理不到位，以及对被上诉人清科公司筹措资金过程中缺乏跟踪监督，未能及时发现被基金机构在宣传资料中冠以“该资金监管账户的监管机构”，在发现他人利用建行名义对外宣传营销时未果断制止，未采取相关法律措施，上诉人建行越秀支行的失职行为对被上诉人陈某某造成的损失负有间接责任。上诉人建行越秀支行虽主张其不应对被上诉人陈某某的损失承担补充赔偿责任，但在本院审理期间，未有新的事实与理由，提交的抵押物地址及房屋中介报价的截图亦不足以证实其上诉主张，故本院对上诉人建行越秀支行的上诉请求不予支持。

- 规定依据及案例解读

《理财公司理财产品销售管理暂行办法》第二十九条、《公开募集证券投资基金销售机构监督管理办法》第十六条、《公开募集证券投资基金宣传推介材料管理暂行规定》第十六条等允许销售机构自行制作所要销售产品的代理销售协议书、风险揭示书、投资者权益须知等宣传推介材料，也可以直接获取管理人制作的宣传推介材料。但无论何种方式，推介材料的制作方均应当经各自内部销售业务和合规风控部门审查。销售机构接受管理人制作的推介材料的，还应当建立健全基金宣传推介材料的合规审查机制，对委托人提供的推介材料进行合规性审查并存档备查。由前述案例可知，销售机构审查时不仅要核实推介材料宣传用语的合规性，避免出现法

律法规、监管要求禁止类事项。还要审查推介材料对于交易架构、各方身份定位、彼此法律关系的描述是否与实际情况一致，保证向投资者推介信息的客观、真实、准确。

- 实操要点提示

推介材料多由管理人统一制作，代销机构一般难以修改。《理财公司理财产品销售管理暂行办法》第二十八条规定，未经理财公司授权和审核同意，代理销售机构不得擅自设计、修改、增减任何理财公司理财产品宣传推介材料的文字、数据、公式、表格、示意图等内容信息要素，不得制作分发。实践中，金融产品的宣传材料诸如理财产品认购协议书、产品说明书、风险揭示书等多由管理人统一制作然后交由销售机构使用。为保证推介内容的一致性、准确性，现实中管理人一般都会在委托销售协议中明确禁止销售机构修改代销产品推介材料相关内容，而代销机构也极少主动变更管理人制作的推介材料内容。

销售机构应审慎核查推介材料的真实性、客观性、准确性。委托人禁止销售机构修改推介材料并不意味着免除了销售机构的核查义务，也不能作为后续纠纷处置过程中销售机构对抗投资者诉请的理由。对于销售机构而言，应当在独立尽调的基础上，审慎核查管理人制作的材料是否真实、准确、完整说明产品内容、揭示产品风险、明确各方法律关系。若销售前发现不一致的，应当立即封存，与管理人沟通并要求管理人据实修改。管理人拒绝修改的，销售机构应当拒绝继续销售。若销售过程中发现不一致的，应当暂停产品销售，及时封存停用错误宣传资料，尽力收回业已发放的推介材料。全面评估差异部分是否对投资者全面准确理解产品内容、风险，独立自主作出认购决定产生实质性影响，通过定向联络等方式向业已认购投资者做出必要说明，并结合投资者反馈预备必要的赎回设置。

销售机构应建立推介材料审核管理机制，禁止分支机构自行制作推介材料。分支机构销售人员是金融产品销售的最前线人员，是直接接触客户和推介产品的人员，他们最了解自己的客户，同时基于公司业绩考核方面的压力，也最有动力向客户推介产品。为防止不当销售行为发生，销售机构应当建立推介材料管理和审核机制，明确所有向客户发送或者面向客户使用的推介材料，应当按照公司内部流程经相关部门尤其是合规部门的审核，分支机构应该使用公司统一制作并审核完成的推介材料，不得自行制作并使用推介材料。

三、匹配销售环节

（一）事后补签金融产品合同等资料，一般不能弥补金融机构在匹配销售环节的瑕疵

- 案情简介

根据一审双方提交的证据材料，笔者归纳本案案情如下。徐某某在平安银行丰台支行理财经理马某某的推介下购买了案涉理财产品（高风险），平安银行丰台支行提供了客户风险等级评估等服务。在购买案涉理财产品时平安银行丰台支行仅向徐某某提供了“资产管理计划电子签名约定书”，而纸质版投资说明书和资产管理合同都是在徐某某购买案涉理财产品之后提供的。且现有证据显示徐某某之前购买的理财产品类型为股权投资基金、债权类投资基金，与案涉理财产品的运作机制和风险特点明显不同，徐某某亦称其作为非专业的普通投资者并不了解熟悉案涉理财产品的特殊风险结构，平安银行丰台支行并未以充分、必要、显著的方式向徐某某揭示案涉理财产品本身所具有的高风险的特殊性和具体体现。徐某某称，在购买案涉理财产品前，平安银行丰台支行仅提供了一份宣传资料供其查阅，上述资料中未包含任何风险提示和警示性文字，仅介绍了案涉理财产品特点和历史业绩；在代销案涉理财产品时平安银行丰台支行未提供基金合同、投资说明书等关键文件导致徐某某不知道案涉理财产品真实的风险属性。

平安银行北京丰台支行代销案外基金公司的基金产品，向投资者徐某某提供购买的渠道，徐某某购买的是基金公司的基金产品，平安银行北京丰台支行将徐某某购买基金的款项扣除并支付到基金公司的账户，其并非向徐某某销售其自身的基金产品。

另外，徐某某的“客户风险承受能力调查表”中其风险偏好勾选为稳健型；“客户风险承受度评估报告”评估结果为平衡型。但平安银行丰台支行向其推介的案涉理财产品为高风险，风险等级远高于徐某某的风险承受能力评级。如徐某某坚持购买，则平安银行丰台支行应就案涉理财产品的风险对徐某某进行充分揭示。平安银行丰台支行对此辩称其已经履行了给予徐某某告知文件、要求其签名、填写风险测评表等程序，“风险揭示书”已就案涉理财产品风险等级和后果对徐某某做出了必要提示，且徐某某有过与案涉理财产品高风险等级类似的理财经验。

- 裁判要旨

北京市第二中级人民法院（2018）在其作出的京 02 民终 7731 号民事判决书中认为，平安银行丰台支行在消费者购买涉案理财产品的时候，仅向消费者提供了“资管计划电子签名约定书”，与案涉产品相关的纸质的理财产品说明书和资产管理合同都是在消费者购买案涉理财产品、支付认购款项之后再行提供给消费者的。投资者之前购买的理财产品类型为股权投资基金、债权类投资基金，与案涉理财产品的运作机制和风险特点明显不同，投资者作为非专业的普通投资者并不了解熟悉案涉理财产品的特殊风险结构。故平安银行丰台支行并未以充分、必要、显著的方式向投资者揭示案涉理财产品本身所具有的高风险的特殊性和具体体现。平安银行丰台支行对投资者损失存在一定过错，理应赔偿投资者损失。

- 规定依据及案例解读

《适当性管理办法》第二十四条、《公开募集证券投资基金销售机构监督管理办法》第十七条、《证券经纪业务管理办法》等监管规定均要求金融机构应当在投资人决定认购特定金融产品前，加强投资者教育，引导投资人充分认识理财产品的风险收益特征，提示投资人阅读基金合同、招募说明书、基金产品资料概要。风险告知、警示应当采用书面形式送达投资者，并由其确认已充分理解和接受。

合格投资者确认、金融产品风险揭示和适当性匹配等基本内容需要在金融产品募集阶段或提供金融服务之前实质性履行。投资者事后倒签合同的做法已失去确保投资者了解产品、保护投资者的意义，金融机构未能在募集阶段向投资者充分介绍产品结构和风险、确认投资者行为是否适当的，构成义务履行的不适当。本案的症结不在于是金融机构提供纸质的还是电子版的产品资料，则在于在投资者决定认购案涉理财产品前，金融机构并未通过提供产品说明书、风险揭示书等形式，就案涉产品存在的特殊性风险以充分、必要、显著、具体的方式向投资者充分揭示。本案中，平安银行丰台支行在投资者完成认购后才向其提供载有产品基本信息、风险揭示内容的产品说明书和资产管理合同，既无法证明金融机构已经充分履行告知说明义务，也无法证明投资者认购时已经对案涉产品内容及风险有了明确认知。

- 实操要点提示

金融机构应当在投资者购入特定金融产品前，充分履行告知说明义务并做好相应留痕。充分说明是金融机构履行投资者适当性义务的重要内容，在法律层面属于先合同义务范畴。金融机构应当在投资者决定认购案涉产品之前，向投资者提供包括产品说明书、产品风险提示、产品合同在内的相关文件，供投资者具体详尽地了解产品内容、判断产品风险。若金融机构在投资者认购前，因某些特定客观原因未能充分履行告知说明义务，应当及时采取补救措施，向投资者充分说明产品内容、揭示产品风险，并再次做好投资者确认留痕。投资者就此要求退出的，金融机构则应当根据案涉金融产品约定退出机制，选择最近开放期安排对应投资者退出。

（二）销售机构应当充分说明代销关系，明确说明代销产品与自有产品的区分

- 案情简介

一审法院查明，丁某某提交了“资亿基金募集说明书”和2014年1月20日与××公司签订的《北京绿裕源资产管理中心（有限合伙）合伙协议》，内容为合伙人同意根据《中华人民共和国合伙企业法》及本协议约定的条款和条件，共同在北京设立一家有限合伙企业；工商部门注册的

有限合伙企业名称为北京琭裕源资产管理中心（有限合伙），基金设立规模为3亿元，基金存续期限为1年，执行事务合伙人可以经合伙人大会通过对基金存续期进行延续；××公司为本基金的普通合伙人、管理人、执行事务合伙人或指定代表作为执行事务合伙人，对外代表基金执行合伙事务，其他入资人为基金的有限合伙人，有限合伙人不超过49名；作为基金的有限合伙人，以现金形式入资50万元，入资时间2014年1月20日，合伙期限为1年，预期年收益率9%。第一次分红日为2014年7月20日（5个工作日内返还），第二次分红日为2015年1月20日，分红金额按照出资额乘以预期年收益率以每次分红时间来计算；同日双方签订了《北京琭裕源资产管理中心（有限合伙）股权回购协议》，内容为：××公司为收购方，丁某某为被收购方，收购方发起成立北京琭裕源资产管理中心（有限合伙）基金，进行对外债权投资，被收购方自愿入资参与，入资金额为人民币50万元，并据此签订北京琭裕源资产管理中心（有限合伙）基金合伙协议；出让方同意对收购方公司发起成立的北京琭裕源资产管理中心（有限合伙）基金入资进行参与，如果出让方的初始入资未能按期产生收购方发起设立该基金时所预期的收益，则收购方同意收购出让方入资金额所对应的全部股权，收购价为人民币545 000元。另查，2014年1月20日，丁某某向合伙协议约定的基金账户支付投资款人民币50万元。

二审期间，丁某某称其购买“资亿基金”以前，也从华夏银行公主坟支行购买过“××基金”理财产品，购买方式与“资亿基金”的购买方式一致，都是在理财室以刷POS机的形式付款，没有在柜台窗口进行过付款，并再次提交一审中提交过的银联商务转账凭证予以佐证。

华夏银行公主坟支行称“××基金”是该行在2013年推出的产品，丁某某购买过“××基金”，该行有贵宾室，但在贵宾室无法完成购买基金的交易，必须去柜台完成交易，和办理其他业务一样在普通窗口付款，客户在该行购买理财产品不可能使用POS机，购买“资亿基金”使用的是××公司的POS机。

- 裁判要旨

北京市第一中级人民法院在其作出的（2019）京01民终1658号民事判决书中认为，申某担任某银行公主坟支行客户经理期间，长期从事理财产品推介销售工作。其销售该行自有理财产品“××基金”的方式与其私自销售的非该行自有理财产品“AB基金”的方式基本相同。该行未就销售自我管理产品与代销产品进行必要区分，造成两种类型产品区别度降低，客观上为申某销售非该行理财产品“××基金”提供了条件。而且，根据某银行公主坟支行提供的内部管理文件，该行是能够预见并采取相应措施避免其员工私售行为所带来的风险，但该行未能通过有效的内部控制措施发现并纠正其员工申某的私售行为，某银行公主坟支行的内部管理有违审慎经营规则，存在过错，给消费者造成损失，应当承担相应责任。

- 规定依据及案例解读

《公开募集证券投资基金销售机构监督管理办法》第二十四条、《银行业消费者权益保护工作指引》第十三条、《理财公司理财产品销售管理暂行办法》第二十七条等明确要求，代销机构在销售过程中应当严格区分自有产品和代销产品，严谨清晰界定理财公司、代理销售机构以及投资者之间关于投资和销售等权责关系。不得以过度包装服务平台、服务品牌等方式混淆、模糊两者性质，进而向投资者误导销售金融产品。

《证券公司代销金融产品管理规定（2020年修订）》第十三条规定，证券公司应当采取适当方式，向客户披露委托人提供的金融产品基本信息，明确披露其与金融合同当事人之间是否存在关联关系。第十四条规定，证券公司代销金融产品不得采取夸大宣传、虚假宣传等方式误导客户购买金融产品。

前述案例中，司法机关认为，销售人员不仅未能准确地说明案涉金融产品与本机构自有产品的区分，反而刻意构建关联，为所代销的金融产品进行明示或暗示的“信用背书”，已经涉嫌向投资者进行虚假宣传，导致投资者基于对销售机构而非对产品管理人的信赖做出错误的认购决定。

- 实操要点提示

金融机构向投资者推介代销产品，应当重点明确与自有产品区别。

一是金融机构应当审查所代销产品与自有产品，在产品名称、投资标的、产品特点等方面的近似程度，对于近似度较高的代销产品，应当重点做好代销管理，做好与自有产品隔离。二是强化销售人员管理、规范推介用语。在宣传推介过程中，避免将代销产品与自有产品做过多的关联，切忌为片面追求高销售量，捆绑本机构信用，使用“我行推出、我行发行”等模棱两可的词汇强化双方关联，对所代销产品进行明示或暗示的信用背书。三是审慎核查委托人提供的有关金融产品说明书、合同文本、推介资料中，是否存在冒用代销机构名义、错误描述机构之间关联关系或者攀附代销机构、故意制造与代销机构关联的表述，并及时予以修正。四是向消费者作出重点提示，明确两款产品虽在交易结构、投资标的上近似，但销售机构并非产品管理人，不参与产品的投资运作。因产品运作产生的风险，由管理人自行承担。

（三）金融机构需要强化对高龄投资者等特殊群体的告知说明

- 案情简介

一审法院查明，刘某在民生银行马鞍山路支行开设有银行账户，其与妻子韩某某曾经该支行工作人员马某某介绍，通过该支行购买了民生加银资管重庆溉澜溪专项资产管理计划理财产品。2015 年 11 月 12 日，民生银行马鞍山路支行工作人员马某某向刘某推荐购买大摩收益 18 个月开放债券（产品代码 01655），同时向刘某提供“中国民生银行基金/集合资产管理计划业务申请单（个人）” 1 份，该业务申请单正面记载的主要内容为：投资者名称/姓名为刘某；产品名称为大摩收益 18 个月开放债券，产品代码 01655；购买金额为 340 万元；合同下方有投资者刘某签名，民生银行马鞍山路支行在该业务申请单上加盖了业务讫印章。在该业务申请单第二联（即刘某所持联）中，马某某在该单上方记载到期保底本息 3 706 000 元；但在该业务申请单第一联（即销售网点留存联）中，并无马某某的前述记载。

刘某、民生银行马鞍山路支行签署上述“中国民生银行基金/集合资产管理计划业务申请单（个人）”后，刘某于同日将存款 340 万元转出用于购买大摩收益 18 个月开放债券。2017 年 5 月 31 日，刘某进行基金赎回，赎回金额为 3 494 629.37 元，与马某某承诺保底本息差额为 211 370.63 元。

- 裁判要旨

安徽省合肥市包河区人民法院在其作出的（2018）皖 0111 民初 9098 号民事判决书中认为，民生银行马鞍山路支行在从事涉案开放债券的销售、资金托管和咨询服务等工作中，没有向已达 72 周岁的刘某充分揭示投资风险，对经营业绩作如实陈述，且违反法律规定向刘某承诺收益，违反了勤勉尽责、恪尽职守义务，具有重大过错，应当对造成的损失承担赔偿责任。

安徽省合肥市中级人民法院在其作出的（2019）皖 01 民终 8546 号民事判决书中认为，虽民生银行马鞍山路支行在向其销售案涉金融产品时存在不适当情形，但刘某作为完全民事行为能力人亦在证券投资基金投资人权益须知上签字确认充分理解和认知文中提示的各项风险，其自身就投资损失亦应承担一定的责任，一审判决酌定刘某自身承担 20% 的责任适当。

- 实操要点提示

虽然既有法律法规并未专门规定针对高龄投资者或低文化水平投资者的适当性义务具体应当如何完善和履行，但有鉴于高龄投资者或低文化水平投资者对于金融产品及其风险的认知能力、理解能力一般相对较差，金融机构为确保其能全面知悉并准确理解案涉金融产品风险，理应履行更高的告知说明义务。

前述案例表明，在面对复杂的金融产品、专业的金融术语和冗长的合同条款时，司法机关对于高龄投资者或低文化水平投资能否准确理解产品内容、能否明确认知产品风险，存在当然的怀疑态度。如果连司法机关尚不能通过阅读产品合同准确理解产品内容及风险，那么可以推定在司法机关看来，高龄或低文化水平的投资者仅凭自身能力更难以理解产品内容和风险。为此，金融机构不仅需要履行更为充分的告知说明义务，更需要在后续的纠纷处置中提供充足的证明材料，促使司法机关形成“金融机构业已充分告知说明，投资者业已全面了解产品内容及风险”的内心确认。

对于金融机构而言，投资者自己往往难以准确判断自身的实际风险承受能力，测评结果也可能因投资者不同时点认知不同而存在差异。除制定并履行有关高龄投资者特别的、附加的告知说明程序外，金融机构还应当自觉地实现身份转化，模拟高龄投资者或者低文化水平投资者的认知水平和状态，评判高龄投资者或低文化水平投资者是否能够真正理解金融产品内容、是否实际明白案涉金融产品的个性化风险和可能遭受的最大损失。除此之外，金融机构还可以采取“模拟认购”方法，选取多位高龄客户等特殊投资者，在阅读产品推介材料及告知说明后，向其确认是否能够理解产品内容及风险，进而判断自身既有告知说明模式能否满足充分告知说明的要求。若金融机构自身认为，高龄投资者一般较难理解案涉金融产品风险，则可以限缩特定金融产品适销主体范围或通过增加告知说明环节等方式更加审慎的销售。

（四）金融机构须审慎接受投资者委托第三方认购金融产品

- 案情简介

一审法院查明，2015 年 5 月 28 日，刘某到光大银行汉街支行处申购理财产品，因刘某账户上在当天工作日中资金不足未能申购成功，刘某将其银行账号 62×××82 的银行卡和身份证交给光大银行汉街支行工作人员，当日 22 时后，刘某银行账号 62×××82 的银行卡上转入 1 000 万元。2015 年 5 月 29 日，刘某将银行卡的密码告知光大银行汉街支行工作人员，光大银行汉街支行工作人员代刘某在“中国光大银行证券集合资产管理计划业务申请书”及“集合资产管理计划电子化合同签约申请表”上签名，为刘某申购 1 000 万元的“广发理财 4 号（产品代码 870004）”理财产品并申购成功。2015 年 5 月 30 日，光大银行汉街支行工作人员将银行账号 62×××82 的银行卡和身份证交还给刘某。“广发理财 4 号（产品代码 870004）”理财产品系非保本型理财产品，每个星期的星期一可以赎回。

2015 年 9 月 14 日，刘某将“广发理财 4 号（产品代码 870004）”理财产品赎回，赎回时产生亏损 3 802 760.79 元。故刘某诉至法院，请求光大银行汉街支行、光大银行武汉分行连带赔偿其经济损失 3 802 760.79 元，并以 1 000 万元为基数按照年利率 4.9% 向刘某支付自 2015 年 5 月 29 日至 2015 年 9 月 14 日止期间的利息共计 146 328.70 元。

二审法院另查明，刘某系海南嘉富投资有限公司的财务总监，并在该公司占股 95%。2015 年 5 月 29 日，代替刘某在“中国光大银行证券集合资产管理计划业务申请书”及“集合资产管理计划电子化合同签约申请表”上签名的光大银行汉街支行工作人员牛某某系刘某同学。牛某某系光大银行汉街支行的个贷业务客户经理，并非理财产品的销售经理。涉案“广发理财 4 号”理财产品系光大银行汉街支行代理广发证券股份有限公司销售，广发证券股份有限公司向光大银行支付代理费。2013 年，光大银行汉街支行曾经向刘某发放过“中国光大银行客户投资风险承受能力评估问卷”，该问卷内容显示刘某属于平衡型投资者类型。2015 年 5 月 29 日，刘某在申购“广发理财 4 号”理财产品时，光大银行汉街支行并未对刘某进行风险评估检视。2015 年 5 月 29 日，牛某某代替刘某签署的“中国光大银行证券集合资产管理计划业务申请书”背面的投资者须知及风险提示部分并未规定以下内容：“本理财产品类型、期限、风险评级结果、适合购买的客户，并配以示例说明最不利投资情形下的投资结果”，非保本浮动收益理财产品的风险揭示应当至少包含以下内容：“本理财产品不保证本金和收益，并根据理财产品风险评级提示客户可能会因市场变动而蒙受损失的程度，以及需要充分认识投资风险，谨慎投资等内容”，“客户风险承受能力评级”。涉案“广发理财 4 号”理财产品自 2015 年 5 月 29 日至同年 6 月 24 日单位净值涨跌幅度较为平稳，自 2015 年 6 月 25 日至同年 9 月 14 日单位净值由 1.9736 元下跌至 1.3165 元。

- 裁判要旨

湖北省高级人民法院在其作出的（2016）鄂民申 2446 号民事裁定书中认为，光大银行汉街支行作为涉案理财产品代理销售机构，在向投资者推介、销售理财产品时应当依法遵守诚实信用原则，忠实于客户的合法利益，谨慎地提供投资建议，诚信地披露理财资金的详细运用情况以及投资组合与风险收益变化情况，而且必须对投资风险予以充分和明确的风险提示。但是，光大银行汉街支行在向刘某推介、销售产品时并未履行“适当性”义务，而且在刘某的委托代理人牛某某代签申购理财产品申请书时，银行柜台工作人员并未要求牛某某提供书面的授权委托书，未审核委托人刘某的具体授权范围，同时银行柜台工作人员缩减了理财产品购买流程，也未对牛某某进行充分明确的风险提示，光大银行汉街支行亦未能提供充分的证据证明其履行了合理明确的风险提示义务，存在一定过错，应当承担与其过错相适应的损失。故二审法院判决光大银行汉街支行赔偿刘某部分经济损失并无不当。

- 实操要点提示

金融机构应当审慎接受投资者委托第三方认购理财产品。虽然既有监管规定并禁止投资者委托第三人代理认购理财产品，前述司法裁判亦未否定投资者委托第三方认购理财产品效力，但该模式下金融机构面临更多的投资者适当性管理风险。

首先，金融机构难以明确投资者对第三方的具体授权权限，授权文件内容一般相对笼统，授权权限往往存在多种解释。后续纠纷处置过程中，金融机构极有可能遭遇对受托人权限未尽审慎核查义务的风险。其次，销售机构难以及时跟进更新影响投资者风险承受能力的相关信息，难以全面了解投资者风险承受能力及具体产品偏好。仅凭受托人提交材料，了解渠道受限、现场沟通不便，难以全面刻画消费者画像。最后，金融机构无法判断更无法证明投资者真正理解产品内容及其风险，难以做好投资者适当性管理义务尤其是告知说明义务留痕，在后续纠纷处置中极有可能面临被投资者否定的风险。当然，伴随着各类理财移动终端普及，投资者委托第三方现场认购的方式也将逐步减少。

四、充分且个性化的风险揭示

（一）合同文本中应披露金融产品可能存在的最大损失风险

- 案例1：案情简介

根据山东省高级人民法院在其作出的（2022）鲁民申6268号再审审查民事裁定书归纳案情如下。

时成科于2017年4月27日与恒丰银行南京分行签订“资管合同”，恒丰银行南京分行在推荐及销售过程中，仅要求客户签字，未作实质性解释，更未告知案涉理财产品的最大损失风险。案涉理财产品的底层资产为应收账款，无任何财产担保，该产品的最大风险即为本金全部损失的风险。恒丰银行南京分行作为销售机构没有提供证据证明其已将该最大损失风险向时成科作出特别说明。恒丰银行南京分行未向时成科履行告知说明义务，导致时成科不清楚案涉理财产品，对于时成科而言案涉理财产品并非适当产品，恒丰银行南京分行未履行适当的匹配、推荐义务。

- 裁判要旨

山东省高级人民法院（2022）鲁民申6268号再审审查民事裁定书中认为，恒丰银行南京分行尽到了了解客户的义务，但恒丰银行南京分行并未尽到告知说明义务。案涉理财产品除了存在融资人因自身流动性风险导致本金全部损失外，还存在因应收账款债务人及担保人发生流动性风险，导致丧失清偿能力，从而无法弥补本金全损的风险。涉案理财产品合同文本中并未披露前述最大风险。恒丰银行南京分行作为销售机构没有提供证据证明其已将该最大损失风险向时成科作出特别说明。并且，恒丰银行南京分行也没有提供销售涉案理财产品过程中的双录资料等证据，以证明其对涉案资管产品的服务提供者、价款、费用构成及去向、资金使用方式、实际收益计算办法以及各方的权利义务与责任等予以说明。故恒丰银行南京分行未尽到告知说明义务。而告知说明义务是适当推荐义务的前提，相应地，恒丰银行南京分行亦未尽到适当推荐义务。

● 案例2：案情简介

一审法院查明，张某某于2012年6月5日在华泰公司威海路营业部开通证券账户，于2013年12月26日增加开立融资融券账户，并与华泰公司签订《融资融券业务合同》。2015年3月13日前，张某某买入卡奴迪路（改名“摩登大道”，股票代码：002656），占近90%仓位，当时华泰公司公布可融资担保折算率是65%。6月9日，案涉股票恢复上市交易，而华泰公司、华泰公司威海路营业部此前已将案涉股票折算率下调到0，后张某某无法融资。

华泰公司认为，虽然双方签订了融资融券业务合同，但因为张某某提供的担保物是股票，而股票的价值是变动的，每次当其有新的融资需求，均要根据融资时点充抵保证金证券的折算率计算担保物价值，确定可融资金。证券作为融资融券业务中的担保资产，其本身价值和担保价值都具有频繁变化的特点，因此，证券公司需要对担保证券进行动态调整评估，而且这样的调整不可能每一次都征得所有客户同意才能实施，这是合同约定调整一经公布即生效的合理性。

● 裁判要旨

江苏省南京市中级人民法院在其作出的（2018）苏01民终7992号民事判决书中认为，关于华泰公司将案涉股票折算率调整为零是否超出张某某预期的问题。张某某认为《融资融券业务合同》中对此没有明确约定，华泰公司在签订合同前进行的讲解也没有提及可充抵保证金证券的折算率可能会调整至零，且当时华泰公司网站上提示的融资融券特有风险包括“标的证券被调整的风险”，没有列出“标的证券的折算率有被调整为零的风险”，而在其针对华泰证券的案涉行为投诉之后，华泰公司网站上提示的融资融券特有风险增加了“折算率有被调整为零的风险”，据此可以反证华泰公司此前未尽风险告知义务。而华泰公司则认为，根据合同第二十六条、第三十五条、第七十七条的约定，“在符合证券交易所规定的前提下，其有权对可充抵保证金的各种证券确定不同的折算率”，当然包括调整至零。

华泰公司作为专业的证券公司，相较于普通股民张某某，其在专业能力、缔约能力等各方面均强于张某某，法律要求专业机构承担更为谨慎的注意义务，就是为了矫正双方当事人之间的信息不对称、技能不对称，从这个角度而言，虽然华泰公司在订立合同时对张某某讲解了合同重点条款和融资融券交易风险，要求张某某签署了《融资融券业务风险揭示书、业务合同讲解工作底稿》，提示了标的证券折算率被调整的风险，但没有明确指出调整的幅度范围可下调至零。虽然根据合同中约定的“乙方根据自身融资融券业务规模、财务安排、甲方信用额度使用情况、保证金可用余额、维持担保比例等因素综合确定是否融资或融券给甲方，不保证甲方一定能够融入资金或证券”，张某某对融不到资金的结果应有所预期，但由于华泰公司没有明确提示可充抵保证金证券的折算率可能被调整为零，张某某主张其无法预计到“因为折算率被调整为零导致融不到资金”，有一定的逻辑合理性。就这一点而言，张某某的维权行为确实起到了促进证券公司更为谨慎地开展业务、更为全面地履行提示和说明义务的作用。

- 规定依据及案例解读

《证券公司融资融券业务管理办法》第四条规定，证券公司经营融资融券业务，应当向投资者充分揭示风险。第十五条规定证券公司与客户签订融资融券合同前，应当采用适当的方式向客户讲解业务规则和合同内容，明确告知客户权利、义务及风险，特别是关于违约处置的风险控制安排，并将融资融券交易风险揭示书交由客户书面确认。《证券期货投资者适当性管理办法》第二十三条规定，经营机构向普通投资者销售产品或者提供服务前，应当告知投资者因各类原因可能导致本金亏损、原始本金损失的各类事项。第二十四条规定，经营机构对投资者进行告知、警示，内容应当真实、准确、完整，不存在虚假记载、误导性陈述或者重大遗漏，语言应当通俗易懂；告知、警示应当采用书面形式送达投资者，并由其确认已充分理解和接受。但在现实中，多数风险揭示文本多只介绍主要风险但不明确说明可能遭受的最大损失情形。2021 年发布的《资产管理产品介绍要素》推荐性行业标准也只明确了“产品的主要风险及可能带来的损失”要素并未提及“最大损失”。

除此之外，部分金融机构还存在不区分具体产品类型、不明确具体产品特点，直接套用格式化的风险揭示条款，而不告知特定产品个性化风险的情形。但既有的格式化的风险揭示文本只侧重罗列市场风险、政策风险、利率风险、信用风险、流动性风险等一般性风险条款，较少深入结合特定产品的具体特点，就可能发生的个性化风险进行针对性的揭示。而“资产管理产品介绍要素”则只列举了“单一投资标的情况、关联交易情况”两类产品中需要特殊关注的风险。由前述案例及规定可知，金融机构推介金融产品时，不仅要向投资者揭示金融产品可能面临的政策风险、市场风险等一般性风险，还应当结合特定产品具体的交易结构、投资标的、投资策略、变现难易程度等就该产品的个性化风险以及可能遭受的最大风险进行充分揭示。

- 实操要点提示

充分揭示金融产品个性化风险。金融机构应当转化风险揭示的理念，不应惯性地认为只要尽量罗列足够多的风险条文或者完全参照、提供监管机构发布的风险告知、说明书模板，便自认已履行针对产品的告知说明义务。金融机构在制作产品推介材料时，应当在遵循《关于规范金融机构资产管理业务的指导意见》第十二条明确的有关固定收益类产品、权益类产品、商品及金融衍生品类产品及混合类产品各自风险披露要求的基础上，结合特定产品的具体要素进行充分、针对性的风险揭示，以便投资者明确该特定产品存在区别于其他同类产品可能存在的风险。

明确说明金融产品可能遭受的最大损失。金融机构在向投资者揭示风险时，应当秉承“资产管理产品介绍要素”所确定的“清晰易懂、客观不片面、准确真实不误导”的基本原则，避免以偏概全、避重就轻，或隐瞒或弱化描述投资者可能遭受的最大损失。如在“中行原油宝”案件中，根据投资者对外披露的交易合同文本及相关新闻报道显示，在风险揭示环节，金融机构仅提示了存在损失本金的可能性，并未揭示该产品存在投资者须额外支付“原油宝”穿仓的损失风险，表明金融机构并未向投资者揭示可能产生的最大损失。同时，风险揭示的语言应避免过度专业化或转化表达借以弱化或掩盖损失，应尽量做到朴素直白，使投资者阅读后即能认知可能遭受的最大损失。

（二）推介过程应告知金融产品的主要风险及可能带来的损失，同时主动出示产品相关资料供投资者查阅

● 案情简介

一审法院认定，2017 年 10 月开始，舒某某在中行濮阳分行处多次购买理财产品，分别于 2017 年 11 月 1 日、11 月 17 日和 2018 年 1 月 18 日、1 月 29 日购买了“嘉实价值精选股票”“嘉实医药健康 A”“南方新优享”等 5 只基金理财产品，认购金额分别为 30 万元、10 万元、100 万元、100 万元、80 万元，共计 320 万元，由中行濮阳分行的理财经理李某推介并代舒某某在其手机上完成购买。2018 年初，中行濮阳分行的理财经理李某告知舒某某其所购买的 5 只理财产品亏损了 27 万余元，舒某某遂要求李某说明情况并要求及时止跌赎回，但经双方交涉最终未赎回，之后亏损越来越多。2018 年 1 月 10 日、4 月 12 日、11 月 28 日，舒某某先后将上述基金产品进行了赎回，共损失本金 568 822. 71 元。庭审中，舒某某提交了理财产品购买记录、微信聊天记录、视频资料、银保监局回复函等证据予以证实。经质证，中行濮阳分行对舒某某购买理财产品遭受损失的事实及损失的数额无异议，但辩称其工作人员在为舒某某办理理财产品时首先告知了存在的风险，已尽到了告知义务，舒某某的亏损是正常的市场行为，而不是其过错造成的，并提供了理财经理李某的资格证书、对外公示照片以及对舒某某理财产品可能获得收益的最终结论，以此证明舒某某的亏损系市场行为。另查明，2019 年 11 月 12 日，濮阳银保监分局金融消费者投诉回复函，就舒某某向该局投诉反映中行濮阳分行违规销售理财产品给其造成经济损失要求调查处理，该局经调查核实，答复如下：“舒某某（女士）：你所购买的理财产品系通过手机自动终端操作，没有录音录像资料。根据你与中国银行濮阳分行行政区支行理财经理李某的微信聊天截屏，发现李某有在手机上代你操作的嫌疑。对此问题，我分局已要求被

投诉单位限期调查处理。对于你赔偿经济损失的要求我分局无权处理。如有异议，建议向法院起诉，通过诉讼解决争议。”又查明，中行濮阳分行系经中国人民银行、中国证监会批准，具有代办开放式基金的认购、申购、赎回业务的资格，为舒某某办理代购业务的李某系中行濮阳分行的理财经理。

- 裁判要旨

河南省高级人民法院在其作出的（2021）豫民申7914号民事判决书中认为，舒某某在中行濮阳分行理财经理的推介下购买了“嘉实医药健康A”“南方新优享”等基金型理财产品，并代舒某某在手机终端上完成了购买流程，双方之间形成了个人理财服务法律关系。中行濮阳分行在向舒某某推介并代购理财产品时，并未向舒某某明确说明其所购买的产品系风险较高的基金型理财产品，也未向其出示《基金合同》及《招募说明书》等资料供舒某某查阅、了解，并由其本人签字确认，原审法院据此认定中行濮阳分行未尽到合理的风险告知义务正确。适当性义务的履行既是“卖者尽责”的主要内容，也是“买者自负”的前提和基础。舒某某是否有过投资理财经验、是否具有一定的投资认知水平等，并不是法定减轻或免除中行濮阳分行适当性义务的因素，原审判决并未加重中行濮阳分行的适当性义务。本案中，根据一审、二审查明的事实，中行濮阳分行虽然提供了案涉理财产品介绍，但未能进一步举证证明在向舒某某推介购买案涉产品时已通过书面形式全面、准确地披露、揭示产品风险，不能认定中行濮阳分行已经履行了适当性义务。根据相关微信聊天记录等证据显示，舒某某发现无法承受亏损要求赎回产品时，中行濮阳分行也并没有适时告知风险，而是向舒某某提出继续持有或者补仓，以等待市场出现反弹等建议，影响了金融消费者舒某某做出自主决定。故原审法院根据相关法律规定，综合本案实际情况，判决中行濮阳分行对舒某某的财产损失承担赔偿责任并无明显不当。

- 规定依据及案例解读

虽然《适当性管理办法》等各类监管文件均明确要求，金融机构应当在向投资者销售产品前，向投资者充分告知产品风险，可能存在的本金损失等事项。但在现实中，多数风险揭示文本多只介绍主要风险但不明确说明可能遭受的最大损失情形。近日发布的“资产管理产品介绍要素”也只明确了“产品的主要风险及可能带来的损失”要素并未提及“最大损失”。

除此之外，部分金融机构还存在不区分具体产品类型、不明确具体产品特点，直接套用格式化的风险揭示条款，而不告知特定产品个性化风险的情形。但既有的格式化的风险揭示文本只侧重罗列市场风险、政策风险、利率风险、信用风险、流动性风险等一般性风险条款，较少深入结合特定产品的具体特点，就可能发生的个性化风险进行针对性的揭示。而“资产管理产品介绍要素”则只列举了“单一投资标的情况、关联交易情况”两类产品中需要特殊关注的风险。

此外，《基金合同》《招募说明书》等资料中，一般会详细介绍产品的结构、潜在的风险等与产品相关的基本信息，是投资者全面、充分了解产品的重要途径，在基金产品销售过程中，销售机构应当将上述材料提供给投资者阅读或者查阅，并由投资者签署确认。如投资者通过电子方式购买相关基金产品，则应该通过电子方式将上述材料进行展示，并由投资者点击确认。

由前述案例及规定可知，金融机构推介金融产品时，不仅要向投资者揭示金融产品可能面临的政策风险、市场风险等一般性风险，还应当结合特定产品具体的交易结构、投资标的、投资策略、变现难易程度等就该产品的个性化风险以及可能遭受的最大风险进行充分揭示，并通过《基金合同》《招募说明书》等方式提供给投资者阅读，并由投资者确认。

- 实操要点提示

充分揭示金融产品个性化风险。金融机构应当转化风险揭示的理念，不应惯性地认为只要尽量罗列足够多的风险条文或者完全参照、提供监管机构发布的风险告知、说明书模板，便自认已履行针对产品的告知说明义务。金融机构在制作产品推介材料时，应当在遵循《关于规范金融机构资产管理业务的指导意见》第十二条明确的有关固定收益类产品、权益类产品、商品及金融衍生品类产品及混合类产品各自风险披露要求的基础上，结合特定产品的具体要素进行充分、针对性的风险揭示，以便投资者明确该特定产品可能存在区别于其他同类产品可能存在的风险。

金融机构应当主动提供产品风险揭示相关资料供投资者查阅。金融产品的合同、产品说明书、募集说明书等资料，是投资者全面、充分了解产品的重要途径，金融机构应当主动通过书面或电子形式向投资者提供上述资料，供投资者阅读或者查阅，由投资者确认，并做好相关留痕。

（三）金融机构对理财产品中投资结构及风险变化进行充分揭示

- 案情简介

一审法院认定，2015 年 5 月 15 日周某向工商银行日照开发区支行申请购买个人理财产品。在购买诉争理财产品时，周某在工商银行日照开发区支行处所作的风险承受能力评估结论为成长型。成长型可以承担中等到高风险类型的投资，适合投资于能够提供升值能力，而投资价值有波动的投资工具。但该问卷中第 9 项“以下哪项是适合您的投资风格”，周某选择为“C. 稳健，希望以平衡的投资方式，寻求资金的较高收益和成长性”；第 11 项“您可以承受的价值波动幅度”时，选择为“D. 不能承受本金损失”；第 13 项“对于不保本型理财金融产品，银行及产品管理人不承诺保证本金安全，您可能无法获得任何收益且无法收回全部本金，对于上述情况您是否已经清楚地了解并能够接受”，周某选择“能”。该测评结果页客户声明中载明“本人已填妥‘中国工商银行个人客户风险承受能力评估问卷’，确认本人完全明白问卷及接纳所界定的本人的投资者关系。本人声明，本人完全依据自己的判断做出上述答案，并接受贵行的评估意见”。周某在测评客户处签字。同日，工商银行日照开发区支行向周某出具凭证，载明：产品名称为尊享系列开放净值型（股票精选主题）理财产品 2015 年第 6 期，产品代码为 ZXKG1512，现钞金额为 767 000 元；客户风险等级为成长型。该凭证上同时载明“本人已阅知并同意遵守本凭证背面的《客户须知》，确认上述是打印内容与本人申请办理业务的内容一致”，周某在客户签名处签名。凭证所附的中国工商银行个人理财产品协议书载明：经甲方（客户）与乙方（中国工商银行）协商一致，就甲方向乙方购买理财产品，达成协议如下：一、风险揭示：理财非存款、产品有风险、投资需谨慎……二、甲方声明：甲方是具有完全民事行为能力的个人，承诺清楚知晓并遵守《中国工商银行个人理财产品章程》的各项规定，接受并签署《中国工商银行个人理财产品协议书》及《理财产品说明书》，对有关条款不存在疑问或异议……乙方向甲方提供的市场分析和预测仅供参考，甲方据此作出的任何决策出于甲方自己的判断，乙方不承担任何责任。周某购买该理财产品后，在运营过程中该产品出现亏损。2016年6月23日，周某赎回理财款695 362.28元。周某主张截至起诉之日，本金亏损71 637.72元。

另查明，尊享系列开放净值型（股票精选主题）理财产品代码为ZXKG1512，本金及收益币种为人民币；投资管理人为中国工商银行股份有限公司；销售手续费为1.0%（年），固定管理费为1.0%（年），业绩基准为6.5%（年化）；本产品投资策略采取“权益+固定收益”的组合投资模式，以权益投资为主，固定收益投资为辅；理财资金主要投资于高流动型资产、债权类资产及权益类投资工具，高流动型资产投资比例为0—80%、债权类资产投资比例为0—80%、权益类资产投资比例为20%—80%、其他资产或资产组合投资比例为0—80%；如因市场剧烈波动或赎回等原因导致本理财计划中各类投资品投资比例超出约定比例，应在10个交易日内进行调整；本理财计划成立后，理财计划管理人在每月开放日（T日）通过中国工商银行网站（www.icbc.com.cn），披露T-2工作日的理财计划单位净值，作为客户申购或赎回的参考，在T+2日工作日，通过中国工商银行网站，披露T日的理财计划单位净值，作为客户申购或赎回的依据；投资管理人应当分别在每季度结束之日起三十日内、上半年结束之日起六十日内、每年结束之日起九十日内，编制完成产品季度报告、半年度报告、年度报告，向投资人披露投资状况、投资表现、风险状况等信息，并将季度报告正文通过中国工商银行网站进行公告；本理财产品在运作管理过程中，发生可能对理财产品份额持有人权益及理财产品份额的交易价格产生重大影响的事项之一时，理财产品管理人或/及理财产品保管人将按照法律、法规及原中国银监会的有关规定及时披露并在中国工商银行网站上公告。周某在客户签字处签字。周某同时在中国工商银行高资产净值客户确认书中签字，确认其为高资产净值客户。

尊享系列开放净值型（股票精选主题）理财产品说明书2015年第6期中产品风险揭示书载明：风险揭示：理财非存款、产品有风险、投资需谨慎。中国工商银行郑重提示：在购买理财产品前，客户应仔细阅读理财产品销售文件，确保自己完全理解该项投资的性质和所涉及的风险，详细了解和审慎评估该理财产品的资金投资方向、风险类型及预期收益等基本情况，在慎重考虑后自行决定购买与自身风险承受能力和资产管理需求匹配的理财产品。在购买理财产品后，客户应随时关注该理财产品的信息披露情况，及时获取相关信息；产品类型为开放式、非保本、浮动收益型；产品期限为无固定期限；产品风险评级为PR4级；目标客户为经工商银行客户风险承受能力评估为成长型、进取型的有投资经验的高净值客户；重要提示载明：该类理财产品的总体风险程度较高，我行不承诺本金保障，产品收益随投资表现变动。理财产品的投资方向主要为较高风险、较高收益的投资品市场，其产品结构具有一定复杂性，在宏观政策和市场相关法律法规变化、投资市场波动等风险因素作用下本金可能出现较大损失。理财产品直接投资于权益类等高风险投资品的比例在30%以上。适合较高收入、投资经验较为丰富、风险偏好较高、风险承受能力较强的投资者。在发生最不利情况下（可能但并不一定发生），客户可能无法取得收益，并可能面临损失本金的风险。请认真阅读理财产品说明书第十三部分风险揭示内容，基于自身的独立判断进行投资决策。周某在客户签名处签名并抄录“本人已阅读风险揭示，愿意承担投资风险”。

中国工商银行产品风险评级共计分为五级，其中“PR4级”风险水平较高。该级风险产品不保障本金，风险因素可能对本金产生较大影响，产品结构存在一定复杂性。该风险对应的目标客户为经工商银行客户风险承受能力评估为成长型、进取型的有投资经验的客户。

庭审中，周某提供其与吴某的电话录音一宗，证实其在购买诉争理财产品过程中，工商银行日照开发区支行理财经理吴某向其承诺该理财产品为保本型，且未告知其理财产品中包含股票和基金。其中周某在询问吴某“能保证3月21日能拿回本金是吧”，吴某回复“应该没问题，反正总行这边也写通知了，就是说尽量按照操作，反正我看最近这段时间都涨得不错”；周某询问吴某“你当初给我买的时候知道不知道里面有股票啊？反正你是没告诉我，我就想知道你当初给我买的时候你是否知道里面有股票”，吴某回答“因为当时股票市场非常好，权益类的非常少，很少，很少，这个我也不是很清楚的”。周某问“但当初你知道里面有股票，但你没告诉我里面有股票，就是这么一回事是不是”，吴某回答“这里面有一小部分，但我不知道会这么多，一开始是很少很少一部分”。周某问“当时买的时候最起码你没告诉我里面有股票，有基金，你光说是一个理财产品”，吴某回答“那一部分可以忽略不计的，就是说很少很少”。周某问“那为什么我去提的时候，你告诉我里面有基金，有股票了”，吴某回复“他那里面投得比较多”。周某陈述“当时你告诉我，我一听有股票、有基金我就不买了。当时我去买这个股票时，问你没事吧，你说不要紧”，吴某回复“当时可以忽略不计”，周某陈述“忽略不计不要紧，但它里面有股票，你应该告诉我啊，我只要一听有股票、基金，我立马就不会买”；周某陈述“你就是没告诉我有基金有股票，所以说你没说，你说是稳健型的，我也相信你，所以我就买了”，吴某回复“说实话当时它配置这方面很少很少，当时市行和我们说的时候，基本上这部分是可以忽略不计的”。周某询问“既然很少为什么会赔这么多呢”，吴某回复“这不是还是市场运作的问题嘛，虽然当时配置得比较少，但市场比较好，它可能又增加了一部分。如果知道是这样，我也绝对不会给你推荐的”。

还查明，2014年5月9日至2016年9月21日，周某多次在工商银行日照开发区支行处购买理财产品。工商银行日照开发区支行具备办理金融理财业务资质。

- 裁判要旨

山东省日照市中级人民法院在其作出的（2018）鲁11民终426号民事判决书中认为，工商银行日照开发区支行在向周某推介理财产品过程中，未尽如实告知及充分风险提示义务。本案中，基于以下三方面理由，应认定上诉人存在违反风险提示义务的违约行为：一、虽然上诉人在协议及产品说明书中均对理财产品的风险进行了书面提示，但该风险提示与协议及说明书的其他内容采用完全相同的字体和颜色，不能起到醒目的警示作用；上诉人在一审、二审诉讼中也一直未能提供协议签订过程录像等第一手证据资料以证明其工作人员确实履行了风险提示义务。二、被上诉人提供的录音资料显示，上诉人工作人员即便在涉案理财确定出现亏损后与被上诉人的对话中，仍反复多次称涉案产品中股票等权益类投资“很少很少”“忽略不计”“当时市场行情（形势）非常好”，并多次对被上诉人表示“本金肯定没问题”“肯定不会让您吃亏”，以上表述与涉案理财产品说明书确定的投资范围、风险评级明显不符，据此可以认定上诉人在向被上诉人销售理财产品时应该存在夸大收益及产品安全性、淡化甚至回避风险的误导销售问题。三、被上诉人虽然在相关风险揭示书上签字，但其在风险承受能力评估问卷中明确表明了不能承受本金损失的态度，基于此，按照审慎经营规则，上诉人理应向被上诉人推荐销售与“成长型”相对应的最低风险级别的产品；上诉人推荐销售PR4级产品明显违背被上诉人本意和其风险承受能力，显属违背风险提示的不当销售行为。

从周某提供的录音证据看，在其购买该理财产品过程中，工商银行日照开发区支行理财人员并未向周某明确告知该理财产品投资结构中包含了股票等资产及其投资比例，也未在其资产结构发生变化时，对该理财产品的风险变化向周某进行充分的提示。

另外，虽然在周某与工商银行日照开发区支行理财经理吴某电话录音中，吴某向周某承诺该理财产品本金不会损失，但该“保底”约定有违法律禁止性规定，该约定对合同双方不产生法律效力。

• 规定依据及案例解读

《商业银行理财业务监督管理办法》第二十六条规定，商业银行销售理财产品，应当加强投资者适当性管理，向投资者充分披露信息和揭示风险，不得宣传或承诺保本保收益，不得误导投资者购买与其风险承受能力不相匹配的理财产品。商业银行理财产品宣传销售文本应当全面、如实、客观地反映理财产品的重要特性，充分披露理财产品类型、投资组合、估值方法、托管安排、风险和收费等重要信息，所使用的语言表述必须真实、准确和清晰。

商业银行发行理财产品，不得宣传理财产品预期收益率，在理财产品宣传销售文本中只能登载该理财产品或者本行同类理财产品的过往平均业绩和最好、最差业绩，并以醒目文字提醒投资者“理财产品过往业绩不代表其未来表现，不等于理财产品实际收益，投资须谨慎”。

• 实操要点提示

销售机构应持续关注产品投资结构及风险变化，并及时进行风险揭示。金融产品的投资结构发生重大变化时，将对产品的投资风险及损益产生重要影响。销售机构应当持续关注金融产品的投资标的、投资杠杆等投资结构的变化情况，必要的时候对金融产品的风险等级进行重新评估，对可能影响投资者损益、投资决策的事项，应当及时向投资者进行揭示。

销售机构及其销售人员应当严格禁止向投资者承诺保本保收益。打破刚性兑付，引导金融资产管理行业回归本源，是国家金融监管的重要导向。销售机构及其销售人员应当充分明确，禁止向投资者承诺保本保收益，否则在投资发生风险出现亏损的情况下，销售机构和销售人员不仅面临被监管机关给与行政监管措施或者行政处罚的风险，还面临被投资者索赔、承担民事赔偿责任的风险。

（四）张贴理财产品风险提示函无法起到对投资者购买特定产品的特定风险予以充分揭示的作用

• 案情简介

一审法院认定事实：李某某在工行新街口支行处办理了一张工银财富

卡，卡号为62×××97，并使用该卡进行基金交易。2015年6月4日，李某某在工行新街口支行的营业场所处利用工行新街口支行提供的设备购买了名称为“九泰天富改革新动力混合基金”和“富国中证工业4.0指数基金”，认购金额各为10万元。2017年6月27日，“九泰天富改革新动力混合基金”当前份额98 823.23元，当前市值63 345.69元，浮动盈亏-36 654.31元，收益率-36.65%；“富国中证工业4.0指数基金”当前份额59 027.28元，当前市值51 884.98元，浮动盈亏-48 115.02元，收益率-48.12%，两份基金合计金额为115 230.67元，损失本金84 769.33元。截至一审开庭时，李某某尚未赎回上述两份基金。

一审另查明，李某某曾于2015年3月19日在工行新街口支行处购买过“南方创新经济”基金，购买金额为100 000元。该基金的种类为“开放性基金”，产品类型为“混合型”，分红方式为“现金分红”，2015年5月18日市值为104 649.85元，浮动盈亏4 649.85元。工行新街口支行对李某某的客户风险等级评定为平衡型。案涉的“九泰天富改革新动力混合基金”类型为混合型，基金托管人为中国工商银行股份有限公司，基金管理人为九泰基金管理有限公司；案涉的“富国中证工业4.0指数基金”类型为混合型，基金托管人为中国工商银行股份有限公司，基金管理人为富国基金管理有限公司；另外，“南方创新经济”基金类型为混合型，基金托管人为中国工商银行股份有限公司，基金管理人为南方基金管理有限公司。

一审再查明，2017年8月，在工行新街口支行的工作人员模拟购买“九泰天富改革新动力混合基金”时拍摄的截图中，屏幕显示有“您目前属于平衡型投资者，您要购买的开放式基金属于高风险级别，与您的风险类型不匹配，如您认可可能存在的风险，请点击确认继续购买，否则点击取消，终止购买。如您需要重新进行风险评估请点击这里：风险评估”及“基金有风险，您的投资有可能遭受损失。请在填表前详阅证券投资基金投资人权益须知。我行仅代理接受投资人申请，对基金的业务不承担任何担保或责任”等字样。李某某对该截图的真实性、合法性及关联性均不予认可，认为其购买案涉基金时系由工行新街口支行的理财经理帮助进行操作完成，李某某向工行新街口支行的理财经理提供了自己的银行卡以及交易密码，李某某从来没有看过自动打印机上显示的风险提示，并要求工行新街口支行提供当时的监控。工行新街口支行陈述，案涉交易发生在2015年，根据公安部的规定，监控图像无法永久保存，目前已超过法定保管期限。

• 裁判要旨

江苏省南京市中级人民法院在其作出的（2017）苏01民终10111号民事裁定书中认为，即便系李某某主动要求购买案涉基金，工行新街口支行仍需履行特定风险揭示义务。该种风险揭示义务的要求是具体而实质性的，绝非仅有形式意义。首先，工行新街口支行所称在理财经理办公室客户咨询台前张贴了理财产品风险提示函的行为，显然不能起到对投资者购买特定产品的具体风险予以充分揭示的作用。其次，工行新街口支行亦未能提供充分证据证明其以金融消费者能够充分了解的方式向李某某说明案涉基金产品的运作方式和将最大损失风险以显著、必要的方式向李某某作出特别说明。工行新街口支行提供的其工作人员事后在银行自助设备模拟购买案涉基金的操作截图，不能表明工行新街口支行在李某某购买案涉基金过程中确实出示案涉基金合同及产品说明书等资料供李某某查阅、了解，已尽到明确的提示说明义务，并且工行新街口支行也没有按照金融监管的要求由李某某书面确认是客户主动要求了解和购买产品，并妥善保存顾问服务的记录。因此，本院认定工行新街口支行在李某某购买案涉基金过程中未尽适当性义务，以致李某某实际购买了与其风险等级不匹配的产品，此过错与李某某所受损失之间具有因果关系，工行新街口支行应对此承担相应的赔偿责任。

• 规定依据及案例解读

《商业银行理财业务监督管理办法》第二十六条规定，商业银行销售理财产品，应当加强投资者适当性管理，向投资者充分披露信息和揭示风险，不得宣传或承诺保本保收益，不得误导投资者购买与其风险承受能力不相匹配的理财产品。商业银行理财产品宣传销售文本应当全面、如实、客观地反映理财产品的重要特性，充分披露理财产品类型、投资组合、估值方法、托管安排、风险和收费等重要信息，所使用的语言表述必须真实、准确和清晰。

商业银行发行理财产品，不得宣传理财产品预期收益率，在理财产品宣传销售文本中只能登载该理财产品或者本行同类理财产品的过往平均业绩和最好、最差业绩，并以醒目文字提醒投资者“理财产品过往业绩不代表其未来表现，不等于理财产品实际收益，投资须谨慎”。

- 实操要点提示

金融机构在向投资者销售金融产品或提供相关服务时，应履行适当性义务，否则应承担赔偿投资者相应损失的民事责任。而审查金融机构是否充分履行了适当性义务，主要应从适当推介和风险揭示两方面进行考量。其中适当推介系指金融机构应在充分了解投资者及产品的基础上，将适当的产品或服务推介给适当的投资者，这就要求金融机构应对投资者及产品分别进行风险评级，不得主动向投资者推介风险不匹配的产品；若投资者主动要求购买的，需履行特定风险揭示义务（在目前私募新规和《证券经纪业务管理办法》推行“强匹配”要求下，不得再进行不匹配销售）。而风险揭示系指金融机构在向投资者销售产品或提供服务时，应根据产品及服务的具体内容，充分揭示产品或服务的风险内容。仅依靠在金融机构经营场所张贴金融产品存在风险等方法，不能代替金融机构对投资者购买的特定产品的风险揭示义务。

五、违规承诺与虚假宣传

（一）销售人员明示或暗示承诺基金产品保本保收益，金融机构可能被判承担赔偿责任

- 案例1：案情简介

一审法院认定事实：被告中大期货有限公司永康营业部系中大期货有限公司在永康依法设立并领取营业执照的分公司。被告中大期货有限公司

系宇艾公司发行的宇艾供应链二十六期专项私募基金的代销机构。2017年9月18日，被告中大期货有限公司在其内部基金销售群中发布宇艾供应链二十六期固收理财产品信息即产品期限短（不超过180天），收益率较高7.6%（年化），销售费用0.5%（年化）等。2017年9月20日，胡胜某在中大期货有限公司永康营业部的员工胡曾某的推介下，与基金管理人宇艾公司、基金托管人中信建投证券股份有限公司签订宇艾供应链二十六期专项私募基金合同一份，约定：本基金全部基金资产用于受让上海能平实业有限公司持有的对中能源公司的电子商业承兑汇票的受益权；基金存续期限为180天；认购基金份额为200万份，认购金额为200万元；分配投资者本金及不高于业绩比较基准的基准收益，本基金的业绩比较基准为年化7.6%，份额基金收益业绩=7.6%×该份额存续天数/365，如有剩余基金资产，全部作为业绩报酬支付给基金管理人等。现查明，中大期货有限公司永康营业部的员工胡曾某系通过挂名陈某某的方式销售案涉基金，并告知胡胜某案涉基金为固定收益年化7.6%。

同日，被告中大期货有限公司永康营业部对胡胜某的风险承受能力进行评估测试，并由胡胜某签署确认普通投资者适当性匹配意见告知书，其中匹配意见为胡胜某是C3类风险承受能力投资者，适配R1、R2、R3风险等级的产品或服务。同时，胡胜某向被告签署私募投资基金风险揭示书、金融产品认购确认单以及投资者承诺各一份，并通过中国农业银行溪心支行将认购金额200万元转入基金托管人中信建投证券基金外包募集专户宇艾供应链二十六期专项的银行账户。但是，产品期限届满后，胡胜某未能按期赎回投资本金及收益。2018年3月8日，宇艾公司发布公告，告知计划解决方案：涉及已到期未完全兑付的产品，2018年3月20日分配不低于合同约定的收益金额（清算工作1—3个工作日，以最终托管机构清算分配时间为准），所涉及产品按到期时间先后顺序分三个月时间分批次兑付清算完成。4月12日，胡胜某收到宇艾供应链二十六期专项私募基金分红70 739.76元。4月20日，宇艾公司发布《宇艾供应链二十六期专项私募基金运营通知》，通知如下：管理人结合投资需求决定延长宇艾供应链二十六期专项私募基金合同，宇艾供应链二十六期专项私募基金展期运作，管理人将按时披露项目运作情况。5 月 16 日，胡胜某收到宇艾供应链二十六期专项私募基金清算款 14 044.71 元。2018 年 3 月 19 日，因宇艾供应链二十一期、二十二期、二十三期、二十四期、二十六期、二十七期专项私募基金大部分已到期未按期兑付，被告中大期货有限公司作为销售机构，与宇艾公司、中能源公司签订兑付计划书，承诺按期向基金投资人偿还和兑付融资款本息。协议签订后，被告中大期货有限公司就其认购的宇艾二十一期基金仍未能得到完全兑付。为此，被告中大期货有限公司于 2018 年 10 月 29 日将中能源公司诉至杭州市下城区人民法院，该案经一审、二审审理胜诉判决后，中能源公司至今未完全兑付。2018 年 9 月 26 日，浙江证监局下发《关于对中大期货有限公司采取责令改正措施的决定》和《关于对胡曾某采取出具警示函措施的决定》，其中《关于对中大期货有限公司采取责令改正措施的决定》内容如下：中大期货有限公司在代销宇艾公司发行的产品过程中，未对部分产品对应的电子商业承兑汇票出票人中能源公司涉及标的金额 19.56 亿元的重大未决诉讼进行调查核实，违反了《证券期货投资者适当性管理办法》第二十七条的规定；公司员工胡曾某向投资者胡胜某、黄某珍私募基金产品时未取得基金从业资格，违反了《证券投资基金监督管理暂行办法》第四条的规定；公司通过内部员工微信群发布的部分私募基金产品宣传口径存在“年化收益率 7.4%”“7.4%”等表述。上述行为违反了《证券期货投资者适当性管理办法》第二十二条第二项等。

另查明，中能源公司涉及的重大诉讼案件，北京市高级人民法院已于 2018 年 12 月 27 日作出（2015）高民（商）初字第 4670 号民事判决书（上诉中），但中能源公司确已被多家法院列入失信被执行人名单。同时，胡胜某起诉中能源公司合同纠纷一案，因胡胜某未缴纳诉讼费用，已于 2019 年 10 月 18 日按自动撤诉处理。

- 裁判要旨

永康市人民法院在其作出的（2019）浙 0784 民初 2946 号民事判决书

中认为，根据《适当性管理办法》第二十二条第二项的规定，销售机构在推介、销售金融产品时，禁止向投资者就不确定事项提供确定性的判断，或者告知投资者有可能使其误认为具有确定性的意见。中大期货公司通过内部员工微信群发布案涉私募基金产品宣传口径存在固定年化收益的表述，其销售人员胡曾某在向胡胜某销售案涉基金时，亦存在固定收益年化7.6%的表述，该表述含有向投资者传达保收益的意思，对于没有专业知识的普通投资者极易造成误导进而购买金融产品，其行为违反了适当推介义务。综上所述，本院认为，两被告违规向胡胜某推介案涉基金，未充分尽到适当性义务及信息披露告知义务，其行为存在重大过错，与胡胜某购买案涉基金后无法收回投资本息的损失结果亦存在因果关系，应对胡胜某主张的合理损失承担相应的民事赔偿责任。

- 案例2：案情简介

本标题项下介绍案例与“金融机构对理财产品中投资结构及风险变化进行充分揭示”案情一致，在此不作赘述。

- 裁判要旨

山东省日照市中级人民法院在其作出的（2018）鲁11民终426号民事判决书中认为，虽周某的风险承受能力评估等级显示周某可以购买诉争理财产品，但周某在风险承受能力评估问卷中明确选择不能承受本金损失，该选项与周某风险承受能力评估结果明显相悖。该风险承受能力评估结果与诉争理财产品风险等级形式上呈现一致，但实质上并不匹配。同时，周某与工商银行日照开发区支行理财经理吴某电话录音中，吴某向周某承诺该理财产品本金不会损失，该“保底”约定有违法律禁止性规定，该约定对合同双方不产生法律效力。

- 规定依据及案例解读

根据《适当性管理办法》第二十二条第二项的规定，销售机构在推介、销售金融产品时，禁止向投资者就不确定事项提供确定性的判断，或者告知投资者有可能使其误认为具有确定性的意见。《商业银行理财业务监督管理办法》规定，“商业银行销售理财产品，应当加强投资者适当性管理，向投资者充分披露信息和揭示风险，不得宣传或承诺保本保收益”“商业银行发行理财产品，不得宣传理财产品预期收益率”。在周某与银行员工的通话录音中，即使发生了一定的风险，银行员工仍然承诺本金不会损失，违反了《证券法》《适当性管理办法》等制度关于不得保本保收益的规定。

- 实操要点提示

金融机构及其销售人员应当严格禁止保本保收益。违规承诺保本保收益违反了投资者对金融产品风险自担的本质特征，针对比较明确的保本保收益承诺问题，投资者可以以合同无效或者要求撤销合同来主张权利，对于某些隐晦的保本收益行为，可以作为金融机构违反适当性义务的依据。对于金融消费者而言，“固定”字样容易产生该产品只赚不赔的错误认知，进而对产品的风险特征和可能遭受的损失产生误解。对于金融机构而言，对于特定产品的宣传推介，可以事先制作相应的宣传材料、推介表述。要求销售人员在宣传推介过程中应当尽量使用公司已经合规专员审核的语言表述，避免出现本金不受损失，稳定、固定的收益等容易给金融消费者造成误导的表述。除此之外，在宣传推介的过程中向投资者重点说明任何产品都存在本金亏损的风险。

（二）虚假宣传金融产品，金融机构将承担赔偿责任

- 案情简介

一审法院认定事实，华宝证券原机构业务部（业务二部）高级经理李某系刘某团队成员，刘某为华宝证券原机构业务部（业务二部）总经理。2013 年，史某某经李某推荐，作为有限合伙人在上海市闵行区动迁安置房项目三期 B 款认购合同之“有限合伙份额认购书”上签字，其上载明“认购人声明：本人已认真阅读‘上海 × × 管理中心（有限合伙）投资推介书’‘上海 × × 管理中心（有限合伙）合伙协议’及其他备查文件所列之各项协议、文件及资料，理解并接受该等文件的全部内容，自愿认购上海 × × 管理中心 × × 管理中心（有限合伙）的有限合伙份额，并接受合伙协议所有条款的约束，享有合伙协议约定的权利并承担相应的义务，本人

在本认购书签字盖章视同本人对合伙协议的签署……”2013年6月29日，史某某将认购款140万元汇入××管理中心的账户。2013年7月12日，××管理中心向史某某出具“有限合伙份额认购书”，确认史某某在涉案合伙企业中的认购金额为140万元，份额成立时间为2013年6月28日，份额存续期为一年，份额溢价回购年利率为9%。2013年10月20日，刘某、李某因涉嫌犯非法吸收公众存款罪被刑事拘留。同年11月6日，原民生银行员工张某亦因涉嫌犯非法吸收公众存款罪被刑事拘留。经上海市浦东新区人民检察院向一审法院提起公诉，一审法院于2015年5月7日作出（2014）浦刑初字第5356号刑事判决：“一、被告人刘某犯非法吸收公众存款罪，判处有期徒刑七年六个月，罚金人民币四十万元。二、被告人李某犯非法吸收公众存款罪，判处有期徒刑四年三个月，罚金人民币十万元。三、被告人张某犯非法吸收公众存款罪，判处有期徒刑三年三个月，罚金人民币五万元。四、查获、退缴在案的违法所得，依法发还相关被害人，不足部分，责令被告人刘某、李某、张某继续退赔，发还相关被害人。”该判决查明：“2012年5月至2013年10月期间，被告人刘某伙同李某、张某为牟利，以高额年息回报为诱，利用证券公司、银行工作人员身份，招揽不特定社会公众233人（合并一人多投情况）签订有限合伙认购协议，为周某、成某、应某、甘某（均另行处理）等个人及企业非法募集本金576 850 000元……为应某募集资金非法吸收公众存款：2013年4月起，被告人刘某以投资海南博鳌医疗基金、上海市徐汇区尚海湾房产等项目为名，以承诺9%—10%的年回报率为诱饵，通过本人及被告人李某、张某等人以银行、证券公司工作人员身份，在华宝证券、民生银行等工作地点，对外招揽投资人签订《海南博鳌医疗基金（国家级项目）B款/C款项目认购合同》《上海市恒盛三号（B款）认购合同》《上海市闵行区动迁安置房项目三期（B/C款）认购合同》，认购上海××管理中心（有限合伙）份额，至2013年10月，共计向56人募集资金160 070 000元，所募资金进入悠涟开设在江苏银行及民生银行的收款账户后，被应某转至多家公司账户，由其支配使用，至案发尚未开展兑付。”该判决同时认定：

“被告人刘某为帮他人公司募集流动资金，虚构投资项目、设计认购有限合伙企业份额的理财产品及相关合同书、承诺高额固定回报，且利用了公众相对熟悉的银行、证券公司作为平台进行销售……被告人李某作为刘某团队成员及金融机构、证券公司从业人员，其应当知道自己向客户推销的理财产品属私募资金产品，但仍在工作场所参与销售……”一审法院判决后，刘某、李某、张某不服判决，提出上诉，本院于2016年5月9日裁定驳回上诉，维持原判。

一审另查明，××管理中心的股东为北京××公司和应某，执行事务合伙人为北京××公司。根据华宝证券与北京××公司签订的《咨询服务协议》的约定，华宝证券就北京××公司投资管理业务的交易结构、发行规模、预期收益等相关信息向华宝证券客户提供咨询服务，北京××公司应向华宝证券支付咨询服务费300万元。2013年6月3日，北京××公司向华宝证券支付咨询服务费100万元。2013年10月23日，北京××公司向华宝证券发出《解除合同通知书》，华宝证券于2013年10月28日将100万元退还给北京××公司。司法鉴定意见书显示该100万元为募集资金业务费。

一审又查明，2015年3月10日，上海证监局华宝证券信访事项专项现场检查小组作出《关于华宝证券有限责任公司的现场检查事实确认书》，认定华宝证券存在以下问题：（1）对咨询服务业务管控缺失，咨询服务的具体内容不详，对相关项目未进行实质审核，也没有提供相关咨询服务，且对退款原因未作深究；（2）公司存在应报告未报告事项，对应某为北京××公司实际控制人的情况存在明显的不实说明；（3）对“刘某团队”开展的工作失控，“刘某团队”在公司工作期间，曾在工作周报中数次提及“海南博鳌医疗基金项目”“闵行动迁房项目”等，并提及“沟通客户，推荐海南博鳌项目，让客户去第三方机构认购”“安排周某和贺某处理好到期兑付的工作安排，近几周到期兑付的工作量较大”，但华宝证券时任部门负责人却称不知情，也未将相关项目内容提交公司内核部门审核，未对项目开展调查核实，未对项目后续运作情况进行跟踪，导致业务部门游离在公司内控体系外擅自开展经营活动。

- 裁判要旨

上海市第一中级人民法院在其作出的（2018）沪 01 民终 4185 号民事判决书中认为，华宝证券的员工虚构涉案项目材料，向史某某进行推介，史某某作为非专业投资者，系基于对华宝证券的信赖，才签订涉案合同，华宝证券内部管理及风控存在漏洞，其对史某某损失的产生应当承担侵权责任。华宝证券还主张，由于相关刑事案件尚未执行完毕，因此史某某的权益损失尚未确定，一审判决主文将会与刑事执行结果发生矛盾。对此本院认为，刘某等人以非法手段获取史某某的投资款，已经在事实上构成了史某某的财产损失，至于史某某可否从相关刑事案件的执行过程中获得赔偿及获得多少赔偿，属于权利救济层面的问题，而非史某某损失是否存在以及多少的问题。

- 规定依据及案例解读

《商业银行理财业务监督管理办法》第二十六条规定，商业银行理财产品宣传销售文本应当全面、如实、客观地反映理财产品的重要特性，充分披露理财产品类型、投资组合、估值方法、托管安排、风险和收费等重要信息，所使用的语言表述必须真实、准确和清晰。

《适当性管理办法》第二十七条规定，经营机构代销其他机构发行的产品或者提供相关服务，应当在合同中约定要求委托方提供的信息，包括本办法第十六条、第十七条规定的产品或者服务分级考虑因素等，自行对该信息进行调查核实，并履行投资者评估、适当性匹配等适当性义务。委托方不提供规定的信息、提供信息不完整的，经营机构应当拒绝代销产品或者提供服务。

《证券公司代销金融产品管理规定》第七条规定，接受代销金融产品的委托前，证券公司应当对委托人进行资格审查。经审查，确认委托人依法设立并可以发行金融产品后，方可接受其委托。第八条规定，证券公司应当审慎选择代销的金融产品，充分了解金融产品的发行依据、基本性质、投资安排、风险收益特征、管理费用等信息。证券公司确认金融产品依法发行、有明确的投资安排和风险管控措施、风险收益特征清晰且可以对其风险状况做出合理判断的，方可代销。

- 实操要点提示

金融机构在选择所要代销的金融产品时，应当充分地、实质性地核查所要代销产品的具体情况，尤其是对于最终投资于非标准化产品的金融产品而言，更应如此。一方面，金融机构应当要求产品管理人尽可能全面地提供有关产品本身及交易安排、投资标的的信息。另一方面，对于能够通过公开渠道核实及获取的信息如相关主体是否合法设立并有效存续、特定主体的工商信息、信用信息、是否属于失信被执行人、投资标的涉及的项目是否经过审批/备案、是否涉及非法集资负面舆情等，进行公开的核查。

六、适当性工作程序与留痕

（一）金融机构应规范履行适当性工作程序

- 案情简介

2015 年 4 月 1 日，董某某（投资者）与北京中融鼎新投资管理有限公司（管理人）及基金托管人签署基金合同，并在风险揭示书、合格投资者承诺书、投资者告知书、基金账户申请与交易表、个人基金投资者风险承受能力调查问卷中签字。同日，董某某向该投资管理有限公司转款 101 万元。庭审中，双方当事人均明确认可基金合同及附件存在倒签情况，虽然上述文件落款日期均为 2015 年 4 月 1 日，但是实际上均为 2015 年 4 月 15 日与《补充协议》一并签署。

在证券业协会备案的私募基金公示信息显示：案涉基金，成立时间 2015 年 3 月 31 日，备案时间 2015 年 4 月 1 日，基金备案阶段为暂行办法实施后成立的基金，基金类型为私募证券投资基金，管理类型为受托管理。4 月 3 日，北京中融鼎新投资管理有限公司发布基金成立公告及通知，告知基金已于 2015 年 4 月 3 日全部募集完成，符合基金成立总规模并于当日宣告正式成立。同日，资产管理公司从基金募集清算账户向托管账户划款 2.04 亿元，之后通过该托管账户向投资标的公司定增缴款项缴款账户划款 2.007 亿元。

后因投资标的公司于 2017 年 12 月被全国股权系统强制终止挂牌，案涉基金无法通过新三板市场卖出所持标的公司股票，基金剩余存续份额尚未兑付。董某某遂提起本案诉讼，要求该投资管理公司赔偿其投资本金及收益损失。一审法院审理后，认为董某某在基金成立后签署合同前未提出异议，亦未明确作出放弃申购的意思表示，其要求公司赔偿损失缺乏依据，故驳回其全部诉讼请求。

北京金融法院经审理后认为，投资管理公司在销售基金产品的过程中履行适当性义务不及时、不全面，未能及时评估投资者风险承受能力即接受投资者认购基金产品并在投资者认购基金产品前未能充分揭示投资风险，存在一定过错。适当性义务是诚信义务在金融产品销售领域的具体化，属于基金合同订立前赋予卖方机构的义务范畴。违反适当性义务，应当根据合同法关于缔约过失的相关规定承担与其过错及投资者实际损失相适应的赔偿责任。

考虑到本案中补充进行风险评估的时间与基金成立时间相距较短，投资者风险承受能力在短期内发生明显变化的可能性并不大，后续评估显示董某某符合案涉基金产品的合格投资者要求，且投资者在其后补充签署了《基金合同》并对认购事宜予以确认，法院认为投资管理公司上述适当性义务的违反并未在实质上过度影响投资者在认购案涉基金方面的自主决定，但仍应对其上述不规范行为对投资者承担一定赔偿责任。综合考量本案情形，法院酌情确定投资管理公司按照投资者认购金额 20% 的标准对投资者予以适当赔偿。董某某提出，其实际损失即认购本金、认购费用及相应利息，但是法院认为其认购基金产品的份额并未全部损失，且该等损失并非全部可归责于投资管理公司对上述适当性义务的违反，故对于董某某超出上述标准的其他诉讼请求，法院依法予以驳回。

- 裁判要旨

合格投资者确认、私募基金风险揭示和适当性匹配等基本内容需要私募基金管理人在募集阶段实质性履行。投资者事后倒签合同的做法已失去保护投资者不参与不适合投资的风险防范意义，私募基金管理人未能在募集阶段就投资者适当与否积极行为的，构成义务履行的不适当。

确定募集机构赔偿责任应当充分结合适当性义务违反的具体情形和程度，考量募集机构的行为对投资者投资决策的影响力，结合募集机构的过错程度，确定其承担责任的范围和标准。

- 规定依据及案例解读

《适当性管理办法》第三条规定，向投资者销售证券期货产品或者提供证券期货服务的机构（以下简称经营机构）应当遵守法律、行政法规、本办法及其他有关规定，在销售产品或者提供服务的过程中，勤勉尽责，审慎履职，全面了解投资者情况。基于适当性管理义务的功能和定位，适当性管理义务应当在销售产品或提供服务前履行。投资者事后补签合同是否同样能够证明经营机构履行了适当性管理义务？该案例清晰明确地表明，在司法机关看来，经营机构适当性义务的履行具有严格的“时间”限制。经营机构如果未能在销售产品或提供服务之前，主动了解投资者并履行适当性管理义务，则构成履行适当性管理义务不适当，极有可能对投资者损失承担赔偿责任。

- 实操要点提示

最高人民法院民事审判第二庭编著的《〈全国法院民商事审判工作会议纪要〉理解与适用》明确，经营机构应当明确履行了解投资者的适当性管理义务在法律性质上属于先合同义务，其有明确的履行时间限制，应当在销售产品或提供服务前完成。司法机关虽然并未完全否认投资者事后追认的效力，但同样认定经营机构履行适当性管理义务不当。对于经营机构而言，应当摒弃试图通过事后补签完善履职的“机会主义思维”。在具体的展业过程中，应当明确并严格遵守履行适当性义务的先后顺序，只有在充分了解投资者的基础上，才能进一步的销售具体产品或提供相关服务。与此同时，还可以通过适当的流程控制，确保充分了解投资者义务的在先履行。

（二）金融机构应妥善保存评估、服务记录及相关文件资料

- 案情简介

本标题项下介绍案例与“金融产品风险等级评定尚未形成统一标准，等级评定宜高不宜低”案情一致，在此不作赘述。

- 裁判要旨

北京市第一中级人民法院在其作出的（2018）京01民终8761号民事判决书中认为，首先，建行恩济支行向王某主动推介了“风险较大”的“经评估不适宜购买”的理财产品。涉诉基金的招募说明书中载明“不保证基金一定盈利”“不保证最低收益”、该基金为“较高风险”品种，该基金的上述特点与王某在风险评估问卷中表明的投资目的、投资态度等风险偏好明显不符，应属于不适宜王某购买的理财产品。同时，建行恩济支行也没有按照金融监管的要求由王某书面确认是客户主动要求了解和购买产品并妥善保管相关记录。据此可以认定，建行恩济支行主动向王某推介该基金，存在重大过错。

- 规定依据及案例解读

《商业银行理财业务监督管理办法》第三十三条规定，商业银行应当按照国务院银行业监督管理机构的相关规定，妥善保存理财产品销售过程涉及的投资者风险承受能力评估、录音录像等相关资料。

《适当性管理办法》第三十二条规定，经营机构应当按照相关规定妥善保存其履行适当性义务的相关信息资料，防止泄露或者被不当利用，接受中国证监会及其派出机构和自律组织的检查。对匹配方案、告知警示资料、录音录像资料、自查报告等的保存期限不得少于20年。

- 实操要点提示

《九民纪要》发布后，司法实践中对于金融机构的举证能力的要求不断提高，金融机构必须向司法机关提供充足的证据证明自身已经充分履行适当性义务。平心而论，在无证据支持的情形下，司法机关也难以准确查明案涉金融产品销售时的具体情况、难以准确判断金融机构的履职行为是否充分。此时，对于金融机构而言，对于事实的认定已经不再是事实问题

而是价值取舍的问题。在强化对金融消费者倾斜保护的司法政策影响下，司法机关不可避免地作出对于金融消费者有利的认定。

对于金融机构而言，在面对金融消费纠纷时，完整准确留痕的意义不言而喻。假设金融机构未能做好履职资料的留存、保管和出示，即便在推介金融产品时点已经充分履职，也是竹篮打水一场空。因此，金融机构应当重新审视自身的文件归档管理以及电子数据的保存管理工作。公司已有的文件管理、档案管理要求是否在实际展业过程中得到充分的落实，已经获取并保存的文件资料是否能够准确完整地提取并作为司法意义上的证据进行出示。

七、销售机构的免责事由

（一）金融消费者因自身原因导致损失

- 案情简介

2017 年 3 月，投资者 Y（本案申请人）与私募基金管理人 A（本案被申请人）签署《基金合同》。合同约定：Y 作为投资者购买由基金管理人 A 发起设立的一号基金份额；一号基金的募集对象为符合《私募投资基金监督管理暂行办法》规定的合格投资者，其中，普通合格投资者为符合下列相关标准的单位和个人：……（2）金融资产不低于人民币 300 万元（以下所涉货币币种均为人民币）或者最近三年个人年均收入不低于 50 万元的个人，金融资产包括银行存款、股票等。《基金合同》重要提示部分载明：私募基金管理人不保证基金一定盈利，也不保证最低收益。《基金合同》附件合格投资者承诺书载明：本人/单位在参与贵公司发起设立的私募基金的投资过程中，因存在欺诈、隐瞒或其他不符合实际情况的陈述所产生的一切责任，由本人/单位自行承担，与贵公司无关。Y 提供虚假收入证明信息，并在该承诺书上签字。Y 向基金管理人 A 提交了其金融资产证明，合计总资产为 300 余万元，具体包括银行及证券账户资金对账单、账户交易明细等。《基金合同》签署后，Y 向一号基金募集账户转账认购款 150 万元，基金管理人 A 向 Y 确认交易成功。

2018 年 12 月，一号基金完成清算，Y 收到清算资金 35 万余元。2021 年 2 月，Y 以其自身不属于合格投资者、基金管理人 A 未尽适当性义务为由提起仲裁，要求基金管理人 A 就投资损失承担赔偿责任。

- 裁判要旨

关于基金管理人 A 是否履行了适当性义务，仲裁庭认为，《私募投资基金监督管理暂行办法》第十二条规定，私募基金的合格投资者是指具备相应风险识别能力和风险承担能力，投资于单只私募基金的金额不低于 100 万元且符合下列相关标准的单位和个人……金融资产不低于 300 万元或者最近三年个人年均收入不低于 50 万元的个人。鉴于 Y 在本案中的认购金额为 150 万元，满足最低投资要求，故本案中确认 Y 是否为合格投资者，主要衡量因素即为两点：第一，Y 是否具备风险识别能力和风险承担能力；第二，Y 的资产规模和收入水平是否满足上述要求。

关于第一点，《私募投资基金募集行为管理办法》第十八条规定，在向投资者推介私募基金之前，募集机构应当采取问卷调查等方式履行特定对象确定程序，对投资者风险识别能力和风险承担能力进行评估。投资者应当以书面形式承诺其符合合格投资者标准。本案中，从 Y 在《基金合同》附件《风险揭示书》《风险调查问卷》《风险评估结果确认书》上的签字结果来看，基金管理人 A 已经履行了特定对象确定程序。

关于第二点，根据《私募投资基金募集行为管理办法》第二十七条，在完成私募基金风险揭示后，募集机构应当要求投资者提供必要的资产证明文件或收入证明。本案中，一方面，基金管理人 A 已经要求 Y 提供相应的资产证明文件；另一方面，Y 提交的金融资产证明包括证券和银行账户，合计金额超过 300 万元，形式上已经满足合格投资者的要求。即便如 Y 所述其并非合格投资者，也是由于其自身提供虚假证明，而不能苛求基金管理人 A 对 Y 主动提供的虚假资产证明进行过于严格的实质审查。因此，仲裁庭认为基金管理人 A 已经履行了适当性义务。

- 规定依据及案例解读

《私募投资基金募集行为管理办法》第十八条规定，在向投资者推介私募基金之前，募集机构应当采取问卷调查等方式履行特定对象确定程序，对投资者风险识别能力和风险承担能力进行评估。投资者应当以书面形式承诺其符合合格投资者标准。

《私募投资基金募集行为管理办法》第二十七条，在完成私募基金风险揭示后，募集机构应当要求投资者提供必要的资产证明文件或收入证明。

《九民纪要》第七十八条，因金融消费者故意提供虚假信息、拒绝听取卖方机构的建议等自身原因导致其购买产品或者接受服务不适当，卖方机构请求免除相应责任的，人民法院依法予以支持，但金融消费者能够证明该虚假信息的出具系卖方机构误导的除外。卖方机构能够举证证明根据金融消费者的既往投资经验、受教育程度等事实，适当性义务的违反并未影响金融消费者作出自主决定的，对其关于应当由金融消费者自负投资风险的抗辩理由，人民法院依法予以支持。

- 实操要点提示

金融消费者与金融机构之间存在着信息不对称，这种不对称主要体现在金融消费者较难通过公开途径了解或查询自己购买的金融产品、接受的金融服务的具体内容、整体交易架构、最终的投资标的以及可能存在的风险。此外，这种不对称也体现在金融机构对于金融消费者相关信息获取、核查上的不对称。当前法律法规不断强化对于个人信息及个人隐私的保护，即便如金融机构也较难通过公开路径获取、核查金融消费者尤其是自然人消费者的信息。金融消费者主动提供是目前金融机构获取金融消费者信息最为主要的路径。在此意义上，金融机构也成为信息获取核查的“弱势群体”。

实践中，为了满足特定金融产品或金融服务的门槛要求，不排除存在个别金融消费者通过提供虚假信息等方式欺骗金融机构，尔后又在认购金融产品、接受的金融服务出现亏损时，“碰瓷”金融机构并要求金融机构赔偿的情形。

对于金融机构而言，虽然金融消费者故意提供虚假信息是金融机构免责的重要事由，但如果金融机构未能凭借自身的专业能力发现金融消费者所提供信息可能存在的疑点并针对性地进行核查，同样可能因未尽投资者适当性义务而承担责任。

（二）投资者的既往投资经验、受教育程度等事实表明，销售机构适当性义务的违反并未影响投资者的自主决定

- 案情简介

一审法院查明，2015 年 3 月，中建投与诺恺公司签订《基金 4 号信托计划投资顾问合同》，约定：中建投作为本信托的受托人，根据信托合同的约定，聘请诺恺公司作为本信托的投资顾问，诺恺公司接受中建投的聘请，对信托计划资金的投资提供投资顾问服务。2015 年 3 月 12 日，高朋（上海）律师事务所接受中建投的委托，出具了关于基金 4 号信托计划项目的法律分析意见。2015 年 3 月，中建投就基金 4 号信托计划向当地银监局上报了“信托公司固有业务、信托项目事前报告表”，在该报告表中对投资顾问诺恺公司的详细情况进行了说明。

2015 年 3 月 23 日，陈某在微信聊天中对其在中建投公司的客户经理张某说：“出来没有？产品是怎样的?”张某说：“账号还没出来，银监报备刚送上去、批复以后账号会出来，我资料先发一点到你邮箱你看一下”“我发给你的是这次合作的投资顾问的具体资料，你先看看”“这次的项目资料要银监通过了才能对外发行”。同日，张某以电子邮件的方式将《诺恺新健康产业基金融资计划书》发送给陈某。该份计划书对诺恺公司的投资机会、投资策略、投资团队、项目储备等情况进行了介绍。2015 年 3 月 30 日，陈某在微信聊天中对张某说：“今天开了没”，张某说：“今天还没有、一出来我肯定第一时间告诉你”。2015 年 3 月 31 日，陈某将 100 万元打入中建投账户。同日，陈某在微信聊天中对张某说：“帮我查了吗？有没有买中”，张某说：“到账了”“你是第一个知道账号的人”，陈某说：“有号没有”，张某说：“合同还要两天后出来”，陈某说：“好的，你电子版先发我一个”，张某说：“我查了一下邮箱里还没有收到项目的合同条款”“总部发过来我会马上发给你的”。

2015 年 4 月 3 日，中建投发布《基金 4 号信托计划成立公告》，载明：本信托计划推介期已于 2015 年 4 月 3 日募集完毕，并于 2015 年 4 月 3 日正式成立；本信托计划推介期内实际募集规模为人民币 5 000 万元，加入信托计划的委托人 42 名，全部为自然人委托人，其中，300 万元及以上客户 1 名，认购信托金额 300 万元，300 万元以下客户 41 名，认购信托金额 4 700 万元；本信托计划预计存续期限自 2015 年 4 月 3 日起至 2018 年 4 月 3 日止。

2015 年 4 月 7 日，陈某在微信聊天中对张某说："合同什么时候出来"，张某说："合同到了，是那个星期天的时候他寄过来的，我今天给你寄过来好不好?"，陈某说："南京洪武路 × × × 号城开大厦 × × ×"，张某说："好的，我待会儿顺丰寄出，你明天能收到。我在，其他的我都给你填好，然后你要签名的地方，我用铅笔给你画出来，然后你签好了以后自己留一份，给我寄回来一份啊。"陈某说："你帮我签了吧""别来回折腾，烦""相信你"，张某说："这个不合规的啊，大哥。肯定按照规矩来。我给你寄过来，你签好了你再给我寄回来啊"……同日，张某在微信聊天中将快递面单拍照发给陈某，并对陈某说："需要签字的地方我用铅笔给你画过了，折起来的页面都是需要签字的"，陈某说："OK"。

同日，张某向陈某寄送了合同编号为中建投信（2015）上投集 005 - 01 号的《基金 4 号信托计划信托合同》，在该份合同的受托人一栏已加盖中建投公章。该份合同包含三部分，分别是认购风险申明书、信托合同、客户风险偏好及风险承受力测试。其中第一部分认购风险申明书载有以下内容：信托计划不承诺保本和最低收益，具有一定的投资风险，适合风险识别、评估、承受能力较强的合格投资者……本信托计划面临的主要风险，见信托计划说明书；《基金 4 号信托计划说明书》是本合同的组成部分，如果本合同与信托计划说明书规定的内容存在不一致之处，按照本合同规定办理；本合同未规定的事项，按照该信托计划说明书规定办理。在该信托合同第二十八条填写事项部分载明了委托人为陈某，证件号码 × ×，本合同项下信托资金金额为人民币 100 万元，认购信托单位 100 万份。

2015 年 5 月 7 日，诺恺公司在中国证券投资基金业协会完成了基金 4 号信托计划的备案，相应的《私募投资基金备案证明》中载明管理人为诺恺公司。

2019 年 4 月 3 日，中建投发布《基金 4 号信托计划收益分配公告》。2019 年 4 月 8 日，中建投发布《基金 4 号信托计划清算事项披露报告》，载明："……3. 信托计划投资情况为本信托计划存续期内累计投资 49 556 315. 86 元，分别投资了原子高科、华韩整形、百傲科技、益善生物、旷博生物、成大生物以及博瑞生物总计 7 个标的，其中原子高科的投资金额为 15 973 550 元，博瑞生物的盈利为 4 285 500 元，盈利比例 42. 86%。2019 年 4 月 11 日，中建投发布《基金 4 号信托计划清算报告》，" 载明："……三、信托计划收益情况为收入 -5 036 331. 98 元，支出 1 379 349. 46 元，其中信托报酬 1 002 739. 73 元，保管费 207 198. 19 元，其他费用 41 013. 61 元，净利润 -6 415 681. 44 元；四、信托利益分配情况为按信托合同约定，累计向受益人分配信托利益 43 584 318. 56 元，其中信托收益 0 元，本金 43 584 318. 56 元。2019 年 4 月，陈某收到投资本金 871 715. 14 元，亏损 128 284. 86 元。"

陈某与张某之间的微信聊天记录还包含以下内容：2015 年 5 月 23 日，陈某对张某说："我买的新三板凯诺医疗基金你帮我公司里打听一下投资了哪里？是赚是亏？" 2016 年 8 月 18 日，陈某对张某说："那你们保底的每年 8% 什么时候给？2 年总要先兑付掉吧"。张某说："那这个 8% 是这样的，就是说你要保证你 8% 投资者的收益了，以后年化 8% 的收益，然后就是说投顾和管理方才能参与分成吗，就是说 8% 以上部分是二八开吗，然后中间头是 10%，然后券商是 10%。所以他都是要到期分配的到期账上的总盈余，然后按照这个分配的比例来区分。" 陈某对张某说："当时不是说软保底 8% 吗？我跟你反复确认过，刚刚你这么一讲，如果产品亏了，是不是 8% 就没了，甚至我们还要承担亏损？" 张某说："放心，我已经反复问过了他这个人保底是绝对到时候是有的啊，不用担心，因为如果说做不到这一点的话投顾跟管理方都没有一分钱可以拿的。现在这只产品是赚的。”2017 年 5 月 22 日，陈某对张某说：“我自己投资的新三板现在都 4 倍多的收益”“我的大洋线缆成本价 1.5，现在 6.88”……“我的新三板就是跟我朋友买的，当时股价打了对折进的，现在收益 4 倍多”……“三板没有普通客户进入，都是做市对敲”……“新三板不对敲就没有交易量”。

庭审中，陈某确认当时收到了张某于2015 年4 月 7 日寄送的案涉《基金 4 号信托计划信托合同》，但其陈述称并未在认购风险申明书、信托合同、客户风险偏好及风险承受力测试中签字，也未进行客户风险偏好及风险承受力测试。至于未签字的原因，陈某陈述称是因为其看到《基金 4 号信托计划信托合同》第三页载明“受益人基础信托收益 = Σ（信托存续期间每日信托计划资金余额 ×8%/365），上述受益人基础信托收益仅是受托人为计算并分配信托计划信托利益而设，并不代表受托人保证受益人取得相应数额的信托收益，受托人不保证信托财产的运用无风险，不承诺保本和最低收益”，故没有签字。庭审中，陈某陈述称其学历为大学本科，专业为国际贸易，职业为保险经纪，主要做分红保险。

- 裁判要旨

浙江省杭州市中级人民法院在其作出的（2020）浙 01 民终 10296 号民事判决书中认为，卖方机构的适当性义务属于先合同义务范畴，违反先合同义务的民事责任为缔约过失责任。现陈某以此要求中建投承担违约责任，于法无据。首先，在购买案涉基金 4 号信托计划时，是陈某主动要求购买，且主动提前打款，并非基于中建投的错误描述购入信托产品。其次，中建投客户经理张某将《基金 4 号信托计划信托合同》通过邮寄方式寄送给陈某，虽该行为确有不妥，但陈某在收到该信托合同后，查看并发现了该信托合同中“受托人不保证信托财产的运用无风险，不承诺保本和最低收益”等内容，即此时陈某对于该信托合同的风险是清楚并明知的，并未陷入所谓“保底 8%”的错误认识中。虽然陈某陈述其此后未在认购风险申明书、信托合同、客户风险偏好及风险承受力测试中签字，但从未有证据显示陈某要求中建投返还购买信托产品的 100 万元，相反是陈某此后在微信中向张某询问案涉基金投资了哪里，是赚是亏，即陈某在通过《基金4号信托计划信托合同》已充分了解案涉信托产品的性质、风险的基础上，此后依然继续履行双方之间的信托合同，应视为其已作出了自主决定，并承受由此产生的收益和风险。

最后，陈某虽主张中建投未按规定对其进行风险评估，但结合陈某的学历、工作经历以及陈某在与张某微信聊天记录中陈述其自行投资新三板的经验，即便中建投未按规定对陈某进行风险评估，也并不影响陈某作出自主决定。故陈某的该项主张不能成立。

● 实操要点提示

对于金融机构而言，存在履行适当性义务瑕疵大概率会导致金融机构就投资者损失承担责任，但并非“一定”承担责任。如果金融机构在适当性环节仅存在轻微瑕疵，并未影响金融消费者对于拟认购金融产品或拟接受金融服务具体内容、风险及可能遭受最大损失的理解。金融消费者的认购行为是在充分考虑风险收益的基础上作出的，那么该金融消费者应当就自身决策承担主要责任。在司法实践中，判断金融机构的瑕疵履职行为是否已经严重到影响金融消费者的认知判断时，金融消费者的过往投资经历尤其是与案涉金融产品近似或风险等级远高于案涉产品的投资经历，是协助司法机关认定投资决策是否由金融消费者自主独立作出的重要依据。因此，金融机构应当尽可能地搜集并留存能够证明该金融消费者拥有丰富的投资经验、足够的判断能力，能够准确全面理解金融产品风险，金融机构的瑕疵履职不会影响金融消费者独立判断、自主决策的投资经验证据材料。

第三节　适当性纠纷亟待解决的问题与未来发展

《九民纪要》在第五部分“关于金融消费者权益保护纠纷案件的审理”中，专章对有关争议的法律适用问题进行了系统阐述，为金融审判实践提供了重要指引。但是，有关规则并未解决审判中的所有问题，而且其并非司法解释，不能作为裁判依据直接援引。因此，司法实践中关于金融消费者适当性纠纷的具体问题，仍然存在不同裁判观点，引发了一系列争议。鉴于此，本部分将重点介绍该领域具有前沿性、争议性的法律问题，结合理论与实践，对未来的裁判提出设想与展望。

一、金融机构承担部分责任的裁判路径

（一）问题的提出：《九民纪要》“全有全无”的裁判逻辑与实践中部分法院的不同做法

《九民纪要》颁布之前，法院审理金融机构违反适当性义务案件的主要裁判依据为《最高人民法院关于当前商事审判工作中的若干具体问题》，其提及域外立法例普遍采用损失填补原则赔偿金融消费者的损失。此外，该文件进一步指出以金融消费者故意提供虚假信息及金融消费者自主决定未受影响为核心的免责事由。实践中，多数法院依据民法基本原则、当事人双方的过错程度等较为宽泛的因素进行自由裁量，酌定责任分摊比例。如（2016）鄂01民终1177号案件中，法院“依据损失填补原则、公平原则及诚实信用原则，综合考虑合同的实际履行情况、当事人的过错程度及预期利益等方面因素，酌定光大银行汉街支行赔偿刘某经济损失570 414.12元（刘某经济亏损本金的15%），剩下85%无请求权基础不予支持。”又如，在（2018）粤03民终14774号案件中，法院认为“被上诉人盛泽公司向包括上诉人在内的不特定客户推介红鹰基金，具有明显的过错，应当对上诉人因购买红鹰基金而产生的财产损失承担一定的赔偿责任。综合考虑以上双方的过错程度，本院酌定被上诉人盛泽公司对上诉人因购买红鹰基金所造成的财产损失承担40%的赔偿责任。”

相反《九民纪要》第七十七条第一款规定，“卖方机构未尽适当性义务导致金融消费者损失的，应当赔偿金融消费者所受的实际损失。实际损失为损失的本金和利息，利息按照中国人民银行发布的同期同类存款基准利率计算。”同时，第七十八条明确：“因金融消费者故意提供虚假信息、

拒绝听取卖方机构的建议等自身原因导致其购买产品或者接受服务不适当，卖方机构请求免除相应责任的，人民法院依法予以支持，但金融消费者能够证明该虚假信息的出具系卖方机构误导的除外。卖方机构能够举证证明根据金融消费者的既往投资经验、受教育程度等事实，适当性义务的违反并未影响金融消费者作出自主决定的，对其关于应当由金融消费者自负投资风险的抗辩理由，人民法院依法予以支持。”

根据上述规定，最高人民法院在金融消费者适当性义务保护的问题上采取了“全有全无”的态度：要么有关金融消费合同的签订缺乏“契约正义”，卖方机构承担包括正常投资风险在内的所有损失；要么在特定情形下，金融机构可以完全不承担赔偿责任。其中，特定情形包括金融消费者故意提供虚假信息、金融消费者拒绝听取卖方机构建议、金融消费者根据既往投资经验、受教育程度能够自主决策以及金融消费者自身的其他原因等。

但是，经法律检索发现，《九民纪要》出台后许多法院仍沿用此前过错归责的理念进行审理，判决金融机构承担“部分责任”。[①] 但相较于过去对过错、因果关系等因素的含糊其辞，《九民纪要》出台后，法院在案件中更加明确地指出了可能影响责任分担的主客观因素。通过对司法案例的分析总结，这些因素大致可分为金融消费者的认知能力、金融消费者的审慎义务以及投资风险与市场波动情况三类，与《九民纪要》所规定的特定情形有所重叠亦有所差异。

（二）《九民纪要》之后判决金融机构承担部分责任的司法实践及其主要考虑因素

1. 金融消费者的认知能力

金融消费者的认知能力包括金融消费者本身的受教育水平、过往投资经验以及投资认知水平等情况。作为《九民纪要》明确提及的免责情形之

---

① 通过在北大法宝、威科先行、中国裁判文书网等法律数据库及网站中以“适当性义务”“金融消费者”等关键词进行检索，获取2021年7月至2022年12月部分代表性法院共计77个相关案例。

一，多数法院都将金融消费者认知能力作为判断责任承担的重要因素。

多数法院认为，如果金融消费者本身具有较高的受教育水平且有相关领域的投资经验，那么即使投资了较高风险的金融产品，其也应对投资的风险收益有所认知，并据此适当降低金融机构的赔偿责任。如在（2020）粤03民终27204号案件中，一审法院认为“作为完全行为能力人，李炯在缔约过程中签字确认知晓相关风险，虽然基于前述第二个争议焦点的分析，不能完全免除久久益资产、招财猫资产在缔约前的适当推介义务，但李炯对涉案投资行为的风险应具有一定的认知，其亦应自行承担部分损失。”因此，虽然考量因素一致，但法院并没有按《九民纪要》之规定直接免除金融机构的责任，而是进一步结合具体案情、当事人的过错程度及履约情况等因素酌定金融机构承担60%责任。

2. 金融消费者的审慎义务

民事主体应对其行为承担合理的注意义务，金融消费者亦然。司法实践中，有关审慎义务包括金融消费者事前充分了解、事中谨慎操作以及事后风险自担等多个层面。

在（2021）沪74民终1586号案件中，法院即对金融消费者事先充分了解产品类型并预见相应风险的审慎义务提出了要求。其在说理部分指出，“投资者应当充分了解自身所投资产品的交易内容和交易风险，不能片面追求收益而漠视投资风险，故其应当对自己的投资行为承担相应不利的法律后果，不能将由此产生的损失全部要求由管理人承担。”最终，本案金融机构被判决承担金融消费者投资本金30%的赔偿责任。

在（2021）京民终288号案件中，法院对当事人在投资过程中的谨慎操作要求加以分析：“张某某作为有金融产品投资经验的投资者，却对期货投资的高风险不作充分分析判断，对他人指定的期货居间人陶某某的身份未向首创期货公司进行核实，而是盲目跟随微信群中的韩东的指令进行交易，张某某自身对于期货交易损失的发生亦具有较大过错。”最终，法院判决由期货居间人赔偿金融消费者损失的30%，金融机构仅赔偿金融消费者损失的10%。

最后，也有法院结合前两项要求得出金融消费者应自担相应风险之结论，例如在（2022）沪 74 民终 123 号案件中，法院认为“滕某某作为投资者应当充分了解自身所投资产品的交易内容和交易风险，不能片面追求收益而漠视投资风险，故其应当对自己的投资行为承担相应不利的法律后果，不能将由此产生的损失全部要求由管理人承担。”因而“一审法院酌定联储证券公司对本案投资者的赔偿范围为滕某某投资本金的 50%，亦无不妥”。

根据上述案例可知，金融消费者自身的审慎义务是法院酌定金融机构责任承担范围的重要因素，不过不同阶段审慎义务的履行情况与最终责任承担的结果之间并无明显差异，最终结果在很大程度上仍然依赖于法官结合案件事实进行自由裁量。

3. 投资风险与市场波动情况

投资风险与市场波动情况本属于金融领域的客观环境，但由于“卖者尽责、买者自负”之原则，有法院在裁判中将其作为补充考量因素，结合金融消费者认知能力与审慎义务，最终归于金融消费者应自行承担的责任范畴。

在（2020）粤 03 民终 26388 号案件中，一审法院认为“首先，徐某某系完全民事行为能力人，对于案涉基金投资于定向增发的股票是清楚的，其对于股票市场存在波动也应有基本的认知，在进行重大投资时亦负有审慎义务，故一审法院认定徐某某应对投资损失承担一定的责任。其次，投资发生亏损的直接原因是金融市场的正常变化和波动，综合考虑双方当事人陈述及本案现有证据，一审法院酌情确定损失的分担，即由徐某某承担 30% 的损失，由凯恩斯公司承担 70% 的损失。”又如，在（2021）京民终 288 号案件中，法院指出“张某某的损失发生直接源于期货交易市场的波动，并与张某某采取的操作方式相关……张某某自身对于期货交易损失的发生亦具有较大过错。”

总体来看，法院并未完全依赖《九民纪要》的审理思路进行裁判，司法实践中仍然发展出了一套切实可行的分析框架，但由于缺乏明确法律规定，其存在的法理基础、实践价值等问题均有待进一步探讨。

（三）“部分责任”的法理基础与实践价值

如前所述，《九民纪要》的出台虽然给法院提供了审理适当性案件的参考依据，但由于其规定的考虑因素在实践中并不常见，“全有全无”的责任承担方式在一些情况中也过于严苛，司法实践并未完全依此路径发展。同时，在部分司法实践中，法院采取“部分责任”的审理思路，具有法律依据和实践合理性。

根据《民法典》的相关规定，违反“契约正义”并不必然导致“全有全无”的赔偿责任。在金融消费领域，由于金融机构与金融消费者在知识、能力及信息掌握等多方面的不平等，如果作为优势方的金融机构不履行适当性义务或履行不适当，则会导致提供金融产品或服务合同的订立缺乏“契约正义”。[①] 但是，“契约正义”作为价值判断的考量因素，不能得出“全有全无”之结论。虽然违反适当性义务的法律基础并无通说结论，但无论是缔约过失责任、违约责任还是侵权责任之规定均存在适用“部分责任”的空间。特别是《民法典》第一百五十七条规定：“民事法律行为无效、被撤销或者确定不发生效力后，行为人因该行为取得的财产，应当予以返还；不能返还或者没有必要返还的，应当折价补偿。有过错的一方应当赔偿对方由此所受到的损失；各方都有过错的，应当各自承担相应的责任。法律另有规定的，依照其规定。”因此，即使未能妥善履行适当性义务导致金融机构与投资者建立了本不该建立的投资关系，有关投资合同可以被撤销，当投资者自身存在过错时，也应对由此造成的损失承担相应的责任，进而相应降低金融机构的赔偿比例。

从金融及司法实践来看，“部分责任”更具有合理性。首先，目前实践中暴露出的适当性问题复杂多样，金融机构故意欺诈而金融消费者完全缺乏认知能力的情形十分少见。多数情形下，金融消费者对金融收益及风

---

① 《最高人民法院关于当前商事审判工作中的若干具体问题》规定，在金融领域应“正确处理契约自由与契约正义的关系”。该文件指出，“必须依法确定卖方机构适当性义务，确保金融消费者在充分了解投资标的及其风险的基础上作出自主决定，实现契约正义。”

险有一定的理解能力，金融机构也仅为适当性义务履职不当或不足，双方仍具有一定程度上的合意基础。在此种情形下，仅凭单一因素判决金融机构或金融消费者承担全部责任并不合理。其次，目前绝大多数案件未能就没有妥善履行适当性义务的具体情节与投资损失间的因果关系进行细致分析。例如，没有充分的风险揭示，与实际发生的投资风险间的重合度问题。客观上，导致投资损失的因素往往是多样的，并非都与适当性义务的履行相对应。因此要求金融机构一旦未妥善履行义务，就对所有正常投资风险承担责任，显然缺乏充分、细致的定量分析为依据。最后，“部分责任”在裁判结果上也有助于调动金融机构与金融消费者双方履行自身义务、保护自身权利的积极性与主动性，避免高额投资中的“道德风险”，长远来看更有利于金融消费市场的健康发展。

（四）小结

虽然《九民纪要》为金融消费者适当性保护提供了系统、全面的裁判依据，但是“全有全无”的责任承担方式也限制了法官的自由裁量权。

相对而言，根据金融机构履职情况与投资者自身的过错，综合考虑投资损失与当事人过错间的因果关系，最终判定金融机构应承担的赔偿责任的做法更符合实际需要。就此，有必要建构一套可供司法审判参考的责任划分标准，明晰金融机构与金融消费者的责任承担范围。可借鉴美国 Zobristv. Coal – X，Inc 案，该案从金融消费者、金融机构以及双方关系多种角度明确列举了认定客户对金融机构信赖是否具有过错的八个考虑要素，分别是：（1）原告在金融和证券事务方面的熟悉程度、专业知识的多寡；（2）是否存在长期的商业或者个人关系；（3）原告获得相关信息的渠道的多少；（4）是否存在信任关系；（5）欺诈的隐蔽性；（6）是否存在识破欺诈的机会；（7）在一项证券交易中原告是否处于主动地位或者是否寻求交易的尽快完成；（8）误导性陈述是概括的还是具体的。[①] 虽然上述参

① Zobristv. Coal – X，Inc. 708F. 2d1511，转引自何颖，阮少凯：《论金融产品销售商的投资者适当性义务》，载《财经法学》2021 年第 1 期。

考标准已部分体现于我国审判实践中，但仍有很多因素未被考虑，尤其在双方交互关系的角度上，该案确立的考虑因素不同于我国目前仅从一方考虑的简单归责思维，值得参考。

二、金融产品或服务评级与个性化风险的判断权与判断标准

根据《九民纪要》第七十二条的规定，适当性义务是为了保护金融消费者免受金融机构在信息和能力上优势地位的倾轧而对金融机构施加的义务，适用于各类金融产品与服务。具体而言，适当性义务包括了解客户、了解产品或服务、客户与产品/服务的适当性匹配以及充分具体的风险揭示四个维度。其中了解客户与了解产品是开展相关适当性工作的基础。

了解客户要求金融机构对金融消费者的风险承受能力进行评估，只能由实际接触投资者的金融机构进行，实践中的争议不大。但是，判断金融产品风险等级、发现金融产品蕴含的个性化风险的工作则极为复杂，需要考虑市场风险、信用风险、流动性风险、营运风险、金融产品设计与业务逻辑蕴含的特殊风险等诸多方面，对专业性有很高的要求。同时，理论上为使有关产品或服务有更广泛的受众，金融机构有将风险等级“低评”的利益驱动，可能影响其专业判断。这一现实情况引发了到底谁有权对金融产品或服务进行评价的争议。

（一）“建行恩济支行案”与判断权归属争议

有法院指出，金融机构自行评估金融产品或服务风险等级缺乏客观性，如在（2018）京01民终8761号案件中，法院认为“建行恩济支行虽主张海通证券对涉诉基金的风险等级评估确定为中风险，但基金管理人、托管人及代销机构等对基金的风险评级因存在一定程度的利害关系而缺乏客观性，并且评估结果与招募说明书中载明的内容不符，故建行恩济支行该项主张本院不予采信。建行恩济支行在明知王某的投资目的、投资态度等风险偏好的情况下，推介其购买不适宜投资的较高风险的股票型基金，存在重大过错。”该案件作为金融消费者保护领域的重要案件，其裁判观点具有广泛的影响力。

对此，现有监管规则允许金融机构委托第三方机构进行风险评估，如《私募投资基金监督管理暂行办法》第十七条规定："私募基金管理人自行销售或者委托销售机构销售私募基金，应当自行或者委托第三方机构对私募基金进行风险评级，向风险识别能力和风险承担能力相匹配的投资者推介私募基金。"

虽有上述规定，但是根据"建行恩济支行案"的裁判观点，卖方机构似乎"应当"而非"可以"委托第三方机构对自身提供、销售的金融产品或服务的风险进行评估判断，否则难以在利害关系上自证清白。

（二）金融机构自行评估风险的合理性及必要性

首先需要明确的是，前述《私募投资基金监督管理暂行办法》并未否定卖方机构自行对金融产品或服务进行评级之效力，且《适当性管理办法》作为规范适当性义务的重要依据，其第十五条规定："经营机构应当了解所销售产品或者所提供服务的信息，根据风险特征和程度，对销售的产品或者提供的服务划分风险等级。"即对金融产品或服务风险的评估判断权归属于对应金融机构并不存在制度障碍。在此基础上，可以从合理性及必要性的角度进一步讨论相关判断权归属的问题。

1. 合理性：行政监管的外部约束与销售机构不同职能部门的内部约束

通过监管规则在事前规范及行政部门在事后监管的外部约束，加之销售机构不同职能部门分工的内部约束，目前金融机构已经形成一套相对客观且专业的适当性风险等级评估及个性化风险揭示流程。

首先，金融机构对产品及服务的事前评估规范可参考《适当性管理办法》，其第十五条、第十六条及第十七条分别规定了评估主体、评估考虑因素以及特殊情形的审慎考虑要求，其中涉及的产品期限、流动性、杠杆情况、结构复杂性、募集方式、发行人信用状况、过往业绩等均为客观性因素，受利害关系的影响较小。其第三十六条第二款亦从行业自律的角度进一步要求："行业协会应当制定完善会员落实适当性管理要求的自律规则，制定并定期更新本行业的产品或者服务风险等级名录以及本办法第十九条、第二十二条规定的风险承受能力最低的投资者类别，供经营机构参考。经营机构评估相关产品或者服务的风险等级不得低于名录规定的风险等级。”据此，通过上述明确规则之约束，金融机构能够在一定程度上确保评估方式及结果具有客观性。

其次，根据对监管机构执法案例的检索，卖方机构的评级工作亦有专门的检查监管。以《关于对江苏尚觉资产管理有限公司采取责令改正行政监管措施的决定》为例，江苏监管局认为该公司在管理私募基金过程中，未审慎评估私募基金产品风险等级，将投资于应收账款、信托贷款等非标准化债权资产的产品风险等级均确定为低风险，与产品本身的风险特征不符；公司制定的适当性内部管理制度中无私募基金产品风险评级等内容，与私募基金监管规则要求不符；以及未能妥善保存履行适当性义务的相关信息资料，与《适当性管理办法》要求不符。最终，江苏监管局对该公司采取责令改正行政监管措施，并要求公司高度重视，对存在的问题进行切实整改，加强合规管理，并于收到决定书 30 日内提交书面报告。即监管机构通过在事后对金融机构制定的评估依据及评估过程性文件的审查，并对存在未进行产品评级、产品评级方法不审慎、未告知产品评级方法等情形的金融机构进行处罚，亦能够在相当程度上保证自行评估的客观性及有效性。①

最后，由于业务本身差异明显加之上述监管要求，大部分规模化的金融机构已经形成了明确的内部分工以控制利益冲突。对于业务差异，评级工作与销售工作对专业能力的要求并不相同，前者要求员工具备丰富的金融知识以评估判断金融产品风险及收益，而后者则要求员工具备发展客户及产品推介的能力。因此，上述工作本身即不能由相同人员负责，需要进行业务切割。另外，由于适当性义务的监管要求较高，对应收集资料、分析评估以及资料保存等多项工作，使得成立评估部门独立评级成为现实需求。不仅如此，金融机构本身还承担了解消费者、适当性匹配及个性化风

---

① 通过对 2013 年至 2022 年 12 月证监体系的公开信息统计，与适当性义务相关的监管处罚案例数量共计 672，经整理合并之后共计 560，其中，涉及金融机构存在风险评估方面的问题的案例共计 11。

险提示之义务，设置专门的产品或服务评估部门也能够在了解客户群体的基础上更好地履行其他义务。无论是提升工作质效的业务目标，还是更好地履行适当性义务的合规要求，金融机构都被最大限度地引导向防范利益关系而非利用自身评估判断权获取短期利益。

2. 必要性：由第三方机构进行评估的现实困境

由第三方机构对金融产品或服务进行评估还面临诸多现实困境，包括专业性、公正性、保密性及成本等多个方面。

第一，我国暂无专业的金融产品或服务风险等级评估机构，现有的综合性评估机构并不具备评估金融产品或服务所需的所有能力。金融产品或服务复杂多变，涉及对金融领域整体环境、市场趋势及产品具体要素的综合把握及判断，综合性评估机构虽具有一般性的金融知识，但其缺乏对市场环境的预测及分析能力以及对不同类型产品的个性化风险识别能力，而后者才是影响金融产品风险评估的核心因素。

第二，如直接选择第三方金融机构或发展专业性评估机构评估风险可能带来新的利益冲突问题。一方面，在金融机构自身进行评估具有利害关系的背景下，第三方金融机构也会因为与卖方机构存在竞争关系而影响评估结果的客观性。另一方面，由于业务需求量较大，第三方评估机构与买方机构的长期合作关系也可能带来利益冲突。

第三，由第三方机构评估还可能带来部分内幕信息或其他重要信息泄露等保密性问题。评估金融产品或服务需要对具体产品及服务的本身及提供方的相关信息进行全面且详尽的了解，而这些信息往往具有较高的商业价值，多次流转中产生的保密性风险难以预料。

第四，委托第三方机构还存在额外的成本支出，这类成本不仅是费用开支，还包括具体实践过程中存在的操作障碍及相应的时间成本，而上述成本最终会转嫁于金融消费者，带来不必要的负担。

（三）金融产品或服务评级与个性化风险判断的应有之义

目前，金融机构对了解产品及充分具体的风险揭示义务的违反，主要表现为未履行评估判断并提示的义务或相应评估判断缺乏依据。事实上，大多数司法实践均直接以金融机构的评估结果作为适当性匹配的依据，虽有“建行恩济支行案”，但鲜有其他案件否认卖方机构自行评估的有效性。

如在（2021）粤01民终9289号案件中，法院指出“为公平划分双方的责任，至少以下几个方面的案件基本事实应予以查明：第一，工行朝天路支行在签约前是否已了解卓某某的收入状况、投资经验、风险偏好等信息，并在此基础上进行适当分类，确定卓某某的客户风险评级；第二，工行朝天路支行作为金融产品的销售者，是否了解案涉产品并进行划分风险等级……”又如，在（2021）沪74民终1376号案件中，上海金融法院指出“联储证券公司一审中提交‘联储证券资管产品风险等级评估表’‘调查问卷’‘风险承诺函’‘风险揭示书’，已初步能够证明其建立风险评估及相应管理制度，对投资者风险认知、风险偏好、风险承受能力进行了测试。……故本院认为联储证券公司在确认周某某投资前，已尽到了解客户之职责，遵循了风险匹配原则。”

综上所述，即使由金融机构自行评定产品或服务风险等级存在一定的利益冲突，但鉴于现有评估判断方式的合理性及替代手段的现实障碍，在司法实践层面，不应笼统认定金融机构“对金融产品或服务的风险评级因存在一定程度的利害关系而缺乏客观性”。相反，应充分理解由卖方金融机构自行评估判断并揭示的合理性及必要性，并在此基础上加强对卖方金融机构的事前约束、事中抽查及事后监管，最终实现商业合理性与投资者保护间的平衡。